刘仁增 ◎ 著

梦山书系

站在课堂看课标

2022年版语文课标案例式解析

海峡出版发行集团
福建教育出版社

图书在版编目（CIP）数据

站在课堂看课标：2022年版语文课标案例式解析/刘仁增著. —福州：福建教育出版社，2023.3（2025.2重印）
ISBN 978-7-5334-9619-7

Ⅰ.①站… Ⅱ.①刘… Ⅲ.①小学语文课—课堂教学—教学研究 Ⅳ.①G623.202

中国国家版本馆 CIP 数据核字（2023）第 033819 号

Zhanzai Ketang Kan Kebiao

站在课堂看课标
——2022年版语文课标案例式解析
刘仁增　著

出版发行	福建教育出版社
	（福州市梦山路27号　邮编：350025　网址：www.fep.com.cn
	编辑部电话：0591-83726908
	发行部电话：0591-83721876　87115073　010-62024258）
出 版 人	江金辉
印　　刷	福建新华联合印务集团有限公司
	（福州市晋安区福兴大道42号　邮编：350014）
开　　本	710毫米×1000毫米　1/16
印　　张	17.5
字　　数	259千字
插　　页	1
版　　次	2023年3月第1版　2025年2月第3次印刷
书　　号	ISBN 978-7-5334-9619-7
定　　价	45.00元

如发现本书印装质量问题，请向本社出版科（电话：0591-83726019）调换。

目 录

前言 化理念为操作是课标解读的当务之急 ……………………… 1

第一章 语文课程的育人架构 ……………………………………… 1

第一节 《课程方案》的育人蓝图 ………………………………… 1
一、教书育人的高站位 ……………………………………………… 1
二、时代新人的新形象 ……………………………………………… 2
三、学科育人的多路径 ……………………………………………… 2

第二节 语文课程的育人架构 ……………………………………… 3
一、以文化心的育人导向 …………………………………………… 3
二、素养引领的育人体系 …………………………………………… 4
三、质量为本的育人标准 …………………………………………… 5
四、言语实践的育人方式 …………………………………………… 7

第二章 语文核心素养 ……………………………………………… 9

第一节 文化自信 …………………………………………………… 9
一、文化自信的内涵理解 …………………………………………… 9
二、文化自信的学生视角 …………………………………………… 12
三、文化自信的教材编写 …………………………………………… 13
四、文化自信的课堂培育 …………………………………………… 16

第二节　语言运用……………………………………………… 31
　　一、语言运用的"基质"认识…………………………… 31
　　二、语言运用的内涵理解………………………………… 33
　　三、语言运用的"带动"效能…………………………… 37
第三节　思维能力……………………………………………… 42
　　一、语文课程学科思维的独特性………………………… 42
　　二、语文课程的思维类型………………………………… 46
　　三、语文思维能力培养的基本路径……………………… 52
第四节　审美创造……………………………………………… 57
　　一、语文课程中的学科审美……………………………… 57
　　二、语文视域中的审美体验……………………………… 65
　　三、学生立场下的审美创造……………………………… 69

第三章　学习任务群………………………………………………… 76
　第一节　概念解说……………………………………………… 76
　　一、众说一词的模糊不明………………………………… 76
　　二、原生意义的尝试解析………………………………… 77
　第二节　内涵探析……………………………………………… 79
　　一、学习任务群的中外溯源……………………………… 79
　　二、学习任务群的实践路向……………………………… 81
　第三节　基本特征……………………………………………… 85
　　一、情境性………………………………………………… 85
　　二、实践性………………………………………………… 87
　　三、整合性………………………………………………… 90
　　四、适切性………………………………………………… 93
　第四节　结构形态……………………………………………… 95
　　一、单个学习任务群的内在结构………………………… 96

二、三个类型学习任务群的外部结构 …………………… 98
　　三、单个类型学习任务群的纵向结构 …………………… 99
　　四、六个学习任务群的横向结构 ………………………… 101

第五节　设计框架 …………………………………………… 103
　　一、组成要素 ……………………………………………… 103
　　二、主题提炼 ……………………………………………… 108
　　三、设计思路 ……………………………………………… 116

第六节　呈现类型 …………………………………………… 123
　　一、单篇学习任务群 ……………………………………… 123
　　二、单元学习任务群 ……………………………………… 127
　　三、单元任务群中的单篇互补 …………………………… 132
　　四、单元任务群中的单篇递进 …………………………… 136
　　五、单元任务群中的专项任务 …………………………… 139

第七节　语言文字积累与梳理 ……………………………… 144
　　一、价值定位 ……………………………………………… 144
　　二、适用内容 ……………………………………………… 145
　　三、设计示例 ……………………………………………… 146

第八节　实用性阅读与交流 ………………………………… 149
　　一、价值定位 ……………………………………………… 149
　　二、适用内容 ……………………………………………… 150
　　三、设计示例 ……………………………………………… 152

第九节　文学阅读与创意表达 ……………………………… 155
　　一、价值定位 ……………………………………………… 155
　　二、适用内容 ……………………………………………… 156
　　三、设计示例 ……………………………………………… 158

第十节　思辨性阅读与表达 ………………………………… 165
　　一、价值定位 ……………………………………………… 165
　　二、适用内容 ……………………………………………… 167

3

三、设计示例 …………………………………………… 171

第十一节　整本书阅读 ……………………………………… 175
　　一、价值定位 …………………………………………… 175
　　二、适用内容 …………………………………………… 176
　　三、设计示例 …………………………………………… 178

第十二节　跨学科学习 ……………………………………… 181
　　一、价值定位 …………………………………………… 181
　　二、适用内容 …………………………………………… 182
　　三、设计示例 …………………………………………… 183

第四章　学业质量 …………………………………………… 187

第一节　课程价值 …………………………………………… 187
　　一、树立新的课程质量观 ……………………………… 187
　　二、形成学业评价的基本框架 ………………………… 190
　　三、建立素养立意的等级评价机制 …………………… 191

第二节　基本认识 …………………………………………… 193
　　一、构成元素 …………………………………………… 193
　　二、主要特性 …………………………………………… 195

第三节　行为动词 …………………………………………… 198
　　一、用法分类 …………………………………………… 198
　　二、价值认识 …………………………………………… 200

第四节　教学应用 …………………………………………… 202
　　一、备课：改变思路，彰显专业理性 ………………… 202
　　二、定位：适切合理，契合学科逻辑 ………………… 203
　　三、设计：以终为始，展示逆向思维 ………………… 205
　　四、实施：以学定教，展开真实学习 ………………… 209
　　五、评价：即时进行，促进教学优化 ………………… 210

六、命题：规范行为，优化评价质量 ················ 213
　第五节　评价示例 ································ 216
　　一、文本简析 ································ 216
　　二、样式示例 ································ 217
　　三、命制分析 ································ 218

第五章　语文实践 ································ 220
　第一节　验证性实践 ······························ 220
　　一、任性实践 ································ 221
　　二、随性实践 ································ 222
　　三、硬性实践 ································ 224
　　四、柔性实践 ································ 226
　　五、泛性实践 ································ 228
　　六、浅性实践 ································ 229
　第二节　建构型实践 ······························ 230
　　一、问题探究 ································ 231
　　二、思维进阶 ································ 232
　　三、"明""暗"融通 ···························· 234
　　四、"纵""横"交错 ···························· 237
　　五、读写同构 ································ 239
　　六、知能创生 ································ 242
　第三节　重构课堂样态 ···························· 245
　　一、还学于生 ································ 245
　　二、活动框架 ································ 250
　　三、板块结构 ································ 253
　　四、逆向设计 ································ 256
　　五、评价嵌入 ································ 259

5

主要参考文献 ·· 262

后记　意料之外，意外之喜 ································ 264

前言

化理念为操作是课标解读的当务之急

2022年4月21日星期四,翘首企盼的《义务教育语文课程标准（2022年版）》终于颁布。这个时间之所以记得这么清楚,是多种因素叠加的结果。

首先,自然是因其本身的重要性。按以往经验,课标十年一修,似乎成了常态。2011年版语文课标使用了十年,到了该改的年份了。于是,从2021年开始,课标正在修订的消息不胫而走,新课标即将面世的说法口口相传,多少语文教育人等着,盼着,并随着一年倒计时的滴嗒钟声而愈发强烈起来。可是,就是"只听楼梯响,不见人下来",新的一年都到了,还是不见新课标的踪影,怅然之余,又升期待。

除外,当然还有其他元素的加持。新课标颁布前两天,刊物编辑部就来电,告知此讯息,并交给我一个作业：写篇关于新课标解读的稿子,刊物赶着5月刊用。这下可好,22日工作室又得送教下乡,只有周末时间了。于是就盼着新课标赶紧出来。21日上午,忙着看手机,上网站,开电视,能想到的法子都用了,就是迟迟没有与课标有关的只言片语,微信教研圈也一片"火急火燎",正当我们以为是一场乌龙,准备悻悻退场之际,朋友圈忽现《义务教育课程方案（2022年版）》电子版,紧接着就是一个个学科课程标准,群里一片欢呼,转发之余自然是先睹为快了。可是,一浏览,便心里一愣：这么长,篇幅足有前一版的两倍!再一读,一声惊呼：改动这么大!

熟悉的"识字、写字、精读课文、略读课文、口语交际、习作、综合性学习"不见了,取而代之的是"识字与写字""阅读与鉴赏""表达与交流""梳理与探究",改动的不仅是名称,更是名称背后的课程理念和整合思维。

看到"学习任务群"这几个字了，还分为"基础型""发展型""拓展型"三个类型，再分别延伸出"语言文字积累与梳理""实用性阅读与交流""文学性阅读与创意表达""思辨性阅读与表达""整本书阅读""跨学科"六个具体的任务群。学习任务群成了课程内容的"呈现方式"，担负起以"中华优秀传统文化""革命文化""社会主义先进文化"为主题与载体形式的课程学习。有了学习任务群，就把学习内容、学习要求统一了起来，构建起结构化、统整化的语文课程内容。这颇具想象力和创新力的修订思路，超出人们预期，为以往所罕见。

"教学提示"出现了。以往这只能在教学指导用书、教学参考书之类的书籍才能一见，现在竟然写进了课程标准。略略地看看，发现每个学习任务群后面都有一个"教学提示"，而且还挺全面，既有教什么，也有怎么教，还有怎么评，对多方面都做出较为中肯、富有针对性和建设性的提醒和建议。这样的有意安排，有没有因为学习任务群对于大多数语文教师来说新鲜而陌生，教起来不那么容易，必须来个"友情提示"的考虑？

"教学评一体化"这个词吸引了我，因为它熟悉又陌生。近年来，我们常听常说的是"教学评一致"，知道这是未来教学改革的一大趋势，但课标用的却是"一体化"，"一致"与"一体化"意思相同，区别在哪里呢？仅从字面理解来说，"一致"是指教、学、评三方面都朝着同一方向、同一目标，也就是学什么就教什么，学什么教什么就评什么，三者一致，毫不背离；"一体化"包含且不止于这个意思，还有"融为一体""水乳交融"的含义吧，就是教就想到学与评，学也要考虑教与评，评更要指向教与学，三者你中有我，我中有你。

最想不到也是最为惊喜的，非"学业质量"莫属。平常阅读一些介绍国际母语教育的论著、文章，早早就了解到既含"内容标准"，也有"质量标准"是国际教育课程标准编写的通常做法。但是，我国的学科大纲或课程标准往往只有前者，没有后者，长期处于跛足缺腿状态，语文课程标准自然也是如此，所以在期待做出改变的同时，也好奇质量标准是什么样子的，以什么的形式呈现，能否准确评价学生的学业水平，教学中如何使用质量标准。

现在这一短板总算给补上了，终于让人见到了质量标准的"庐山真面目"了。

当然，还有些变化虽大，却在预料之中。比如说"语文核心素养"，2017年高中语文课程标准就将其写入，最近几年"语文核心素养"喊得震天响，大会小会、论坛论文、报告讲座，不少听也不少见，进入义务教育语文课程标准，成为语文课程建设和语文学科发展的指导思想和改变统领，也是板上钉钉的事，但"文化自信""语言运用""思维发展""审美创造"的提法与高中不同，倒是没想到。

还有就是"学习语言文字运用"的课程性质定位，铁定不会随意更改。如此笃定有底气，是因为长期从事语用教学研究的我，对语文学科究竟是干什么的有过源头的追溯、本源的探析和发展历程脉络的梳理。学科课程的本质属性一旦发生错误，学科教育的方向就会南辕北辙，徒劳无功，语文学科好不容易重归"语文"之本性，回归"语言运用"之正轨，并成为社会、学界、教师的集体意识，怎么可能不负责地改弦更张、改旗易帜，做出釜底抽薪、自乱阵脚之蠢事？！

之后的一段时间，时不时地拿起课标翻翻、看看，可越读越加担心：这么大的变化，一线教师能否接受、如何适应、怎么才能把课程理念转化成具体操作和课堂行为？利用备课、讲课、指导、研讨的机会，与省内一些教师作了交流，发现大家的疑惑与我的大致相同。目前包括课标修订组成员在内的专家通过不同途径进行新课标的解读，部分学校和业务管理部门也很重视新课标的学习，利用暑期，开展集中培训、线下研讨、网络学习等多种形式的研讨活动，力求让广大教师尽快熟悉课标，了解课标，领会课标精神，领悟课标精髓，能在新学期一开始，就能在语文课堂上实践、运用，这些都是值得击节赞赏的。但是，真应了那句俗话，"理想很美好，现实很骨感"，许多解读只停留在修订框架、变化意图、新旧对比等宏大、高位的叙述层面。正因为宏大、高位，难免宽泛、玄虚，基层教师最希望知道的如何细化为教学操作、如何落实在课堂上等实际需求并未得到关注，更难以得到满足。潜在的问题还在于，一些地方和学校尚无学习课标的迹象和行动，有的教师甚至连课标都还没有读过，即使读过，不进行专业指导和细致辅导，得到的只能是课标变化的面上了解，或是新概念、新提法的名称而已。

所以，当务之急是从教学的角度，以案例的形式，解读课标，把脉变化。正是基于这样的思考，本书重点聚焦语文核心素养、学习任务群、学业质量、语文实践方式这四个变化最大、影响最直接的内容来写，四个内容四个章节，基本上按从概念了解到内涵理解，从适用内容到设计示例，从设计策略到课堂运用的思路，借助大量的教学案例，作深入浅出的解读。其中，由于语文学习任务群更居于枢纽地位，上承素养导向，下接实践方法，左涉课程内容，右联学业质量，可谓是牵一发而动全身，其重要性不言而喻。学习任务群重在整合，不论是内容整合、目标整合、情境整合，还是方法整合、资源整合、评价整合，都是一件头疼的事，都是对教师的极大挑战和考验，如何破解这一困局和难题，是当下绝大多数教师最迫切、最需要的，为此在这个章节花费的笔墨最多，篇幅也最长，案例、设计、解说也最为详尽、细致。这样，加上为了帮助大家更好地了解新课标整体育人架构的第一章，全书分为五章，章章用实操支撑解读，用实例阐述理念，"道""术"结合，"学""做"交互，助力读课标、教语文。

第一章　语文课程的育人架构

教育就是培养人、塑造人的工作。教育一旦产生，育人也就自然发生；课程一旦形成，学科育人也就如影随形。在漫长的教育发展中，育人都有形无形地真实存在着，却从没像今天这样鲜明清晰、引人注目。刚刚颁布的《义务教育课程方案（2022年版）》（以下简称《课程方案》），令人感觉到"人的发展"无处不在，光是"育人"二字就出现了10多次，且有"育人主线""育人蓝图"的新提法，这是2001年《义务教育课程设置实验方案》和《义务教育语文课程标准（2011年版）》所罕见的，标志着我国新课程改革必将迈上新的征程。

第一节　《课程方案》的育人蓝图

一、教书育人的高站位

教书育人是个老话题，面对百年未有之大变局，我们该作出怎样的时代回应，关系到我国基础教育的未来发展和人才培养质量。《课程方案》开宗明义，给出了清晰而坚定的回答："必须进一步明确'培养什么人，怎样培养人，为谁培养人'，优化学校育人蓝图。"简洁醒目，振聋发聩。"培养什么人，怎样培养人，为谁培养人"的"三问"是习近平总书记在全国教育大会上发表重要讲话时提出的，后又在多个场合反复说起，如此把教书育人放在实现中华民族伟大复兴的历史高度来认识，可谓是深谋远虑，高瞻远瞩，不仅强调了教育对国家富强、民族振兴、社会进步、人民幸福的重要性，更赋予义务教育立德树人、培根铸魂的历史使命和根本任务，焕发着鲜活的时代光彩。

二、时代新人的新形象

"培养什么人、怎样培养人、为谁培养人"的焦点在于"人"，作为教育培养对象的中小学学生，该以怎么的形态和面貌出现在第二个百年奋斗目标的历史征程中？《课程方案》指明了方向：先是概括性地提出"德智体美劳全面发展"，后又在"培养目标"中作了详尽的阐述，为我们勾画了"有理想、有本领、有担当"的时代新人形象，具体而明确，鲜活又生动，让人眼前一亮，击节赞叹。"三有"巧妙地回应着"三问"："有理想"强调个人追求与国家富强、民族复兴、人民幸福的伟大梦想的有机融合，确保社会主义国家不变色，不易旗；"有本领"是实现个人理想追求、民族伟大梦想的重要基础，也是适应未来社会、成为时代新人的坚实保障；"有担当"指向学生的人格发展、品格培养和精神养育，是人之所以为人和培养学生成为社会主义建设者和接班人的根本保证。"三有"时代新人形象的具体描画，为课程教育、学科育人指明了方向。

三、学科育人的多路径

不论是"怎样培养人"，还是如何培养"三有"新人，都需要具体可行、易于操作的途径与方法。《课程方案》从思想、知识、素养、生活、实践等多个方面提出了要求。思想育人方面，要"坚持以习近平新时代中国特色社会主义思想为指导"，"注重用好中华传统文化资源和红色资源"，育其心。知识育人方面，不死记硬背学科知识，要"注重学生在真实情境中综合运用知识解决问题的能力"，让学科知识和学生生活"发生关系"，育其知。素养育人方面，聚焦核心素养，"重视必备品格和关键能力培育"，"创造条件开展体育锻炼、艺术活动、科学探究、班团队活动、劳动与社会实践等，发展学生特长",育其根。生活育人方面,提出"加强课程内容与学生经验、社会生活的联系,强化学科知识整合","开展跨学科主题教学",育其能。实践育人方面,"加强课程与生活劳动、社会实践的结合","倡导'做中学''用中学''创中学'","优化综合实践活动","新技术背景下学习",育其行。多维路径,多管齐下,多育并举,协同发力,为全面建成社会主义现代化强国,实现中华民族伟大复兴奠定人才基础。

第二节　语文课程的育人架构

一、以文化心的育人导向

从本质上说,育人是一件"心"工作,讲求"随风潜入夜,润物细无声",让学生在潜移默化、不知不觉中,情有所动,心有所属。尤其在当下,《义务教育语文课程标准(2022年版)》(以下简称"2022年版课标")首次提出"文化自信",并且将"中华优秀传统文化、革命文化、社会主义先进文化"作为课程内容的"主题与载体形式",更要在"化"字上下功夫。这是因为,第一,"自信"由"心"而起,始于喜爱和兴趣,成于热爱与感动,终于信心和自豪感,缺少心的根植,"文化自信"就成了无源之水、无本之木。第二,小学语文统编教材数量不少的红色经典课文,是继承和弘扬中华优秀传统文化、革命文化、社会主义先进文化的极好资源,但往往时代久远,与现实生活相距甚远,难以引发情感共鸣,产生心灵震撼,从"心"开始就成了教学首务。因此,语文教学中的人文教育和文化熏陶再也不能采取说教灌输、机械操练的简单粗暴方式,而要充分发挥语文教材文质兼美的优势,以文化人,以文育人,入耳入情又入心。对此,新课标作出了精心设计。

"教学提示"是新增内容,分别对不同的课程内容教学提出建议。比如"语言文字积累与梳理",要"注意将语言梳理与体认社会主义先进文化、革命文化、中华优秀传统文化相结合;引导学生在识字、写字、语言积累中感受中华文化的魅力,激发热爱中华文化的情感"。"文学阅读与创意表达",要

"在主题情境中，开展文学阅读和创意表达活动，引导学生感受文学之美、表达自己的独特感受，促进学生的精神成长"，"重视古代诗文的诵读积累，感受文学作品语言、形象、情感等方面的独特魅力和思想内涵，提升审美能力和审美品位"。"跨学科学习"，要"精心选择学习主题和内容，组织、策划多样的学习活动"。尽管课程内容、学习主题各有差异，但都强调语文学科育人必须以"语文的方式"进行，亦即必须充分挖掘和利用教材中的育人元素，借助课文内容和语言，在听说读写思等语文学习活动中，启迪思想，增长智慧，丰富心灵，从而收到"化盐入水，无痕有味"的教育效果，其以文化人、以文化心的育人导向极为鲜明。

二、素养引领的育人体系

如果说"核心素养是学生通过课程学习逐步形成的正确价值观、必备品格和关键能力，是课程育人价值的集中体现"，其强调的是核心素养之于课程学习的重要意义，那么，"语文课程围绕核心素养，体现课程性质，反映课程理念，确定课程目标"则彰显了语文核心素养在语文课程的核心地位和独特价值，点明了语文核心素养的统领性作用，它犹如一根红线，上连性质、理念、目标，下接内容、形式和方法，牵一发而动全身。寥寥数字看似简单，实则宣告了以核心素养为引领的学科育人时代的到来，无疑具有里程碑意义。

义务教育语文核心素养为"文化自信""语言运用""思维能力"和"审美创造"，与高中语文核心素养相比，维度相同，表述有变，但都一样为语文课程的育人蓝图作了整体设计和细致描画。

首先，为"培养什么人"作了形象设计。"培养德智体美劳全面发展的社会主义建设者和接班人"虽然清楚明白，却显抽象而笼统。"五育融合"具体表现在哪些方面，由哪些要素构成，如何融为一体，不同的人有不同的理解；理解不同，做法也就千差万别，非得明确界定不可。核心素养的"文化""语言""思维""审美"四个维度，契合了"德智体美劳全面发展"的总体要求，又为"培养什么人"作了一个完整的形象设计，让人们对语文课程的育人重点有了整体、清晰的认识。同时，"核心素养的四个方面是一个整体"，四者之间你中有我，我中有你，水乳交融，不可分割，四方发力，相互作用，就能起到"1+1＞2"的育人效果，从而保证"德智体美劳全面发展"课程目标的真实落地。

其次，为"培养什么人"作了局部刻画。核心素养的关键词是"正确价值观""必备品格"和"关键能力"，恰与"有理想""有本领""有担当"相呼应。"正确价值观"不仅表现在"热爱祖国，热爱人民，热爱中国共产党，学习伟大建党精神"，还要体现在"努力学习和弘扬社会主义先进文化、革命文化和中华优秀传统文化，理解和践行社会主义核心价值观，逐步领会改革创新的时代精神"，文化自信蕴含其中。"有本领"的要义在于具备"关键能力"，包括知能方面的"初步掌握适应现代化社会所需要的知识和技能""具有探究能力和创新精神""学会交往，善于沟通"；习惯方面的"良好的学习习惯""生活习惯"；态度方面的"乐学善学，勤于思考""形成积极的心理品质"等，这些都是适应未来社会发展需要不可或缺的关键能力。"必备品格"与"有担当"紧密关联，"坚毅勇敢，自信自强""诚实守信，明辨是非，遵纪守法""孝亲敬长，团结友爱，热心公益"等，是"有担当"的公民必备的优秀品格。语文核心素养涉及"三有"培养的方方面面，形成了内涵丰富、内容全面的育人体系。

三、质量为本的育人标准

课程内容标准与课程质量标准兼具，是国外母语课程标准的通常做法。比如《英国国家课程》的"达标标准"分"听和说""阅读""写作"三个部分，详细列出了8个级别的评价指标。[①] 但是，我国语文课程标准编写历来没有这样的传统，使得教师对教学行为和结果难以作出科学、准确的评判。好在2022年版课标吸取了国外母语课程标准的有益经验，增加了"学业质量"，

---

① 吴忠豪. 国外小学语文教学研究［M］. 上海：上海教育出版社，2009：39.

对于实现"教什么""怎么教""教到什么程度"的三者统一提供了有力保障，也意味着语文课程从此突破模糊不明、笼统玄妙的重围。

所谓"语文课程学业质量标准"就是"以核心素养为主要维度，结合课程内容，对学生语文学业成就具体表现特征的整体刻画"。一个"成就"，意为这是学生必须达到、应该体现且能体现的语文核心素养水平。一个"表现"，表明学生学习过程中的行为表现具有鲜明特征，不仅"看得见"，而且"测得来"。一个"刻画"，因有"刻度"的精准特性，故能成为标准，准确衡量学生的语文核心素养水平。由此可见，学业质量标准其实是学科核心素养及其水平的细化与具体化，"学业质量"的专门设置，无形中就建立起以质量标准为中心的学科育人评价体系，其影响可以预见。

一让课程理念转"虚"为"实"。课程理念往往概括笼统，比较"虚"，难以直接落实在教学行为中，需要借助课程开发与实施来实现。课程开发与实施一般要经历"确定教学目标—选择学习经验—组织学习经验—评价教育计划"四个基本环节，[①] 一旦缺少"质量标准"的规约，任何一个环节都可能成为"脱缰的野马"。只有将其置于"学业质量"框架中加以考量，才能教得正确，教得到位。学业质量的显性水平描述，确保了课程理念的"实性"特质。

二让教学目标变"隐"为"明"。尽管课程标准对核心素养四个维度作出明确的界定和具体描述，但"文化自信""语言运用""思维能力""审美创造"作为人的价值观念、内在品质和语文能力，总归难以直接观测和计量，使得教学目标的描述难用明确显化的方式来呈现。"学业质量"的出现，为语文核心素养提供了一个可衡量、可评判、可描述的落地平台，课程目标自然而然也会明晰、显现起来。

三让教学行为化"柔"为"刚"。都说课程标准是学科教学的"宪法"，作用无可替代，可实际上并非如此。备课上课、试卷命题、考试评估，不用

[①] 拉尔夫·泰勒. 课程与教学的基本原理[M]. 罗康, 张阅, 译. 北京：中国轻工业出版社, 2014：2.

课程标准的大有人在。课标的可有可无，学业质量的短板是一大原因。学业质量水平描述必然对教学行为产生必要的规约和指导，从而保证教学内容（教什么）、教学要求（如何教）、教学行为（怎么教）与课程目标（为什么教）的统一，教学的针对性和有效性必将更加凸显。

四、言语实践的育人方式

长久以来，语文教学推崇理解为本、感悟为重的课程观，听讲、识记、抄写、练习、考试成了语文活动的主要形态，学生获得较为扎实的"双基"训练。《义务教育语文课程标准（2011年版）》虽然将语文课程定位为"学习语言文字运用的综合性、实践性课程"，强调"应着重培养学生的语文实践能力，而培养这种能力的主要途径也应是语文实践"，[1] 提出要"重视学生读书、写作、口语交际、搜集处理信息等语文实践，提倡多读多写，改变机械、粗糙、繁琐的作业方式，让学生在语文实践中学习语文，学会学习"[2]，但只停留于抽象概括的文字表述，少有详细具体、可操作性的实践活动方案，许多教师仅靠一己之力难以开发实施。核心素养是人身上具备的可以真实而持续地表现出来、行动出来的素质，是学生在真实情境中解决复杂问题的高级能力与人性能力，远非"坐而论道"式的记忆、背诵、理解所能形成，唯有反复实践才能逐步得以建构和发展。有鉴于此，2022年版课标在育人方式上作出重大调整：一是设立"学习任务群"。依据课程内容的不同，分为基础型学习任务群、发展型学习任务群和拓展型学习任务群。学习任务群情境性、实践性、综合性的特点，决定了学生的语文学习方式必须发生根本性改变，调动生活经验或学习方法，参与听说读写思等实践活动全过程，成了必然选择。二是增设"教学提示"。针对不同的课程内容，提出丰富多样的实践活动方

---

[1] 中华人民共和国教育部. 义务教育语文课程标准（2011年版）[S]. 北京：北京师范大学出版社，2012：2—3.

[2] 中华人民共和国教育部. 义务教育语文课程标准（2011年版）[S]. 北京：北京师范大学出版社，2012：30.

式。比如，(1) 使用工具书："借助字典、词典等工具书查检字词的能力"。(2) 材料收集与整理："引导学生借助信息技术等多种方式汇总、梳理自己积累的语言材料，建立自己的创意语言资料库，并能学以致用"。(3) 主题设计："围绕'我爱我家''我爱上学''文明的公共生活'等主题设计学习任务"。(4) 口头交流："采用朗读、复述、游戏、表演、讲故事、情景对话、现场报道等学生喜闻乐见的形式，将识字、写字、阅读、写作、口语交际、搜集处理信息等融为一体""综合运用朗读、默读、诵读、复述、评述等方法学习作品""鼓励学生在口头交流和书面创作中，运用多样的形式呈现作品"。(5) 书籍阅读："设计、组织多样的语文实践活动，如师生共读、同伴共读，朗诵会、故事会、戏剧节，建立读书共同体，交流读书心理，分享阅读经验"。(6) 综合性活动："第一至第三学段以观察、记录、参观、体验为主，第四学段以设计、参与、调研、展示为主"。如此设计，意在为语文教学活动确立"刚性"标准，进而构建以言语实践为中心的新型育人方式，最终促进语文核心素养的形成与发展。

第二章　语文核心素养

何谓"素养"？素，即本色、本质；养，即修养、教养、培养。素，侧重先天的内在遗传基因、个性特征、性格倾向；养，侧重后天的外在教育、文化熏陶、生命历练。"素养"，就是指个体在遗传基因的物质基础上，受后天教育、培养而获得的能力和修养。2022年版课标把"语文核心素养"分为文化自信、语言运用、思维能力、审美创造四个维度，四者构成一个整体，强调"文化自信、思维能力、审美创造要以语言运用为基础，并在学生个体语言经验发展中体现出来"。

第一节　文化自信

一、文化自信的内涵理解

文化是一个国家之灵魂，一个民族之血脉。文化是人民的精神家园，是国家核心竞争力的重要组成部分。语文课程承担着培养有理想、有本领、有担当的德智体美劳全面发展的社会主义事业建设者和接班人的历史使命，离开了文化传承是不可想象的。

（一）概念理解

何谓"文化自信"？就是一个国家、一个民族对自身文化价值的充分肯定，是对自身文化生命力的坚定信念。2022年版课标的表述大同小异："文化自信是指学生认同中华文化，对中华文化的生命力有坚定信心。"其关键词有二：一是认同，二是信心。"认同"，顾名思义就是认可、赞同的意思，即认为与自己有共同之处而觉得亲切，表示认可，觉得中华文化是优秀的，是可以接受的；"信心"，就是一种确信自己的某种愿望、预料一定能够实现的心理，意为相信中华文化不仅优秀，而且富有生机活力，笃定对国家的发展、人类进步做出重要贡献。

这两个关键词是因果关系，先是认同，方有信心，认同是信心的必要且充分条件，信心建立在认同基础之上，没有认同，何来信心？这就得解决一个根本问题，即文化认同要认同的是什么？从表述的字面上看当然是"认同中华文化"，但是，"中华文化"是一个宽泛概念，中华文化本身也是包容万象、博大精深，既有精华，也有糟粕，认同起来不仅太过困难，而且容易良莠不分，迫切需要从包容万象、博大精深的中华文化提炼出核心内涵和价值追求，否则，"认同"就成了无源之水，无本之木，"文化自信"自然也就成了一句空话。

纵观源远流长的中华文化，不管哪个年代哪个时期，始终不变、一脉相承的是中华优秀传统文化中坚守的价值观。这种价值观可具体表述为"三向"：向上、向善、向尚。向上就是面对艰难困境，依然胸怀梦想、不屈不挠、奋发有为、努力奋斗的人生追求；向善就是对人待物善良忠诚、仁爱宽厚、心怀善念、善待众生的慈悲情怀；向尚就是崇尚真理、品格高尚、志趣高雅、境界高远的生命态度。用孟子的话来说就是"贫贱不能移，富贵不能淫，威武不能屈"的"浩然之气"。这"三向"应该就是中华优秀文化的内核和价值。说到底，文化自信其实是对中华优秀文化核心的自信，是对这种价值观的自信。

（二）内核理解

习近平总书记高度重视文化自信，将文化自信提到与道路自信、理论自信和制度自信并置的高度，并用"更基础、更广泛、更深厚的自信"概括了文化自信的作用和地位。2022年版课标也把文化自信作为语文核心素养的重要组成部分，并将其与"热爱中华文化，继承和弘扬中华优秀传统文化、革命文化、社会主义先进文化""初步了解和借鉴人类文明优秀成果，具有比较开阔的文化视野和一定的文化底蕴"结合在一起。文化自信与包括中华优秀文化在内的人类文明优秀成果又有怎样的内在关联，为什么需要借助这些优秀文化培育学生的文化自信呢？弄清了这一点，也就找到了中华文化的核心价值所在。

第一，中华优秀传统文化蕴含着强大的文化基因。众所周知，在世界文化发展史上，曾经出现了四大文明古国，经过历史长河的淘洗，古埃及、古印度、古巴比伦先后消逝，空留遗迹和叹息。唯有中华民族源远流长，中华文明从未中断，历经五千年，至今依然傲立于世界东方，创造了博大精深、灿烂辉煌的中华优秀传统文化。从甲骨卜辞的"有典有册"，到《诗经》，到先秦两汉的"十三经"，再到唐宋元明清的《通典》《通志》《文献通考》《永乐大典》《四库全书》，中华文化的精神观念、社会文明都熔铸在这些传世文字文献中，让我们拥有强大的历史根脉力量。其对中华文明的兴盛延续，对国民潜在人格的塑造和价值取向的认同，对于增强民族的亲和力与凝聚力，产生深远的影响。

第二，革命文化迸发着持续的文化动力。革命文化的关键在"革命"二字，换言之，"革命"是革命文化的精神内心和价值取向。从近代以降，无数的仁人志士以挽救民族兴亡为己任，开展了一个又一个反帝反封建的伟大斗争，进行了不屈不挠的斗争，从洋务运动，到戊戌变法，再到辛亥革命，最终都不能完成救亡图存的民族使命和反帝反封建的历史任务，充分证明了照搬照抄西方资本主义道路是行不通的。只有中国共产党顺应历史潮流、勇担历史重任、敢于作出巨大牺牲，从新民主主义革命到社会主义革命与建设，领导中国人民打败了压在自己头上的"三座大山"，使中华民族改变了被压迫、被奴役的命运，克服了前进道路的种种艰难险阻，最终实现了国家和民族的团结统一和繁荣富强。党和人民在伟大斗争中孕育出了一种改天换地、不畏艰险、勇于牺牲、敢于担当的革命文化，诞生了抗美援朝精神、井冈山精神、老区精神、长征精神、抗战精神等革命精神。这一文化和精神迸发出生生不竭、代代不息的文化动力，激励着一代又一代的中国人矢志不移、不断前行。

第三，社会主义先进文化指明了科学的文化方向。历史上，我国不仅文化辉煌灿烂，科技创造也是世界领先，造纸、火药、指南针、印刷术等伟大发明名扬天下，为人类发展作出过巨大贡献。可到了近代，积贫积弱的中国闭关自守，固步自封，不仅在科技发展上乏善可陈，远远落后于世界，而且自1840年鸦片战争以后还逐步沦为半殖民地半封建社会的国家，一个有着光辉灿烂历史的文明古国就这样退出了世界科技舞台。直到现代，特别是新中国成立后，我国的科学研究才逐步恢复，并得以迅速发展，在核武器实验、核动力研究、航空航天技术、运载火箭、航母研制、北斗卫星导航系统等方面取得重大突破，甚至走在世界前列，涌现出钱学森、李四光、华罗庚、邓稼先、袁隆平等一大批科学家和科技工作者。在他们身上，闪现着"两弹一星"、航天航空、改革开放的精神之光，令国人为之骄傲。

第四，人类文明呈现出多样的文化形态。大自然之所以美丽动人，是因为它由各种各样、多姿多彩的生物构成的。人类文明也是一样，它不是单一的，而是多样的，不同的人类文明都有各自的特点，世界上不同的国家和民族都对人类文化作出了贡献。英国著名历史学家汤因比研究了二十多种人类文明的形态，发现在众多的文明形态中有两个基本类型，一个是希腊文明，另一个是中国文明。中华民族创造了博大精深的独特的中华文明，它在整个世界范围内都是非常重要的一个文明类型。培育学生的文化自信，不仅要看到中华文化博大精深、类型独特，是人类文明的重要代表，还要认识、包容、接受其他国家和民族的优秀文化，做到自信而不自负，自豪而不自满，自尊而不自傲。

二、文化自信的学生视角

课标中"文化自信"的表述，因有"学生"两字的出现，似乎指向的是义务教育阶段的中小学生，其实不然，它也适合于成年人的文化自信，因而显得较为宽泛、笼统，缺乏必要的针对性，需要作进一步的细化认识。

我们知道，义务教育阶段的小学生是一个特殊群体，他们正处于世界观、人生观、价值观初步形成的基础阶段，不论是认知接受水平还是思想判断能力，都决定了他们在"自信"的程度与深度要求上与成年人有所区别。从小学生的年龄特点和接受能力出发，其文化自信必然基于兴趣和喜爱，成于热爱与感动，终于自豪与信心。

第一，兴趣和喜爱。不管是接纳一个人，还是一件事物，或是一个思想，无不从喜爱、愿意开始，固有"兴趣是最好的老师"一说。试想，如果一点兴趣都没有，一开始就是讨厌和抵触，何来的认识和接受？文化自信更是如此。文化本就是一个极为抽象的概念，其本身内涵丰富、指涉广泛、意蕴深厚，绝非一个学识、经验、知识背景都尚浅的小学生所能理解和领悟的，因此激发学生对中华优秀文化的兴趣，是培育文化自信的基础和前提。

第二，感动与热爱。当对某一事物产生炽热、浓烈的情绪，才能称之为热爱，这就需要一个基本的条件，那就是通过一系列的亲身体验，从内心深处觉得这一事物是正确的，能跟自己的想法和鸣共振，产生深切的情感体认，并在此基础上心生愿意接纳之情，生发愉悦之情。

第三，自豪与信心。自豪是一种心理体验，是因自己或与自己有关的集体、个人取得成就等而激发出来的荣耀感，这是一种深深认同、赞许的结果，并由此萌生坚定不移的信任和信心。

三、文化自信的教材编写

2022年版课标把中华优秀传统文化、革命文化和社会主义先进文化作为"主题和载体形式"加以安排，明确提出："根据不同学段特点，统筹安排各类主题的相关学习内容，体现中华优秀传统文化、革命文化、社会主义先进文化的作品，应占60%～70%。；反映科技、自然、生活等方面的应用、说明、记叙文作品，以及外国优秀文化作品，占30%～40%。"小学语文统编教材虽然编写于新课标颁布之前，但也大量选入了相关学习内容。

（一）中华优秀传统文化

在现行统编语文教材中，占比最大的是中华优秀传统文化。主要分为几类：

一是汉字文化。一、二年级每一册教材都独立安排识字单元，展示了汉字的音、形、义特点，如一年级的"日月明""田力男""小大尖""小土尘"，既形象生动，又容易记忆。有些字还把生活道理巧妙地隐藏在构字规律之中，如二年级的"二人从""三从众""双木林""三木森""一人不成众，独木不成林"等。除外，五年级还安排了"有趣的汉字"的语文综合性学习单元，介绍了字的发明与发现，汉字从甲骨文到楷体的演变过程，以及字谜、谐音等汉字现象，充满情趣。同时，学习园地还安排了硬笔书法和颜体、柳体等常见的毛笔书法，展现了汉语言文字在结构、形体、书写、排列、意蕴等方面的独特之美。

二是文学文化。入选小学语文统编教材的作品大多文质兼美，其中不乏蕴含着中华文化的文学作品。比如古诗词，现行使用的统编本语文教材从小学一年级开始就有古诗，六个年级12册教材中共选有古诗文129篇，平均每个年级20篇左右，占课文总数的30%左右，比原来的人教版教材古诗文篇目增加很多，增幅达80%左右。其中从三年级开始，每学期均安排了一到两篇小古文，如三年级的《司马光》《守株待兔》，四年级的《精卫填海》《王戎不取道旁李》《囊萤夜读》《铁杵成针》等，展现了古文的独特魅力。中国民间故事、寓言、神话故事、童话等各类文学题材的文化作品更是不胜枚举。比如三年级下册第八单元的《慢性子裁缝和急性子顾客》《方帽子店》《漏》《枣核》，或民间故事，或童话故事。五年级上册第二单元为民间故事单元，安排了《猎人海力布》《牛郎织女（一）》《牛郎织女（二）》三篇民间传说故事。五年级下册第二单元，《草船借箭》《景阳冈》《猴王出世》《红楼春趣》分别选自我国四大古典名著，构成了古典名著专题单元。在这些故事中，学生能感受到故事的生活情趣，以及古人的智慧和体现在人物身上的美好品德。

三是历史文化。比如《姓氏歌》和《人之初》分别改编自《百家姓》和《三字经》，让学生了解中华姓氏的历史知识，受到为人处世的启蒙教育。《天地人》《金木水土火》充分展示了中国传统文化中天人合一的理念。《纸的发明》介绍了四大发明之一的造纸术的发展演变过程，尤其是蔡伦对纸的改进所作出的贡献，以及造纸技术对人类文明进程的推动作用。《赵州桥》介绍了赵州桥的建造年代、独特设计和历史价值。

四是艺术文化。比如六年级的《藏戏》介绍了藏戏的形成过程及独特的艺术形式，表现了藏戏鲜明的民族特点与不可抗拒的艺术魅力；《一幅名扬中外的画》介绍了北宋画家张择端的《清明上河图》，展现了北宋时期的地域风貌和风俗人情，让学生感受当时生活的繁荣与安宁；《京剧趣谈》介绍了京剧艺术中的亮相和马鞭，让学生对京剧艺术的神奇与情趣有所了解。

五是民俗文化。中华大地56个民族，生活习俗、文化传统各不相同，构成了丰富多彩、形式各样的民俗文化，统编教材从不同角度加以呈现。在教材中，介绍春节、除夕、元宵节等文化习俗的就有《腊八粥》《元日》《北京的春节》等；介绍清明节、寒食节的就有古诗《清明》《寒食》；介绍端午节的有《端午粽》；介绍七夕节的就有《乞巧》；介绍中秋节就有《十五夜望月》；介绍重阳节的有《九月九日忆山东兄弟》等。除外，还有介绍少数民族生活习俗的文章，如《走月亮》写白族人民喜获丰收后走月亮的习俗，云南的风光美、民俗美、人情美尽显其中；《难忘的泼水节》描写了傣族人民一年一度的泼水节；《草原》表现了蒙古族人民的生活场景；《大青树下的学校》中汉族、傣族、景颇族、阿昌族、德昂族的孩子们穿着鲜艳的民族服装，从分散居住的山坡上、坪坝里高高兴兴去上学的情景令人神往，体现出祖国各民族之间的友爱和团结。

（二）革命文化

小学语文统编教材收录了约40篇革命传统教育类课文。在编排上分为两种：一种以单篇出现，主要安排在一到三年级，另一种以整体主题呈现，多安排在四到六年级。比如六年级上册第二单元的"重温革命岁月"由《七律·长征》《狼牙山五壮士》《开国大典》《灯光》和《金色的鱼钩》五篇红色经典课文组成。在内容上分为三类：一是反映革命传统的优秀文学作品，如《青山处处埋忠骨》《军神》《清贫》等；二是具有理论高度和引领作用的领袖文章，如《为人民服务》；三是表现革命传统的新闻、通讯、报告等实用性作品，如《十六年前的回忆》等。在呈现方式上也分为两类，一类是以整体单元方式呈现，比如传统意义上的"红色经典"，即直接描写革命年代经典内容的课文，如《吃水不忘挖井人》《朱德的扁担》《狼牙山五壮士》《十六年前的回忆》《金色的鱼钩》等；另一类是各个历史时期的爱国主义教育题材内容，如《小岛》《梅兰芳蓄须》《少年中国说（节选）》等。在文题上分为三类：一是以人为题，如以伟人领袖或革命先辈为题的《邓小平爷爷植树》《狼牙山五壮士》《黄继光》等；二是以事为题，如《难忘的泼水节》《开国大典》《草地夜行》《董存瑞舍身炸暗堡》等；三是以物为题，如《金色的鱼钩》《桥》《灯光》等。这些课文让学生或重温血与火的战争场景，或感受融入血液的爱国情怀，或领悟为国捐躯、为人民幸福而奋斗的英雄壮举，深受革命主义、爱国主义的教育和洗礼。

（三）社会主义先进文化

读二年级下册的《千人糕》，了解米糕的复杂制作过程，感受劳动的艰辛与快乐；读四年级下册的《千年梦圆在今朝》，感受我国航天科技的蓬勃发展，懂得在和平年代的当下，我们依然需要为了中华民族复兴而树立崇高的理想、坚定的信仰；读《雷锋叔叔，你在哪里》，让雷锋精神代代相传。这些都是新时代呼唤的、社会主义建设需要的时代精神。

（四）其他国家的优秀文化

读三年级上册的泰戈尔的《花的世界》，感受想象的神奇、语言的优美和情感的真挚；读四年级下册的《巨人的花园》，感受英国作家王尔德笔下童话人物的真善美；读《海的女儿》，感受丹麦童话作家安徒生描写的海的女儿的美好心灵；读六年级下册第二单元的《鲁滨逊漂流记（节选）》《骑鹅旅行记（节选）》《汤姆·索亚历险记（节选）》，感受外国文学作品的奇妙构思、深刻主题，以及情节的跌宕起伏、引人入胜；读六年级上册的《月光曲》，感受音乐和语言的艺术魅力，体会伟大音乐家贝多芬的平民意识和爱民情怀。

四、文化自信的课堂培育

（一）中华优秀传统文化的课堂培育

1. 推敲语言形式，体会传统文化的独特艺术。

文学经典之所以具有强大的艺术魅力，除了给人以巨大的精神力量外，从语文专业角度说，如果作品不具备完美的艺术表现形式，终究难以历久弥新，长盛不衰。因为，文学作品是一个字一个字"码"起来的，属于语言艺术，讲求的是谋篇布局、遣词用句。考察中国文学史上取得辉煌成就的诗经、楚辞、汉赋、唐诗、宋词、元曲、明清小说，就会发现，它们的语言表现形式各美其美，具有很高的辨识度。

万物皆有形式，万物借形式呈现它们的形象。语言也一样。如果说语言是一种艺术，它首先是一种形式的艺术。作为人类思维中的一部分，语言包含了一种逻辑形式，亦即我们的理性有对组成语言的材料（声音和形象）进行形式裁减的能力，使之合于一定规范。语言借理性逻辑形式传达人之情感信息。作为记录下来的文字（语言），它有一种外观形式和造型美，整个的造型美是按一种最基础的内部形式建筑而成。《诗经》之美，美在四言结构。"昔我往矣，杨柳依依。今我来思，雨雪霏霏。"时序之"昔—今"，物候之"柳—雪"，人生之"往—来"，竟然只用了两个叠词表现出心绪之"恋—哀"，以及由此构成的四言句，就实现了剪接融汇，创造出超越现实的典型画面，看似平淡，娓娓道来，却充满了强大的艺术感染力。唐诗之美，美在规整和谐。唐诗的和谐美主要有对称美、复沓美、均齐美等三种基本形态，其产生的源泉正是句法修辞作用下的对偶形式、复沓形式以及均齐的篇章结构等的多样化统一。宋词之美，美在词调音律。词是一种密切配合音乐，用以歌唱的新型抒情诗。

例如一年级课文《江南》："江南可采莲，莲叶何田田，鱼戏莲叶间。鱼戏莲叶东，鱼戏莲叶西，鱼戏莲叶南，鱼戏莲叶北。"这是一首汉乐府民歌中的采莲歌，语言极为简洁，其中有五句文字几乎一样，只有方位的区别，却给我们展现了一幅活泼欢快的场景和画面：湖水清澈，花叶摇曳，水下的鱼儿在莲叶间游动嬉戏，水面的人儿乘着小舟在莲叶间自在穿行，令人心驰神往。这样的艺术魅力源自独特的语言表达形式。从整体上说，构思巧妙，层次清晰。前三句是第一层，总写人在采莲、鱼在莲叶间嬉戏的情景；后四句是第二层，写鱼在水中，忽东忽西忽南忽北地自由自在地遨游。从语句上看，更是妙不可言，美不胜收。

首先，全诗没有使用一个表示颜色与声音的词语，也不用一个表示声音的词语，仅借助几个名词"莲""莲叶""鱼"和几个动词"采""戏"等，就让我们似乎亲眼见到那奇妙的画面，亲耳听到那美妙的声音。如此不着一字，却声色皆出，实在是独辟蹊径，妙乎高哉，叹为观止。

其次，全诗不写具体的莲花或莲叶的数目与形状，仅用"田田"寥寥二字，不仅表示了莲叶的圆阔，还表现了一片片莲叶紧紧相连的样子。更妙的是，这里明写莲叶之美，更是在暗示采莲人之多、姿态之美，以及她们之间的亲密！一切都那么引人入胜，令人目不暇接，有惊艳之感。

再次，"鱼戏莲叶东，鱼戏莲叶西，鱼戏莲叶南，鱼戏莲叶北"，是排比，却同时"隔行反复"。四句中，除了"东南西北"四个字外，其他字完全相同。如此反复铺陈，乍一看来，似乎累赘可笑，可结合场景想象，正是民歌中常用的比兴手法，一唱数和，不仅写出了水面之宽广，而且仿佛四面八方都传来采莲女子的歌声，突出了采莲者、鱼、莲叶之间戏耍的欢快与恋恋不舍的情状，其艺术之奥妙与奇特，真令人拍案叫绝。

2. 注重由表及里，探寻传统文化的核心价值。

经典之所以是经典，当然离不开它的意义和价值，即它所承载的传统文化精神和艺术开创精神。所以，学习中华优秀传统文化要做到由"表"及"里"，"表""里"兼顾。"表"指的是传统文化的外在表现形式，"里"指的是它的核心内容和价值追求。六年级下册《石灰吟》是一首托物言志诗，作者是明代诗人于谦。于谦是一位与岳飞齐名的民族英雄，又是一位廉洁、正直的清官，作者以石灰作比喻，抒发自己坚强不屈、洁身自好的品质和不同流合污的高尚情操。前两句就不同凡响，"千锤万凿出深山"，说明开采石灰石极不容易，要经过无数次的重锤击打，成石之前就得经过一番艰难的磨炼，暗含着一种坚强无畏的品格。"烈火焚烧若等闲"，高温煅烧，烈焰焚烧，本是一件难以忍受之痛，但面对考验，石灰石却从容自若，泰然处之。"若等闲"三字看似轻松自如，实则惊心动魄，显示一种勇于接受艰难困苦的磨炼，不怕牺牲的大无畏精神。"烈火焚烧"与"若等闲"的鲜明对比，更衬托出其顽强不屈和铮铮铁骨，似乎还象征着志士仁人无论面临着怎样严峻的考验，都从容不迫，视若等闲。第三句的"粉骨碎身"与"全不怕"又是一个对比，虽然石灰石由石成灰，过程残酷，形态巨变，却依然毫无惧色，临死不屈。最后一句的"清白"一语双关，既写出石灰洁白的本色，又暗喻高洁的节操，抒发了诗人宁可抛弃生命，也立志要做纯洁清白之人的志向与情怀。教学时，不仅要让学生了解这首诗的意思，更要紧扣"若等闲""全不怕""清白"等文字，感受其丰富内涵，还要借助于谦为官清廉、刚正不阿、率兵抗侵、宁折不弯等资料，认识一个光明磊落、无惧生死、忠心报国的民族英雄，并为其浩然正气所感动、所感染。

五年级下册的《墨梅》也是一首借物言志诗。王冕赞美梅花不求人夸，只愿为人间留下清气的美德，表达自己的人生态度和高洁情操。这首题画诗，不论是墨梅图，还是墨梅诗，正是诗人的真实写照。王冕才华横溢，却屡试不中，又不愿巴结权贵，朋友李孝光想推荐王冕去做府吏，他拒绝了；老友泰不华多次举荐王冕为官，他拒绝了；他的老师王艮劝王冕做官，他拒绝了；元朝的达官贵人不惜重金向王冕求画，他拒绝了；明朝开国皇帝朱元璋要重用王冕，他以出家为由也拒绝了……《墨梅》表现出其高尚情趣和淡泊名利的胸襟，表明了他不向世俗献媚的坚贞、纯洁的操守。教学这首诗也要像《石灰吟》一样，要让学生借由文句，走进诗人内心，感受诗人的精神之气、品德之气。

3. 把握文字内涵，感受传统文化的巨大影响。

系统而深厚的中华优秀传统文化具有巨大的影响力。天、地、人和谐共生的生态理念，是中华文化的重要特征。上古先民选择了农耕的生产方式，也就选择了"人与天调，然后天地之美生"的生存理念。《周易·说卦》把"天、地、人"视为宇宙系统中最为重要的三大要素，并把它们称为"三才之道"，即天道、地道、人道。天道是阴和阳，地道是柔和刚，人道是仁与义。三才之道的探讨和论述早在春秋战国时期就已经相当广泛，在古人启蒙读物《三字经》中也有"三才者，天地人"的说法，民间春联也有"福禄寿三星拱照，天地人一体同春"，可见三才之道在我国经历几千年而流传不衰，对传统文化产生深远而持久的影响。如此"大乐与天地同和，大礼与天地同节"的理念让中国人形成了顺应自然时序、节制使用物力的礼天敬地的优良传统，这种传统让中国人安居乐业、生生不息。

这一传统文化思想的启蒙，就从学生正式进入学堂开始。小学语文教材首篇课文就安排了《天地人》一课，全课只有寥寥的 6 个字："天地人，你我他"，分两行排列，背景插画是著名画家傅抱石的国画作品《一望大江开》。这样的安排独具匠心："天、地、人"，是构成世界的三大要素，它们既相互独立，又紧密联系。插图用无声的语言巧妙地传递出"天、地、人"之间的关系，让学生从中明白，"天"覆盖万物，"地"负载万物，天地之间以"人"为贵，天、地、人和谐共存，缺一不可。"你、我、他"是"人"的三个代称，生活中经常见到、用到，反映出中华文化对"人"的重视，还表现为人与人之间的平等交往。如此精心设计、编写教材，目的就在于让学生从小懂得民胞物与、天下一家的道理，渗透"四海一家""天下大同"的文化情感与文化理想，体现了中华民族的包容性和亲和意识，这也是人类命运共同体意识的重要历史文化基础。

4. 感受语言形象，体悟传统文化的创新活力。

守正开新、刚健坚韧的实践理念，是中华文化攻坚克难、不断发展的精神动力。中华传统文化中"日新""时变"的意识，使其永远焕发生机与活力。正因如此，中华民族向来具有刚健坚韧的精神品格，无论怎样的困难与挑战，都只会激发中华民族的刚健与坚韧，使中华文化数千年历经无数风暴洗礼，仍能"历久弥坚，不坠青云之志"，其强大的生命力创造了中华民族的一个个灿烂和辉煌。

四年级上册《盘古开天地》一文，对盘古的称谓不断发生变化。故事的开始，盘古"在混沌之中睡了一万八千年"，课文只是称之"巨人"；可当天地分开之后，"盘古怕它们还会合在一起，就头顶天，脚踏地，站在天地当中，随着它们的变化而变化。天每天升高一丈，地每天加厚一丈，盘古的身体也跟着长高"，此时，他的称呼发生了变化，变成了"巍峨的巨人"；最后，盘古的身体发生了巨大的变化，用他的整个身体创造了美丽的宇宙，此时的盘古就成了"伟大的巨人"。一连串称谓的变化，源自于他的行为变化，从而展现了盘古从身形巨大到意志巨大再到精神巨大的形象转变，人物形象渐次完整、完满、完美。教学时，可紧扣这三个称谓词语，结合课文相关词句，探究称谓变化的原因，在感受神话神奇的同时，体会盘古身上具有的永不满足的创新精神和乐于牺牲的奉献精神。

五年级下册的《田忌赛马》一文生动地记叙了战国时期齐国大将田忌与齐威王赛马，孙膑在仔细观察他们几场比赛后，巧用智谋，用相同的马调换一下出场顺序，最终转败为胜，表现了孙膑的足智多谋。阅读这篇课文，有些学生很容易被表面现象所迷惑，认为孙膑之所以可以转败为胜，无非两个原因，一是变换了马的出场顺序，二是他聪明过人。这样的阅读显然没有读懂。试想，身为大将的田忌，作为一国之君的齐威王怎么会不聪明呢？况且，调换马的出场顺序并无技术难度，他们怎么就没有想到呢？显然，问题的关键在于他们考虑事情的角度存在差异。因此，教学时，要引导学生结合课文内容，从孙膑、田忌和齐威王的角度，把三个人物的思维过程展示出来，从中了解他们分别是怎么想问题的，进而在比较中发现孙膑的智慧体现在思考问题的角度与众不同，这才是他扭转败局的真正原因。如此，学生不仅会强烈地感受到求异思维、创新思维的可贵，而且懂得了思路决定出路的道理。

5. 强化语言表现，实现传统文化的自觉建构。

语文统编教材继承、弘扬中华优秀传统文化，统筹安排中华优秀传统文化经典古文，以增强学生对中华文化的认同感和民族自豪感。这样的自豪感，不仅可以从课文阅读、吸纳传统中获得，还可以在创意表达、创新实践中强化。比如教学《两小儿辩日》，感悟两小儿的聪明才智的形成原因，学生不难领会到课文蕴含的学习方法之一：善于观察和思考。两小儿因为善于观察，所以才有精彩的对话："日初出大如车盖，及日中，则如盘"与"日初出沧沧凉凉，及其日中如探汤"；两小儿因为善于思考，所以才产生迥然不同的结论："此不为远者小而近者大乎？"和"此不为近者热而远者凉乎？"两小儿智慧的火花，激荡着学生的心灵，进而领会要善于观察和思考的学习方法。在此基础上，可作如下几个层面的设计。

一是说的设计。你赞同哪一个孩子的观点？你会用什么样的生活事实证明自己的观点？这样，学生就会从早上和中午的皮肤感觉、所穿衣服的厚薄、出门锻炼的时间选择等多角度展开交流。

二是辩的设计。"两小儿笑曰：'孰为汝多知乎？'"你怎么看待两小儿的这种行为？一石激起千层浪，学生产生了不同的观点。有的认为两小儿说得对，孔子虽然知识渊博，但却回答不出他们的问题，被孩子嘲笑也是"哑巴吃黄连，有苦说不出"；有的却认为孩子不该这么说，因为谁都有不知道的时候，这样讥笑别人是不礼貌的；有的说孩子的话会让孔子反思自己，让他真正懂得学无止境的道理；有的说当时的科学技术没有那么发达，孔子不了解太阳的相关知识，情有可原，不应该被当作笑话……

三是读的设计。听了两小儿的"孰为汝多知乎？"如果你是孔子，会怎么用名言警句来回答？于是，就有了这样的对话：

师：两小儿笑曰："孰为汝多知乎？"

生：知之为知之，不知为不知，是知也。

师：两小儿笑曰："孰为汝多知乎？"

生：三人行，必有我师焉。

师：两小儿笑曰："孰为汝多知乎？"

生：择其善者而从之，其不善者而改之。

师：两小儿笑曰："孰为汝多知乎？"

生：吾生也有涯，而知也无涯。学无止境啊。

就在这样充满情趣的创境对答中，学生不仅进一步认识孔子的实事求是的科学态度，而且丰富了语言积累，发现现代社会运用文言既简洁又有趣，从而感受文言的独特魅力。

四是写的设计。《两小儿辩日》里的一儿说的早晨凉中午热，所以日初出远而日中时近，一儿说早上大中午小，所以日始出时去人近而日中时远，他们说得都有道理，为什么呢？请你查一查相关资料，用科学知识进行说明解释。这是一种跨学科拓展练习，培养学生收集信息、处理信息、表达观点的综合能力。

(二) 革命文化的课堂培育

小学语文统编教材大量增加了红色经典课文，此类课文除了与其他课文一样，承担着语文能力训练的任务外，还有其"独当之任"，那就是传承红色基因，赓续革命传统，培养学生崇高的理想信念、高尚的道德情操和积极的人生态度。然而，由于教学中对人文内涵的定位和处理不当，致使"红色基因"从教材到学生转化过程中的损耗，已是普遍现象，成为摆在我们面前亟待解决的一道难题。

1. 红色经典课文教学中存在的误区。

当下的红色经典课文教学总体趋向是，教师激情澎湃，学生无动于衷，教师、学生、文本之间"不来电"，似乎有个"绝缘体"横亘在三者之间，人文教育如隔靴搔痒，难以入脑入心。具体表现为：

一是盲目拔高。六年级上册的《狼牙山五壮士》叙述的是抗日战争时期最悲壮的故事，五位八路军战士完成掩护任务后，纵身跳崖，壮烈殉国，书写了一笔中华民族历史上可歌可泣的英雄篇章。教学这篇课文，有人从文眼"壮"入手，引导学生从"壮志""壮行""壮举""壮言"等几个方面走进文本，展开阅读，感受五壮士为了革命、为了人民不惜牺牲自己宝贵生命的壮士行为和英雄气概。这样的教学处理，无视五位壮士原本也是战士这一基本认知，硬生生地把五壮士架在了高高的神坛之上，只能敬畏，只能敬仰，不可走近，更无法抵达，无形中给学生一种"唯有牺牲才能成为英雄"的认识误区。这样高不可攀的形象定位，难以复制的人物行为，让"英雄""牺牲""无畏"脸谱化、标签化、概念化，只能让学生敬而远之，无法产生心理认同和情感共鸣，自然也难以感受到阅读的现实意义与生活价值。

二是生拉硬套。五年级下册的《清贫》是一篇回忆性课文，作者方志敏烈士以自述的方式，重点回忆了一段经历：方志敏被国民党的两个士兵找到后，敌人以为可以从他身上搜出大洋，发个大财，哪想到，任他们怎么捏衣领、裤腿，或者是威逼、恐吓，就是连一个铜板都没有得到，从而展现方志敏忠于革命、甘于清贫、廉洁奉公的高尚品质。有教师教学这篇课文，与当下的反腐败斗争联系在一起，在学生理解课文内容后，引进一些贪官贪污受贿的现实案例，与方志敏的清正廉洁形成鲜明对比，让学生认识到真正的共产党人的胸怀与品格。就课文本身而言，方志敏简朴的生活方式就很难被物质丰富的当下学生所理解；而"清正廉洁"的教育主题，更不是这一年龄段孩子所需要的、所能体会得到的。生活经历的时代差异，加上人文思想的定位失当，无疑加大了文本与生本的距离，让学生有了"课文说的和我的生活无关"的错误认识，阅读的"无感"也就在所难免了。

　　三是过度阐释。一年级下册有篇课文叫《吃水不忘挖井人》，写的是毛主席在江西领导革命的时候，带领战士和乡亲们挖井的事。从人文主题上看，全文的重点落在课文的最后一句"吃水不忘挖井人，时刻想念毛主席"上。依据一年级学生的接受能力，只需引导学生结合课文内容，了解当年毛主席为什么要带领人们挖井，想象怎么挖井，从而感受到毛主席为人们做了好事，人们用立碑的方式表达对他的感谢之情，就可以了。可有教师教学这篇课文，不断挖掘"吃水不忘挖井人"深层内涵，借助毛主席带领人民闹革命、为人民翻身得解放，为人民谋幸福，为祖国的繁荣富强而奋斗的图片、文字等资料，感悟毛主席为人民着想，给我们带来了幸福的生活，从而引出了"饮水思源"的教育主题。这样过度的阐释，哪里是一年级学生所能理解的，教育效果可想而知。

　　2. 红色经典课文教学困境的原因分析。

　　一是久远历史与现实生活的矛盾。入选小学语文教材的红色经典课文，无一不是"过去时"，而且几乎涉及各个历史时期，距离现在最远的就有与清朝末年有关的《少年中国说（节选）》和《圆明园的毁灭》，即便是比较近的《邓小平爷爷植树》，也是三十多年前发生的事了，这就必然给学生造成多方面的阅读障碍。比如时代背景，炮火纷飞的战争场面，艰苦卓绝的革命斗争，与当下和平生活天壤之别；又如历史事件，爬雪山、过草地、吃草根，火烧圆明园，见所未见；还有故事人物，英勇跳崖的五壮士，用胸膛堵住枪眼的黄继光，被烈火活活烧死的邱少云，这样的英雄壮举在现实生活中匪夷所思。即便是最基本的、曾经出现在历史烟云中的历史常识和生活物件，如"根据地""大扫荡""租界""长征"等历史知识，"扁担""草鞋""油灯""井"等生活事物，都是许多学生所不了解的。这些知识背景的缺乏，连最基础的阅读理解都有困难，更遑论人物形象的认识和文章主题的感悟了。

二是理性主题与感性经验的矛盾。红色经典课文的人文主题往往具有极强的思想性和政治性，具体表现在：单元主题上，四年级上册第七单元的"家国情怀"，五年级上册第四单元的"家国之殇"，六年级上册第二单元的"革命岁月"，六年级下册第四单元的"志向与心愿"，或凝重，或悲壮，或激昂，甚至是沉重的。单元导语上，四年级的"天下兴亡，匹夫有责""没有伟大的品格，就没有伟大的人，甚至也没有伟大的艺术家，伟大的行动者"，五年级的"苟利国家生死以，岂因祸福避趋之"，六年级的"人生自古谁无死，留取丹心照汗青"等，大都概括、抽象，富含理性色彩。篇章内容上，《圆明园的毁灭》的痛心悲愤，《狼牙山五壮士》的悲壮豪迈，《十六年前的回忆》的大义凛然，《为中华之崛起而读书》的志向高远，留下了深沉的思考，散发着人性的光辉。这样的人文主题需要一定的抽象思维和理性思辨才能有所感悟，获得启迪。可是，小学生的学习以感性思维和经验认知为主要特征，难以承受理性的人文内涵之"重"。

三是价值取向与个性阅读的矛盾。阅读不是单纯的被动接受的过程，而是阅读主体积极参与的意义建构过程，因此，个性化理解、多元化解读成了阅读的常态。但是，红色经典课文往往具有鲜明的时代烙印和历史痕迹，"那时那刻"发生的事件，文中人物在"那时那刻"作出的人生抉择，都难以用"此时此刻"的认知和眼光去看待和理解，这就决定了红色经典课文的人文价值相对明晰而确定，不可因阅读者的个人理解而改变，更不允许随意误读、歪读。这正如统编教材小学语文主编陈先云所说："革命领袖和革命传统教育方面的课文有着较明确的价值取向，最好不要做多元的解读，不能因为时代感的要求，随意改变其编排意图。"[1] 所以，教学《狼牙山五壮士》，就不能讨论"狼牙山五壮士跳崖值不值得"的问题；教学《圆明园的毁灭》，无需作

---

[1] 陈先云. 谈谈部编小学语文教科书革命传统教育题材类课文的编排及应注意的问题 [J]. 小学语文，2017（12）：14—19.

"要不要重建圆明园"的拓展性探讨；教学《吃水不忘挖井人》，不必纠结于"毛主席有没有亲手挖井"的阅读疑惑。价值取向的确定性与个性阅读的多元性的矛盾，一定程度上影响了学生的阅读理解。

四是单薄文本与丰满形象的矛盾。金无足赤，人无完人。即便是名人、伟人，也是优缺点并存。但是，为了表现人物的伟大形象，课文往往只选取人物的一个生活截断面，或一两个典型的生活实例来表现；在塑造人物形象时，又往往对人物进行高、大、全的材料聚焦和艺术提升；选入教材时，还要做适当的改动。这样一来，虽然突出了人物行为的一面，却又人为地遮蔽了另一面，使得文中的人物与真实的人物有了差距，难以反映故事人物的整体面貌，看似人物形象高大完美了，实乃变得单薄与扁平，从而给学生了解其人其事带来视野上的狭窄，理解上的片面，造成人物形象的标签化、脸谱化。而学生对故事人物的敬而远之，无形中减损了课文应有的教育价值。比如《十六年前的回忆》展现了李大钊同志忠于革命、坚贞不屈的高大形象。就历史真实而言，李大钊是秘密躲藏在苏联大使馆（前身为俄国公使馆）后被捕的。军警们破门搜查，李大钊还从抽屉里取出一支闪亮的小手枪，带着女儿暂时躲在一间僻静的小屋里。这些真实发生的事件，充分说明了李大钊虽为革命先驱，但在危险降临之时，也会考虑自身安全。这样的考虑，丝毫不影响李大钊的革命者形象，反而让人物更为鲜活饱满、可亲可敬。因为，他藏身苏联大使馆不是逃避，而是为了更好地继续战斗；他随身携带手枪，不是胆怯，而是为了以防万一，这恰好说明李大钊不是一介莽夫，不逞一时之勇，他对自己的处境有非常冷静、客观的判断，讲究斗争策略，富有斗争智慧。遗憾的是，这些内容并没有在课文中出现，影响了学生对李大钊作为"人"的了解，空留下"革命者"的抽象认知。

3. 红色经典课文教学思路。

2012年2月，中共中央办公厅印发了《关于深入开展学雷锋活动的意见》，此最大亮点是把抽象概括的"雷锋精神"具体阐述为"热爱党、热爱祖国、热爱社会主义的崇高理想和坚定信念"，"服务人民、助人为乐的奉献精神"，"干一行爱一行、专一行精一行的敬业精神"，"锐意进取、自强不息的创新精神"和"艰苦奋斗、勤俭节约的创业精神",极大地推动了学习雷锋活动的纵深开展。[①] 以此观照红色经典课文教学,虽然"不要做多元的解读",但对人文内涵作必要的精准定位,尤显重要而必要。关键在于必须尊重文本、尊重历史,依据学情,依循时代发展需要,在文本核心价值取向允许的范围内进行,从而避免"高大上""虚假空"的空洞说教。

(1)细化。就是像前述的"雷锋精神"一样,大处着眼,小处入手,把人文教育内涵细化为更明确、能理解、可学习的教育内容。比如《狼牙山五壮士》塑造了五个宁死不屈、慷慨赴死的英雄形象。关于"英雄",学生借助先前学过的黄继光、邱少云、毛岸英等英雄事迹,加上本文五壮士的英勇跳崖,形成了"英雄=牺牲"的模式化认知,产生了"英雄非凡人,并非人人可为"的错误理解。这样的认识显然有失偏颇,不利于学生学习英雄,争当英雄。细读《狼牙山五壮士》你会发现,课文前三个自然段用的都是"五位战士""战士们",点明了他们普普通通的战士身份;而当他们毅然选择把敌人引向绝路之后,人物称谓才由"五战士"变为"五壮士",且一用到底。人物称呼的变化隐含着如下信息:英雄也是凡人,伟大源自平凡;世界上没有从天而降的英雄,只有危急时挺身而出的平凡人。借此,我们不妨把"英雄"细化为几个层面:为民族大义而英勇献身的人;危难时刻舍生忘死、舍己为人的人;日常生活中做出不凡业绩的人。可将对"英雄"的理解融入教学的不同环节:环节一,初识英雄形象。通读课文,整体把握文意,说说自己对五位壮士的印象,学生就会用"勇敢顽强""视死如归""宁死不屈"之类的词语,作概念化、浅表化的概括。环节二,感受英雄形象。结合课文点面结合写场面的学习,从第2自然段中五位战士痛击敌人的词句,感受五位战士对敌人的满腔怒火和刻骨仇恨;从第4—6自然段中马宝玉和其他战士的行为表现中,感受五壮士坚强不屈、视死如归的英雄气概,惊天动地、气壮山河的英雄壮举。环节三,丰富英雄形象。引导发现课文称呼的变化,展开讨论:

[①] 中共中央办公厅. 关于深入开展学雷锋活动的意见(EB/OL). http://www.gov.cn/jrzg/2012—03/02/content_2081558.htm, 2012—03—02.

"战士"与"壮士"有什么区别？课文为什么采取这样的称呼变化？从而理解，"壮士"源自"战士"，又超越"战士"，当他们接受掩护任务，路上阻击敌人时，就只是普通的战士；当他们选择绝路，誓不投降，捍卫了民族气节和尊严时，就成了英雄。环节四，领悟英雄内涵。引入身边的英雄事迹，如冲锋在抗击新冠疫情第一线的普通医务人员、2021年郑州特大暴雨灾害中解救被困群众的市民、数十年如一日照顾卧病在床的志愿者等，组织学生对这些人和事作出自己的评价，从中明白：像抗击新冠疫情的白衣战士、雨灾救人的普通市民那样，不顾危险挺身而出的行为，堪称英雄；像志愿者那样，在各自岗位上做出不平常的事，也是英雄。如此细化处理，学生对英雄就有了全面、立体的认识，让英雄揭开神秘面纱，走下神坛，走进心里，成了学习的好榜样。

（2）具象。学生感性思维、经验认知的学习特征，要求我们必须摒弃"教条主义式"的思想理解，泛化抽象的人文教育。化抽象为形象，变枯燥为生动，是实现人文教育真实落地的必然选择。比如五年级上册第四单元的人文主题为"家国之殇"，单元导读页选用了艾青的著名诗句"为什么我的眼里常含泪水？因为我对这片土地爱得深沉……"，这是个宏大、抽象的教育主题，对于五年级学生来说，难度很大。《少年中国说（节选）》是单元重点文章，全文阐述了"少年中国"与"中国少年"的密切关系，向当年的"中国少年"发出为"少年中国"而拼搏而奋斗的号召，从而寄托了梁启超先生对"少年中国"的热爱，对"中国少年"的期望。这样的号召与期望，在当时的历史背景下，无疑具有强烈的鼓动性和激励性。每个时代都有每个时代的"中国少年"，都有着为民族兴旺、国家富强而奋斗的历史责任，这就是这篇文章的当代价值。但我们不能固守着空洞的"我为民族腾飞做贡献"的主题教育，而应该把"中国少年"的责任与担当，化为具体可感的生活化描述，让人文内涵具象化、鲜活化。教学时，可将其安排在学生理解课文内容和文章情感之后，作层递式展开。①今昔勾连。先提出问题：梁启超先生所期望的"中国少年"如今实现了吗？请用具体的例子谈谈自己的观点。引导学生结合课文第2自然段"红日初升，其道大光""河出伏流，一泻汪洋"等语句的象征意义，借助自己对经济、科技、体育、军事、民生等方面的了解，畅谈对当今社会的认识，从中体会祖国的繁荣发展和迅猛变化。②联系拓展。国家兴旺离不开一代代人的努力，你知道哪些人为社会发展做出了努力？学生结合自身经历和见闻来谈，既可以谈像袁隆平、李四光这样的杰出人物，也可以谈生活中普通人做出的点滴贡献，从中意识到，贡献不分大小，重在你我参与，以此打破"贡献"就是要有大作为的片面认识。此时回读课文第1自然段，深化对"少年强，则国强"深层内涵的感悟。③联结自己。身为当代中国少年，你觉得自己可以为国家、为社会做些什么？引导学生结合自身实际，从学习、生活、劳动、环保、助人等不同角度，畅谈观点，畅想未来，以此强化"固今日之责任，不在他人，而全在我少年"的认识，潜移默化地进行了国民意识和责任意识的渗透。

（3）聚焦。聚焦有两个功能：一是指向精要，目标精准，能从众多中选择最为重要的部分作相对透彻、精确的理解；二是力量集中，放大凸显，聚焦的效应是放大，放大的结果是凸显，犹如拍摄中的特写镜头。对于人文内涵较为丰富的课文，需要借助聚焦的方式，选定适合学情的人文主题，避免面面俱到的教育泛化。比如六年级上册的《金色的鱼钩》，写的是长征路上，炊事班长精心照料伤员，自己活活累死、饿死的感人故事，表现了老班长忠于革命、舍己为人的高贵品质。老班长的"忠于革命""舍己为人"主要通过"负责任"来体现。首先，带三位伤员走出草地，是党交给老班长的光荣任务，这从指导员说的话"一路上，你是上级，是保姆，是勤务员啊，无论多么艰苦，也要把他们带出草地"中可以看出。其次，为了完成任务，老班长担起了上级、保姆、勤务员的职责，没有吃的，他开始是找野菜、挖草根，后来翻草皮找鱼饵，黑夜摸野菜、钓鱼熬汤，伤员吃鱼汤，自己嚼鱼骨头；战士有情绪，他或安慰，或鼓励，或命令。再次，他时刻不忘责任，对"我"说："真有个三长两短，我怎么向党报告呢？难道我能说，指导员，我把同志们留在草地上，我自己克服困难出来啦！"即便费尽心力，临终前依然深深自责："见着指导员，告诉他，我没完成党交给我的任务，没把你们照顾好。"可以说，全文字里行间都写满了"责任"两个大字。既如此，与其泛泛而谈

"忠于革命""舍己为人",不如聚焦"责任"二字,引导学生抓住人物的言行举止,体会老班长为了完成任务,如何殚精竭虑地忘我工作,直至倒在草地边上,从而深受思想洗礼;在此基础上,从老班长对党和人民的高度负责,自然延伸到学生自己的"责任",比如在学习中、班级里、家庭内、社会上应该做什么,才算尽到了自己应该尽的义务和责任。这样的联系对即将成为中学生的六年级学生来说,极有必要。如此从课文故事到现实生活,从历史人物到自身需要的无缝链接,让阅读体验更有意义、更接地气。当然,高年级可"聚焦",其他年级也一样。比如一年级的《吃水不忘挖井人》,可以抓住"不忘"一词,让学生懂得,得到别人的帮助要记在心里,要有一颗感恩的心;二年级上册的《雷锋叔叔,你在哪里》,与其突出"爱心"主题,不如以"帮助有需要的人做事",让"爱心"变得可感可触;二年级上册的《朱德的扁担》,可以聚焦"平易近人,不搞特殊"这一点,至于"官兵平等""艰苦朴素""模范带头"等可以略加淡化;四年级下册的《千年梦圆在今朝》,表现了爱国主义精神、集体主义精神、社会主义精神和科技创新精神,其核心是科技创新精神,自然应该成为人文教育的"聚焦点"。

(4)提炼。所谓"提炼",原指用化学方法或物理方法从化合物或混合物中提取所要的东西,用在这里是说要从相对宽泛、模糊的人文主题中,总结、提炼、揭示出明晰、具体的思想内核和价值特征。比如五年级下册的《清贫》,方志敏追求什么样的生活,成为什么样的人,文中写得明明白白、清清楚楚:开篇就是"我一向是过着朴素的生活,从没有奢侈过","矜持不苟,舍己为公,却是每个共产党员具备的美德";结尾再次表白心志:"清贫,洁白朴素的生活,正是我们革命者能够战胜许多困难的地方"。其中有两个关键词,一是洁白朴素,二是矜持不苟,前者指向生活,后者指向工作,究其实,两者互为关联,因为追求洁白朴素、不慕金钱的生活,所以做起事情来就能不贪不求,严谨认真,公私分明,秋毫不犯,实现"我们革命不是为着发财"的人生理想。两相比较,洁白朴素更具本质属性,也与课题"清贫"的含义更为贴近、吻合,确认其为本课人文价值之所在应该不会有错。"洁白朴素"的字面意思似乎不难,可真正说清楚可就不那么容易,需要引导学生从课文语句中寻找答案。表现"洁白"的有两个事例,一是"经手的款项,总在数百万元;但为革命而筹集的金钱,是一点一滴都用之于革命事业的","数百万元"与"一点一滴"鲜明对比,不仅表现了方志敏的清明廉洁的高贵品质,也暗含着"公家的钱,分毫不取"的意思;二是国民党两个士兵"从上身摸到下身,从袄领捏到袜底",甚至以炸弹炸死相威胁,都没有从方志敏身上搜出一个铜板,侧面印证了方志敏的"洁白"。"朴素"除了"我一向是过着朴素的生活,从没有奢侈过"外,还有"去年暑天我穿的几套旧的汗褂裤,与几双缝上底的线袜",怕被敌人抢了去,"放在深山坞里保藏","准备今年暑天拿出来再穿",作者视其为"传世宝",会让"那些富翁们齿冷三天",表明了方志敏"衣着不光鲜,精神很愉悦"的"朴素观"。整合这些信息,就能提炼出"洁白朴素"的核心意涵:不贪钱财,清白做人;不图享乐,勤俭节约,从而改变"朴素"就是穿旧衣服、过苦日子的传统观念,让"朴素"成为无论什么年代、无论什么环境都需要遵行的普适价值,从而赋予课文学习以现实意义。教学时可采取先分后合的策略,抓住课文的重点语句,体会"洁白""朴素"文本含义,再作信息归整,提炼出"洁白朴素"本质内涵,感受方志敏同志生活清苦、精神富足的思想境界。之后,引导学生联系生活,谈谈在富裕起来的今天,是否需要"洁白朴素",如何做到"洁白朴素"。通过讨论,让"洁白朴素"的种子深深埋在学生的心田。

第二节 语言运用

一、语言运用的"基质"认识

"基质"是生物学概念,《现代汉语词典》中有两个义项:"①植物、微生物从中吸取养分借以生存的物质,如营养液等。②混合物中作为溶剂或起类似作用的成分:凡士林是许多种药膏的~。"不管哪个义项,都强调基质的基础性、催生性等其他事物难以替代的独特价值。基质在医学实验、生态环保、生物分析等领域广泛使用,比如在景观生态学中,基质就包含土壤、水分、养分、肥料，以及富含植物生长所需要的有机化合物等，是植物生长的生态基础和供应系统，直接关乎生态保护的质量和品质，其重要性显而易见。

"语言运用"也是一样，是语文核心素养的"基质"。从2022年版课标对语文核心素养的描述上看，一方面，强调"核心素养的四个方面是一个整体"，另一方面，又特意指明"在语文课程中，学生的思维能力、审美创造、文化自信都以语言运用为基础，并在学生个体语言经验发展过程中得以实现"，显然，这样的表述无疑告诉我们，四个方面虽然是整体，但起最大作用甚至是决定作用的却是语言运用。语言运用在语文核心素养的四个方面中处于"牵一发而动全身"的枢纽地位，是落实其他三个方面的重要纽带，牵引、影响着语文核心素养的形成与发展，说语言运用是语文核心素养的核心应该不为过。没有了语言运用这个"基质"，思维能力、审美创造、文化自信就成了无土之苗、无根之花、无本之木，语文核心素养的养育就成了一句空话。

新课标之所以如此把语言运用提到这样的高度来认识和强调，原因主要有二。

一是语文教学是母语教学，学习对象是汉语言文字构成的言语作品。汉字是世界上最为独特的文字之一，是具有表意体系的古老文字，其最大特点是以形表义、因义而音、音形义结合，承载着中华民族五千年的文明历史。用汉字书写的言语作品往往用最节俭的符号抒发、寄托、表达观点，使所立之象不仅是事物自然形态本身，而且是融合了一定的理解和想象之后的"意象"。汉文字及其言语表达形式，无不深刻地影响着汉民族的认识机制、思维方式和审美意趣，因此，母语教学不单纯是语言学习的单向活动，而是在"语言文字"本质的观照下，通过语言运用，形成一个以语言文字为主轴、以语言带动文化、思维、审美的理解与感悟的教学体系，从整体上实现语文核心素养。

二是语文是一门实践性而非知识性课程。美国哲学家、教育家杜威指出："语言是一种关系。"语言的产生是因人与人之间存在着社会关系，有交往的需要，而语言文字恰好实现了这种关系和需要，这才显示出语言的价值。一方面，不论是口头表达还是书面表达，总是带有一定的目的，因此，阅读时要出于真诚对话的愿望，准确理解对方的话语形式与话语意图；另一方面，学习语言就是为了表达，或日常生活交流，或著书立说立言，讲求精确妥帖地运用祖国语言文字表情达意，以进行最有效的交流，这就使得语言文字运用成了语文自身独有、区分于其他学科的本质属性，其他内容应有机地渗透到语言运用中，既不能凌驾其上，也不能游离其外，否则就失去了语文教学的本质意义。

三是"语文课程是一门学习国家通用语言文字运用的综合性、实践性课程。工具性和人文性的统一，是语文课程的基本特点。"这句话中的"统一"并不是说"工具性"和"人文性"是硬币的两面，而是"工具性"中自带"人文性"，或者说"人文性"是依附于"工具性"而存在。课标把语言运用作为语文学科核心素养的基础，意味着语文课程中的文化自信、思维能力、审美创造是不能独立存在的，必须依附语言运用才拥有存在的空间和价值。也就是说，忽视了语言教育，忽视了语言运用，不仅仅忽视了语言本身，实际上也忽视了文化自信、思维能力、审美创造，自然也忽视了语文核心素养。一句话，没有了语言运用，语文教学也就失去了立德树人的育人功能。

二、语言运用的内涵理解

在语文核心素养的四个方面中，文化自信、思维能力和审美创造是所有学科的共同任务，只有语言运用才是语文课程的独当之任、独有素养，因此，必须对语言运用的内涵有个清晰的界定和准确的理解，否则，语文教学就不能从文本的语言表义层出发，深入文本的意义层，语文核心素养的核心就很难落到实处。语言运用的内涵大致可以用几组主题词来描述。

（一）语料与积累

修建楼房要用砖头、钢筋、水泥等建筑材料，同样，人际交流也需要"建筑材料"，即作为表情达意的语言元素、部件而存在的字、词、短语、名言佳句等语言材料，简称"语料"，是具体形态的，包含一定意义、情味的字词句本身，其主体是词语，因为词是能独立运用的最小的语言单位，是人们听说读写不可或缺的基础硬件,是整个语文知识体系中最基本的东西。离开了这些最基础、最基本的语言材料,就连一句话都说不成,何来语言交际与表达?这里之所以把"名言佳句"也列为语言材料,是因为其本身虽然也表示事物和情意,但从使用者角度而言,它通常是依附于特定的语境而被引用的,所蕴含内容相当于词的意义和情味,实际上与字、词、短语一样,是作为某种语言材料而存在,因而也被视为表情达意的语言元素、部件。[①] 古语说,"九层之台,始于垒土;千里之行,始于足下",如果没有丰富的词汇积累,即使懂得语言文字运用的规律、方法,也没有用处。没有必要的语言材料积累,既谈不上深层次的阅读,也谈不上高层次的表达。正因如此,新课标把"语言文字积累与梳理"排在六个语文学习任务群之首,且为唯一的基础型任务群,体现了语料积累的基础地位和独特价值。这就告诉我们,语文学习一定注重语言的理解和积累,包括字、词、句积累,有新鲜感的、精彩经典的语段、名篇、诗句名言的背诵,以及文章、文学常识的积累,通过大量规范的书面语言材料的输入,丰富学生的词语搭配、词句组合等语感经验。在此基础上,进行积极、主动的运用,让积累的语料不会遗忘,从而克服消极积累带来的弊端。

(二)语识与把握

培根说知识就是力量,可从信息加工理论角度说,不是所有的知识都有力量,只有那些有用的、能转化成能力的知识才有力量。语文知识非常繁杂,既有语文概念知识,也有语言结构知识;既有陈述性、事实性知识,也有策略性、程序性知识;既有语法知识,也有写法知识;既有文体知识,也有文学知识,林林总总,不一而足。其中,最能发挥作用的语文核心知识无疑是方法类知识,它是促进语感的生成、理解和运用的强大引擎和自生动力。语言文字运用需要把握这样的语文核心知识。那是因为,母语的语言能力固然有可能仅在大量的积累和实践中以语感的方式发展起来,但是这种内隐性的

[①] 林添胜,夏丏尊语文教学"形式观"辩证与思考[J].六盘水师范学院学报. 2015 (4):47.

学习无疑是幽暗中的探索。语识是言语的意识，是形成语文能力的中介与凭借。认知心理学表明：在阅读理解过程中，知识的内在联系越紧密，结构化程度越高，识记和存贮效果越好。在新的学习情境中，结构化的知识也就越易于被激活，建立意义联结。现代教育从可持续发展的目标出发，强调学习者能够站在这些能力、知识之外来审视它们，获得一种发展能力的能力，形成知识的知识。这就是基于元认知的元能力、元知识。对语文教学来说，就需要发展一种元语言能力。或许正因如此，多个版本的语文课程标准都附录"语法修辞知识要点"，2022年版课标进一步改进，更名为"关于语法修辞知识的说明"，强调语文知识的实践运用，而非概念识记。比如"比喻"，不仅需要了解它的概念、用法、作用的知识，更要在大量的读写运用中进一步感悟其内涵和作用。

（三）语理与习得

语言运用是有规则的。夏丏尊先生说过："每篇文字绝不会有相同的内容。内容虽然各不相同，形式却有相同的地方，就整篇的文字说，有所谓章法段落结构等等的法则，就每一句说，有所谓句子的构成及彼此结合的方式，就每句中所用的词儿说，也有各种的方法和习惯。此外，因了文字的体裁，各有一定共通的样式……这些都是形式上的情形。"[①] 这里所说的"形式相同的地方"，就是"共同的法则"和"共通的样式"，也就是语言运用的基本规律，具体地说，就是一个个的词句以及整篇文字所体现的词法、句法和章法，它反映语言运用的规律、习惯、特点。语理就是语言运用的规律，习得语言运用的规律才能实现语言运用的自动化、主动化。因此，语言教学绝不能满足于"喜欢哪一段，喜欢哪个句式，为什么？"的单一语句的发现和探究，否则，学生只能停留在文章理解、词句欣赏层面，而缺少对语理的认识、习得和内化，必将严重影响学生语言运用能力的提升。

（四）语感与建构。

波兰尼有一个著名的命题："我们知晓的比我们能够说出的多。"譬如我

---

① 夏丏尊. 夏丏尊论语文教育[M]. 郑州：河南教育出版社，1987：38—116.

们能够从成千上万甚至是上百万人中认出某一个人的脸，但是在通常情况下，却说不出自己是怎么认出来的。之所以如此，是因为这里所谓的"认出"属于"无意识"的识记，而非"有意识"地去分析、记忆其脸部特征，这就是我们常说的"凭感觉"。这种"凭感觉"是一种内隐性的心理活动，只可意会，不可言传，表现在语言学习上就是语言感觉，简称"语感"。语言感觉是一种不需要刻意组织就能自然运用语言和不需要来自外部的压力就能关注语言现象的习惯，简言之就是言语的无意识或下意识，是比较直接、迅速地感悟语言文字的能力，是对使用话语进行交际做出的快速反应，需要长期的语言运用方能逐步建构与形成。主要包括迅速理解别人的话语意义和快速做出话语到行为的回应两方面。母语习得的初期凭借的就是这种语言感觉。到了语言学习的更高阶段，还要形成更高级的语言感觉，才能使学到的东西自由运用。敏锐的语感具体表现为一接触语言文字，即产生正确的全方位的丰富的直感：在阅读时，不仅能快速、敏锐地抓住语言文字所表达的真实信息，感知语义，体味感情，领会意境，而且能捕捉到言外之意、弦外之音；写作时，就能妥帖、得体地选择词句表达自己想表达的意思，而且还能判断自己的表达是否合适、完美，表现出较高水平的语言分寸感、生动感、韵味感。

（五）语境与表现

语境是决定着一切语言文字的运用方式，即语境决定语篇。语言理解与表达总是离不开特定的语言环境，尤其是汉语言是表意文字，常常是言简意丰、话外有话，同样一句话由于环境不同，给人的感觉就不一样，甚至完全相反。比如"好容易周末了，怎么还出门啊？"一句，看似很简单明白，其实不然。可以有三种理解。①一般的理解是，这是个疑问句，表示不理解、不明白的意思，需要对方作出相应回答，以解决说话者心中的疑惑。②如果丈夫平时不干家务活，答应周末洗碗扫地，结果说话不算数，妻子说这句话就带有不满、怨愤、责备之意，丈夫听了或者心里不舒服，或者意识到自己的过错。③如果丈夫平时工作繁忙，难有休息的时间，妻子的这句话就是希望丈夫好好休息，传递出的是关心和体贴，丈夫听了心里一定暖暖的。三种理解，三种不同的结果，语境对人际交往产生的重要影响可见一斑。

语言是重要的交际工具，更是人区别于其他动物的主要指标。语言表现超越了一般的语言表达，不仅要求按照一样的语言规则，把话说得清楚明白，把文章写得具体通畅，更强调言语生命的自由与灵动、活跃与创新。这是因为，听说读写并不是一种单纯的语言文字解码、编码的智力游戏，而是一种触及心灵的心智体验活动。语文能力的形成靠的不完全是技能、技巧这些表层的东西，更重要的是生活阅历、经验、学养，还需要人格、情意、思想等。因此，掌握了语言知识，习得了语言运用的规律，并不意味着就一定要沿用或套用"共同的规则"和"共通的样式"。语言表现是一种个性化行为，根据表达的需要，选择适合自己的语言形式和表现方式，彰显鲜明的个人色彩和表达创新，才是语言运用所追求的。这就决定了语文教学必须行走在依据"样式"（规则）与寻找"精妙"（创新）之间，在学生适当地学习一些语言"规矩"之后，把重点放在"巧"与"新"上，发展学生的言语智慧，培育学生的表现个性，让生命之花尽情绽放。

三、语言运用的"带动"效能

　　关于语文核心素养四个方面的关系，温儒敏教授在《遵循课标精神　尊重教学实际　用好统编教材》视频报告中如此表述：通过语言文字运用，把文化自信、思维能力、审美创造"带"出来。一个"带"字，简洁生动、准确形象地突出了语言运用的"基质"效能。在具体教学中，如何发挥语言运用的"基质"效能，"带动"语文核心素养的培育呢？

（一）在高价值的语感图式品味中涵养

　　语文教材虽然整体上文质兼美，但不意味着字字珠玑，句句精妙。因此，要在丰富多样、纷纭杂沓的语言现象中，比较、分析、判断、挖掘、选择具有较高价值的语感图式，涵养学生的语文核心素养。比如统编教材三年级下册《火烧云》，同样写颜色的变化，写法却各不相同。从写作视角看，第1自然段借助地面上的事物，如小孩子、大白狗、红公鸡、黑母鸡、小白猪、喂猪的老头儿等的色彩变化来写霞光，采用的是间接描写方法；第3自然段则是直接描写，用红彤彤、金灿灿、半紫半黄、半灰半百合色、葡萄灰、梨黄、茄子紫，以及"说也说不出来、见也没见过的颜色"，表现火烧云的颜色丰富多样。从遣词用字看，第 3 自然段的"一会儿……一会儿……"很好地再现了火烧云颜色的瞬间万变、奇妙梦幻；第 1 自然段只是简简单单、直截了当的"变成"，但有了"的了"的配合，既活跃了语言，又透露出人们发现地上诸物在霞光中奇妙变化的惊喜之感，开心之情。从手法使用看，第 3 自然段的直接描写手法，一贯到底，整齐划一；第 1 自然段不同，先并列几个"变成……的了"，再用上一组人物对话，生动而活泼，富有浓郁的生活气息。如此分析不难看出，这是蕴含着较高价值的语感图式的语言材料：丰富多变的语言表达，展现了作家萧红独特的观察能力和高超的语言运用艺术，在表现语言美、情感美、意境美的同时，也折射出独特别致的审美情趣和思维张力，是涵养语文素养的极佳资源。教学时可从第 3 自然段入手，自由读整段话，整体上感受火烧云的神奇美妙和变幻莫测；接着思考作者如何写出这种神奇美妙和变幻莫测的，从而发现结构不同的颜色词语和"一会儿……一会儿……"关联词并用的语言表达特点；再在认识颜色的基础上，展开想象，观看视频，感情朗读，感受火烧云的颜色多、变化快，体会语言表达之精妙、之美妙；学着说几个与课文中表示颜色词语同样结构的词语，并尝试着代入课文读一读，学生发现同样是 ABB 词语，"绿油油""黑乎乎""白茫茫"等就不能用，因为火烧云没有这些颜色，并在交流讨论、释疑解惑中感悟到语言运用的情境表达规律，丰富了语言知识。最后，以"同样是颜色的变化，第 1 自然段与第 3 自然段有什么不同"为思考题，引导学生自主比较，发现两段话在写作视角、遣词造句、表现手法上的异同点，明白同样的内容可以有不同的表达，进而感受语言表达的丰富变化，积累了多样的语言图式。

（二）在高质量的语言情境体验中催化

核心素养是人身上具备的可以真实而持续地表现出来的素质，是学生在真实情境中解决复杂问题的高级能力与人性能力，远非"坐而论道"式的记忆、背诵、理解所能造就，因此，必须格外重视创设真实的语言运用情境，"应整合关键的语文知识和语文能力，体现运用语文解决问题的过程和方法"。

比如统编教材一年级《小猴子下山》一课，"掰、扛、扔、摘、捧、抱、蹦、追"等动作词是本文学习的重点。这是因为：第一，这些词语是要求认识的生字；第二，除"蹦、追"外，其他几个课后要求学生"读读做做，再选几个词各说一句话"，不仅要理解，还要会运用；第三，学生要完成课后"结合插图，说说小猴子看到了什么，做了什么，最后为什么只好空着手回家去"的说话练习，必须使用这些动作词；第四，这些词语表面上看只是表示小猴子下山的不同动作，其实表现了小猴子的前后行为变化，隐含着如果做事一心二意，必将一事无成的深刻道理。由此可见，看似简单的几个动作词，却是本课教学的关键所在。根据动词的词性特点和一年级学生的认识规律，教学时，可紧扣这些动词，创设多重情境，推动教学进程。

情境一：送字宝宝回家。出示生字"掰、扛、扔、摘、捧、抱、蹦、追"，学生逐一读准字音。之后，玩"送字宝宝回家"的游戏。教师语言描述："这些字宝宝跟着小猴子下山玩，玩着玩着就迷路了，你能帮它们安全回到家吗？"屏幕呈现画有手和脚图案的两间房子，让学生把这些生字拖进相应的房间，并说明这样选择的理由。特别是"掰"和"追"字，如果学生能说出"掰"字有两只手，所以与手有关；"追"字是走之底，与脚有关，说明他们已能依据字形基本了解字词的意思了。在充满情趣的尝试梳理活动中，学生不仅强化字义认识，而且发现了汉字的构字规律，提高自主识字能力。

情境二：为字宝宝选秀。了解动词的意思是理解课文内容、练习迁移说话、感受故事道理的前提和基础，可专门设计字义理解、语言品读的教学板块："这些表示动作的字宝宝都认为自己的动作最帅，如果你来当评委，你会选谁当动作王呀？"学生自由读课文，分别找到带有这些动词的语句，圈画出动词，并发表自己的看法。学生有的说"扛"最帅，玉米那么长那么大，扛在肩上一定很威风；有的说"掰"最帅，小猴子一只手紧紧抓着玉米秆，一手用力扯下玉米，多不容易呀；有的说"摘"最帅，插图里的小猴子双手伸向桃子，很小心的样子，它肯定怕弄坏了又大又红的桃子；有的说"抱"最帅，西瓜又大又圆，不用力抱就会摔在地上，不裂成几瓣才怪呢；有的说"蹦蹦跳跳"最帅，小兔子跑起来一跳一跳的，那样子好可爱……就在七嘴八舌的议论中,学生理解了动词的意思,认识了小猴子的所作所为,从而为"说说小猴子看到了什么,做了什么"做准备。

情境三:帮字宝宝安家。当学生了解这些动作词的意思后,教师适机出示课后练习,并加以语言引导:"跟着小猴子下山的字宝宝长了见识,都想有个新家,你能帮它实现愿望吗?"这里的"家"当然是新的语言情境,是一种脱离了原有语言环境的语言迁移练习,可以真实地检验学生对词语的理解、掌握和使用情况,也是学生语言能力发展的体现。于是,学生可以结合自己的生活经验,自由选择这些生字,进行说话练习,从而完成课后练习。

情境四:给字宝宝排队。在所有动作词中,"扔"字使用次数最多,也正是这些"扔"字,表现了小猴子做事毛毛躁躁、三心二意的性格,从而把深刻的道理蕴含其中。为此可设计"小猴子最喜欢做什么动作?"的问题情境,让学生数一数这些动作词谁出现的最多,学生很容易发现其他动作词有的只用了一次,有的两次,只有"扔"字用了三次,小猴子先"扔了玉米",又"扔了桃子",再"扔了西瓜",这也是他最后"只好空着手回家去"的原因。此时,"扔"字就引起了学生的特别关注,产生了"小猴子为什么那么喜欢扔"的疑问,进而从"扔"字明白了,小猴子下山没有一件事做得有始有终,总是半途而废,难怪他以失败告终,从而体会到故事蕴含着的道理。

如此几个互为关联、层层递进的问题情境创设,让学生经历了丰富多样的语言体验,既有语料积累,又有语言运用;既有内容理解,又有主题体会;既有规律发现,又有经验习得,有力促进了学生语文综合能力的提升。

(三)在高品质的语文读写实践中生成

语文核心素养的最终实现必须依赖于学生个体语言经验的发展,而个体语言经验的发展离不开学生的"亲历"与"历练"。因为,任何一种语文能力形成都不可能一蹴而就,都需要在不断反复的说写实践中发展起来。当下语文教学中,语言说写活动不是没有,而是多在低层次、记忆性、繁杂式上徘徊,严重影响了学生语文素养的培育。因此,搭建高品质的语文实践平台是亟须解决的紧迫问题。比如统编教材四年级《西门豹治邺》第10—15自然段是全文的重点内容,教学时可设计如下语言实践平台。

一是品读活动。投影学生找到的描写西门豹行为表现的句子：（1）说完，他叫卫士架起巫婆，把她投进了漳河。（2）说完，他又叫卫士把官绅的头子投进了漳河。（3）说着又要叫卫士把他们扔下漳河去。比较这三句话，学生很快发现，第一句话中用的是动词"架""投"，联系上文和课文插图，两个身强力壮的卫士对一个七十多岁的老巫婆先"架"后"投"，说明巫婆是不愿意"去跟河神说一声"的，西门豹必须采用简单、粗暴的惩治方式；再结合西门豹话中的"麻烦"，又能读出西门豹对巫婆的表面客气，是做给周围的老百姓看的。第二句中的"又"意在表示官绅的头子是要惩治的第二人。第三句多了个"要"就耐人寻味了，一方面说明西门豹不想再杀其他人，另一方面还要做出要杀的样子，是为了威慑其他官绅，让他们说出事情的真相，从而达到教育百姓的目的。从后文的"官绅一个个吓得面如土色，跪下来磕头求饶"看，这个目的显然是达到了。这些字词的细微变化，体现了西门豹惩治坏人的办法之妙，也刻画了一个考虑周密、将计就计、讲求策略、假戏真做、足智多谋的西门豹形象。这样的语言比较品读，不仅理解了内容，感受了人物形象，更体验到语言表达的精妙与精彩。

二是讲述活动。"了解故事情节，简要复述课文"是单元语文要素，也是《西门豹治邺》的重点学习目标。就本课而言，"惩治恶人"是全文重点，复述好了这部分内容，整篇课文复述任务就不在话下。为了完成任务，可安排多种形式的讲述练习。（1）复述。结合这部分内容的理解，分别提取出"西门豹假借新娘不漂亮，河神不会满意，把巫婆投进漳河""西门豹假借巫婆还没回来，要官绅的头子去催一催，又把官绅的头子投进漳河""西门豹故意催促其他官绅去催一催，吓得他们一个个跪下来磕头求饶，说出事实真相，教育了百姓"，再把这三个内容连起来说一说。（2）转述。可设计不同的转述话题，比如假若你就是身处现场的普通百姓，回家后别人问你当时发生了什么，你会怎样跟这个人说自己看到、听到和想到？又假如你是吓得面如土色的一个官绅，经历了事件的全过程，当家人问起这件事，你会怎么说？再如西门豹的好友听说了西门豹惩治坏人这一大快人心之事，要他讲讲当时发生的情况，西门豹会如何讲述？这是在复述基础上的转述训练，需要角色代入和语言转换才能完成。

三是练写活动。一为改编，即根据课文的"阅读链接"，在了解剧本基本特点的基础上，在教师指导下，学生合作学着改编课文中的"调查情况"或"惩治恶人"部分，并演一演。二为写信。工作了一年后，西门豹要以书信的形式，向魏国国君作年度工作陈述，请你依据课文内容，代他写一份工作报告。学生要写好这份工作报告，不仅要熟知故事内容，也要进行必要的内容提取和加工，还要了解书信格式，这是一个复合型的语文实践活动，是学生语文综合素养的整体表现和集中体现。

第三节 思维能力

语言是思维的物质外壳，是思维的载体，它们水乳交融，密不可分。汪曾祺先生说过，世上没有没有思想的语言，也没有没有语言的思想，这句话告诉我们，语言与内容不可剥离，语言与思维也同样形影相随。一个人语言条理性强，语言深刻犀利，其思维必然富有条理和深刻；反之，就是思维混乱，逻辑不清。可见思维能力对于语文核心素养培育的重要性。

一、语文课程学科思维的独特性

思维是人类所具有的、区别于动物的高级认识活动。按照信息论的观点，思维是对新输入信息与脑内储存知识经验进行一系列复杂的心智操作过程。思维以感知为基础，最初是人脑通过其他媒介作用认识客观事物，并借助于已有的知识经验和已知的条件推测未知，对事物作出间接反映。通常意义上的思维，涉及所有的认知或智力活动，它探索与发现事物的内部本质联系和规律性，是认识过程的高级阶段。这就告诉我们，就课程学习而言，思维普遍存在于所有学科学习过程中。但是，不同学科的知识内容、课程目标决定了不同的思维能力和学习方法，从而形成了具有个性特点的学科思维。

比如学理科的人，往往以逻辑严密、做事严谨见长，这是因为他们长期受到抽象、演绎、归纳、推理等思维训练，理性思维比较突出，像数学教学就是用数学的眼光发现问题，用数学的观点分析问题，用数学的语言表达问题。搞艺术的行为举止、衣着打扮、说话谈吐，甚至做事方式可能与常人不同，让人一眼就能看得出来，这是因为美术是一门表现造型艺术的，专业的直觉使学美术的人久而久之就产生了以形象思维为主的模式，看事看人，甚至对一些抽象概念都是以"形象"为出发点；而且，艺术创作贵在创造，不希望重复别人的创造，所以，他们自然就以独创性作为追求的目标，追求与众不同。那么，作为语文学科的思维该有怎样的自身标识呢？

一是感性。语文是一门人文学科，充满浓郁感性色彩，这是毋庸置疑的。什么是语文？"盈盈一水间，脉脉不得语"是语文，语文是牵手的一瞬间；"咽不下金莼玉粒噎满喉，照不见菱花镜里形容瘦"是语文，语文是菱花镜里模糊的双眼；"路漫漫其修远兮，吾将上下而求索"是语文，语文是艰难跋涉中的一声慨叹；"天尽头，何处有香丘"是语文，语文是香冢上花影的摇动；"身既死兮魂以灵，子魂魄兮为鬼雄"是语文，语文是不闭的眼睛；"至今思项羽，不肯过江东"是语文，语文是气节里执着的坚定；"可怜身上衣正单，心忧炭贱愿天寒"是语文，语文是车轮碾过的卖炭翁的哭声；"安得广厦千万间，大庇天下寒士俱欢颜，风雨不动安如山"是语文，语文是寒风里诗人呐喊后的沉默；"北国的秋，却特别地来得清，来得静，来得悲凉"是语文，语文是清秋时节里那飘零的枯叶；"我是你岸上破旧的老水车"是语文，语文是老水车吱扭声里河水慢慢地流过……语文，是一种诗性之美，是一种感性存在。[①]

诗性之美、感性存在，自然需要以感性的方式去学习，那就是重感受、重体悟、重积累、重运用。这里所说的感受与体悟，是源于学习语言不是一种纯客观的认识过程，而是一种带有深厚主观色彩的感性与理性统一的感悟过程。这种感悟，不是纯知识性的感知，它包括对文字符号，文字符号所负

---

① 王崧舟. 诗意语文——王崧舟语文教育七讲［M］. 上海：华东师范大学出版社，2008：185—186.

载的思想内容，文字材料组合的方式方法以及所渗透的情感、韵味的总体综合性的感知和领悟，让语文学习成为"入乎耳，箸乎心，布乎四体，形乎动静"的生命体验，而不是进行琐碎的字、词、句分析，犹如一朵鲜花，含苞欲放，令人钦慕，然后一旦拿到实验室，撕下花瓣，切开花蕾作机理分析，失去了它原有的语言魅力和文学美感，学习也毫无情趣、童趣可言。

二是理性。语文课程毕竟是一门学科，作为一门学科，自有其内在逻辑和学习规律。有一个事实不可否认，语文既来自文学，又来自语言科学，是文学与语言科学的结合体，所以，语文既是人文的，也是科学的。跟任何一个学科一样，语文具有自身的特点与规律。20世纪中叶，著名教育家吕叔湘、张志公就旗帜鲜明地喊出"提高语文教育的科学性"的响亮口号；叶圣陶先生在1978年的一次讲话中也提到了要加强语文教学的科学性问题。遗憾的是，当时并未引起人们的关注，以至于语文课堂理性成分严重缺乏、感性情绪过度泛滥的现象屡见不鲜。

一年级的《小小的船》是叶圣陶先生写的一首美妙精巧的儿童诗。诗歌以优美的语言、形象的比喻，描绘了一幅奇妙的夜景图，展现了孩子想飞上月亮、遨游太空的美好愿望。全诗韵律和谐，语言通俗易懂，充满了儿童情趣。教学伊始，教师播放伴奏音乐《闪烁的小星》，带领学生走进神奇美妙的诗歌世界里。随着教学的进行，或借助小船图片帮助认识月儿弯弯的美丽，或引导想象"闪闪的星星蓝蓝的天"的神秘，或利用视频展现夜空的奇丽景象，或有感情朗读课文，结束时还不忘和学生同唱儿童歌曲《小小的船》，整节课情感浓厚，气氛活跃，可就是少了语言的品味与发现。这首诗中，月儿的可爱，星星的明亮，夜空的美丽，无不通过"弯弯的""小小的""闪闪的""蓝蓝的"这些叠词来表现。因此，学习这些叠词才是教学本首诗的重点所在。如果我们能在借助图片、展开想象的基础上，把这些叠词改为"弯的""小的""闪的""蓝的"之后进行对比，学生就不仅能进一步感受到月儿、星空的神秘与美妙，还会体会到汉语言文字的奇妙无比，从而对语言学习产生兴趣，对语文学习产生热爱。显然，语文教学不能仅仅停留在语言文字的感性领悟层面上，还要在品味、对比、辨析等理性思维活动中，深化阅读理解，实现深度学习，实现语用品质和思维品质的同步提升。

　　三是智性。著名学者黄克剑先生曾经说过，知识如果没有智慧映照的话，就算再多，也是累赘。从学习文本上看，入选语文教材的课文大多文质兼美，蕴含着作者的写作匠心和创作智慧。同样是以"梅"为题的文章，名句佳篇不胜枚举，却各呈其彩，各异其趣。在以诗咏唱的作品中，王安石的"墙角数枝梅，凌寒独自开。遥知不是雪，为有暗香来"，展现的是梅花傲霜凌雪的特点；陆凯的"折梅逢驿使，寄与陇头人。江南无所有，聊赠一枝春"，表达的是对友人新的一年的美好祝愿；卢梅坡的"梅雪争春未肯降，骚人搁笔费评章。梅须逊雪三分白，雪却输梅一段香"把早春时节雪梅与雪花的美作了妙趣横生的比较；王冕的"我家洗砚池头树，朵朵花开淡墨痕。不要人夸好颜色，只留清气满乾坤"，成了诗人不向权贵献媚，追求高洁灵魂的生命写照。还有词作，陆游的《卜算子·咏梅》："驿外断桥边，寂寞开无主。已是黄昏独自愁，更著风和雨。无意苦争春，一任群芳妒。零落成泥碾作尘，只有香如故"，以梅自喻，在凄凉、衰飒、悲戚的意境中，传达出孤傲倔强、坚贞自守的品格；毛泽东却一反其意而用之："风雨送春归，飞雪迎春到。已是悬崖百丈冰，犹有花枝俏。俏也不争春，只把春来报。待到山花烂漫时，她在丛中笑。"他笔下的梅花成了报春的使者，冬尽春来的象征，表达出辽阔高远的境界和革命乐观主义精神。而归国华侨陈慧瑛却写成散文《梅花魂》，梅花成了坚贞不屈的民族气节，中华民族精神的象征。

　　从学习本质上说，是学习主体主动融入文本，进行"二度创作"的过程。读者是文本成为作品的必不可少的作者，没有读者的创造性阅读活动，文本就不能成为真正意义上的作品，从这一意义上说，是作者和读者一同完成了作品的创作。这是因为，按接受美学的观点，文本是待召唤的结构，文学作品中包含着许多意义空白和意义未定性，它是联结创作意识和接受意识的桥梁，是前者向后者转换必不可少的条件。它促使读者去寻找作品的意义，从而赋予他参与作品意义构成的权利。这种意义空白和意义未定性不断向读者发出召唤，呼唤读者进入文化，用自己的方式将确定的意义负载在未确定性，将文本中的空白加以填充，从而读出个性的理解、读出阅读的意义。这样的阅读活动，考验着读者的阅读经验和阅读智慧，揣摩写作之用意，体会作者之思想，品味文章之精华，体味语言之风格，评判艺术之匠心，咀嚼词句之佳妙，哪一样不是富含高阶思维的创造性劳动？

二、语文课程的思维类型

2022年版语文课程标准提出："思维能力是指学生在语文学习过程中的联想想象、分析比较、归纳判断等认知表现，主要包括直觉思维、形象思维、逻辑思维、辩证思维和创造思维。"由此可归纳出语文课程的思维类型。

（一）语言直觉思维

所谓"直觉"，就是直接觉察，这一现象普遍存在于社会生活中。小孩子亲近或疏远一个陌生的人，凭的是直觉；一对男女"一见钟情"，靠的也是直觉；素未谋面者相遇，会认为对方或心胸开阔豁达，或城府深不可测，一般用的是直觉；军事将领在紧急情况下作出决定，起作用的首先也是直觉；足球运动员临门一脚，更是毫无思考余地，只能凭直觉。由此可见，直觉思维是指不受某种固定的逻辑规则约束而直接领悟事物本质的一种思维形式，是人脑对于突然出现在眼前的新事物、新现象、新问题未经逐步分析，仅依据内因的感知迅速作出猜想、判断的一种迅速识别、敏锐而深入洞察，直接的本质理解和综合的整体判断，往往具有迅捷性、直接性、本能意识等特征。

人类对话语的理解一般分为言语感知、句法理解和语义理解三个阶段。心理学研究结果表明，语音受到句法结构和语义因素的影响，而语法的转换又对语义的理解有影响。但人对句子的理解却不是通过这些转换完成的，而是靠听话人对大脑储存语义的存取获得的。如大脑这时已储存了必要信息的词汇输入款目，便会根据词汇的语音表现进行快速的语义存取，这个大脑的词库就像字典一样，其存取的速度是快速的。而大脑就是一架语义处理器，它飞速地将输入的信息同词汇中的储存信息进行综合处理，产生出一种意识，这就是理解。于是我们会发现，孩子们在读书时，尤其是在自己阅读时，很少把注意力放在字、词的具体读音和字形上，他们常常读得捧腹大笑，却不一定完全理解书中的某一个字或词的意思，甚至有的还不认识。原来，他们聪明地"跳"开了这些生字而获得理解，而且还能根据语言符号的上下文关系，以及文字所形成的特殊语境，猜出句子所表达的大意。这就是我们常说的"语感"。这与汉字是表意体系文字有关。汉字往往用最节俭的符号抒发、寄托、表达观念，使所立之象不仅是事物自然形态本身，而且是融合了一定的理解和想象之后的"意象"。因此，长期使用这一文字的中国人折射出特有的思维方式——意会性的思维方式，他们对事物的把握常常是直观、整体、非逻辑性的。重"体验"而轻"概括"，重"领悟"而轻"分析"。这种思维方式具有很强的内省、联想、体验、感悟的色彩，有具象性特征，即讲求"观物取象"。

（二）文学形象思维

众所周知，文学作品以形象塑造为主，其基本特点是用形象反映社会生活。没有形象，也就不成为文学。在文学作品中，文学形象包括三类。

一是叙事型文学形象。一说到文学，我们脑海里就想到许多古今中外的文学名著，以及这些文学名著中鲜明的人物形象，如《水浒传》中的鲁智深、武松，《红楼梦》中的贾宝玉、林黛玉、薛宝钗，《西游记》中的孙悟空、猪八戒，《安娜·卡列尼娜》中的主人公安娜·卡列尼娜，《巴黎圣母院》中的吉普赛姑娘爱丝美拉达、敲钟人伽西莫多……这就是叙事类作品中的人物形象。这些人物形象大多通过人物的言行举止来表现。同样是外形描写，"两弯似蹙非蹙冒烟眉，一双似喜非喜含情目。态生两靥之愁，娇袭一身之病。泪光点点，娇喘微微。闲静时如姣花照水，行动处似弱柳扶风。心较比干多一窍，病如西子胜三分"让我们想到了文静娇柔、弱不禁风的小女子，而"身躯凛凛，相貌堂堂。一双眼光射寒星，两弯眉浑如刷漆。胸脯横阔，有万夫难敌之威风。语话轩昂，吐千丈凌云之志气。心雄胆大，似撼天狮子下云端。骨健筋强，如摇地貔貅临座上"则给我们展示孔武有力，粗犷豪爽的英雄好汉。一读这些文字，脑海里就浮现出不同的人物画面，功劳在于文学形象思维发挥了作用。

二是抒情型文学形象。主要是作者在作品中所创造的意境和以抒情为主要表现倾向的意象与形象，它是情与景、客体的物象与主体的情感交融互渗而构成的文学形象。柳宗元的《江雪》一诗"千山鸟飞绝，万径人踪灭。孤舟蓑笠翁，独钓寒江雪"，全文寥寥二十个字，却在我们的眼前展现出这样一幅画面：幽静寒冷的江面上，一只孤伶伶的小船停着不动。船上，一个头戴斗笠、身披蓑衣的老人，在满天飞舞的雪花中安静地钓着鱼，好寂静、好孤独，却又好安然、好享受。这样的阅读体验源于文字带给我们的形象感："千山""万径"营造了广大寥廓、浩瀚无边的背景，"绝"和"灭"描绘了山山是雪，路路皆白，飞鸟绝迹，人踪湮没，遐景苍茫，迩景孤冷，意境幽僻，情调凄寂的画面。而"寒江雪"三个字巧妙地把"江"和"雪"这两个关系最远的形象联系到一起，给人以一种空蒙、遥远的感觉，加一个"独"，又不动声色地塑造了一个身形孤独却清高孤傲，甚至有点凛然不可侵犯的渔翁形象，给人以广阔的联想空间。

三是象征型文学形象。指的是在文学作品中的某些形象隐喻，或暗示着另一种形象，或代表着主体的某种精神心境或意念，它是借"他象"为"此象"，借物象来写"心象"。象征往往具有重复和持续的特点，表现在文学作品中，常常作为一种不断重复出现的传统意象，比如中国文学中的"杨柳""长亭""春草""竹梅兰"等，都具有象征意义。

文学形象思维始终伴随着感情形象思维，离不开想象和联想。它不像抽象思维那样，对文字符号或文本信息进行一步一步、首尾相接、线性的加工，而是在对形象信息传递的客观形象体系进行感受、储存的基础上，通过关键信息的捕捉，进行大体上的把握，从整体上把文字意蕴和文学形象；从写作角度说，就是通过生动具体的形象反映客观存在的社会生活，运用各种艺术手段把从生活中得到的大量感性材料熔铸成活生生的文学形象。文学形象塑造得越准确、越鲜明、越生动，它就越具有强大的生命力。

（三）文章逻辑思维

在现实生活中，有人说起话来，不仅滔滔不绝，而且富有条理，让人听得清清爽爽，明明白白；有人却语无伦次，前言不搭后语，听得人云里雾里，不知所云。表面上看是说话水平上的区别，其实是思维逻辑的差异，因为一个人的表达形式就是大脑中思维形式的外在表现。写文章也是如此，缺乏逻辑思维，即便洋洋洒洒几千字，也只是一团糨糊、一团乱麻，既没有意思，也毫无意义。逻辑思维在文章中的表现主要有：

一是语篇结构。谋篇布局是语篇结构的重要呈现方式。古代战争非常讲究"排兵布阵"，战国时期的《孙膑兵法》就总结了十大阵形："方阵、圆阵、疏阵、数阵、锥形阵、雁形阵、钩形阵、玄襄阵、水阵、火阵"，可见阵形在古代战争的重要作用。同样，写文章也是如此，中国汉字就是兵士，谋篇布局就是排兵布阵，如何打赢"写作"这场硬仗，谋篇布局至关重要。所谓"谋篇布局"，说白了就是文章的结构。如果把文章比作一个人，那么，主题就是文章的"灵魂"，材料就是文章的"血肉"，结构就是文章的"骨骼"。只有精心谋篇布局，才能把各自游离、互不联系的内容统一起来，成为一个逻辑严密、和谐统一的有机整体，写出的文章才能言之有序、浑然一体。比如四年级《海上日出》的并列结构、五年级《四季之美》的并列结构、五年级《珍珠鸟》的篇末点题、六年级《十六年前的回忆》的首尾呼应等等。阅读时要让学生关注以谋篇布局为主体的语篇结构，写作时要引导学生由表及里以符合事件逻辑、人们的情感逻辑的方式去表达。

二是语段结构。段落是构成文章的基本单位，是句子的集合体，它是文章思想在表达时由于转折、强调、间歇等情况所造成的文字停顿，习惯上称"自然段"，具有换行另起的标志。段落可以清晰地反映文章的内在层次和文章构成的顺序，使文章眉目清楚，便于阅读、理解，并给予他们在阅读中以"停顿"的时机，从而获得思索、回味的余地。有些特殊段落，还能引起强调重点、加强印象、传达某种特定感情的作用。比如《为人民服务》第2自然段一开头就旗帜鲜明地提出一个统领全段的观点——"人总是要死的，但死的意义有不同"，这一观点，既是全文论述的需要，也是这一段中的核心论点。然后，引用古代举世公认的文学大家司马迁的名句"人固有一死，或重于泰山，或轻于鸿毛"作为论据，用"重于泰山"和"轻于鸿毛"对"死的意义"作了具体说明，无可辩驳，无懈可击。在此基础上，进一步展开阐述，明确指出"为人民的利益而死"才是"重于泰山"，"替法西斯卖力，替剥削人民和压迫人民的人而死的",就是"轻于鸿毛"。如此一来,文本已经把作者的观点与意思基本阐述清楚。作为听讲者,基本可以根据作者提出的这一论述进行反思与对照,历史上或身边的哪些人,死得比泰山还重;哪些人,死的比鸿毛还轻。由此水到渠成地亮出结论:由于"是为人民的利益而死的",所以,张思德同志的死"就比泰山还要重"。这段话由四句组成,后一句都是前一句的补充说明,呈现出环环相扣、步步展开、层层深入的内在逻辑,抽去任何一句话,都不行。严密的论述,缜密的思维,紧凑的逻辑,让论说富有感人的力量。

三是语言形式。沟通是人类进步的必要条件,而语言表达就是我们沟通中最重要的方式之一。侃侃而谈而又条理清晰的人,总是能轻而易举地将一件事情讲得清楚明白。人们在心中惊叹这类人语言表达的能力,其实这不是嘴上功夫,支撑他们的是逻辑思维。罗马共和国时期的政治家、演说家加图说过:"语言既可以掩饰思想,也可以暴露思想。"有什么样的思维,就会说出什么样的话语。我们都知道沟通是工作当中的必要行为,而语言表达就是我们最重要的沟通方式之一。不管是工作汇报、同事之间工作协调,不论是书面沟通还是口头交流,清晰的思维逻辑和表达能力都很重要。由此看来,想让语言有意义,就得让语言存在于逻辑关系中。比如六年级的《草原》,开篇即是"这次,我看到了草原"。这句话文字通俗晓白,语句简短如话,为许多人所忽略。有的说,这句话不就是说作者老舍先生这次去内蒙古的时候,看到了草原吗?没什么稀奇的。实质不然,他把"这次"单独出来,而不是一般的"我这次看到了草原",意在强调、突出"这次"。其隐含的意思就是虽然从前在图片、视频、人们的言谈中知道草原很美,对草原充满了向往,但却没有机会亲眼目睹、身临其境,"这次",多年的愿望终于实现,喜悦、快乐之情溢于言表。这样的表达显然与"看到了草原"的事实陈述不可同日而言。如果再联系后一句"那里的天比别处的更可爱,空气是那么清新,天空是那么明朗,使我总想高歌一曲,表示我满心的愉快",你又能发现"这次"的另一层情绪,那就是作者所看到的草原比自己听到的、想象到的还要好、还要美,内心无比的惊喜和激动,于是"总想高歌一曲,表示我满心的愉快"。可见，只有"这次"的前置，主语"我"的后置，才能表达出双层递进的含义，才能达到如此精妙的表达效果。

(四) 思辨创新思维

思辨思维是一个大家较为陌生的词语。所谓"思辨"，就是思考与辨析。思考指的是分析、推理、判断等思维活动，辨析指的是对事物的情况、类别、事理等的辨别分析。简要地说，层次分明、条理清楚的分析，清楚准确、明白有力的说理，才是思辨能力的主要特征。比如二年级《小马过河》设计了一道练习："你同意下面的说法吗？说说你的理由"，并提供了四种说法："河水既不像老牛说的那样浅，也不像松鼠说的那样深，所以老牛和松鼠对小马撒谎了。""小马向很多人请教，是对的。""别人的经验不一定可靠，得自己去尝试。""什么事都要自己尝试，别人的话不可信。"这是一个现场阐述或争论的语言训练，其关键不在于简单地说出同意与否，而是阐明自己的观点及其理据，具体地说就是学生不仅要说出自己支持哪一个说法，还要说清支持或不支持的理由，这就需要结合课文内容和个人认识，进行现场组织和即时表达，对培养学生良好的思辨能力颇有裨益。

创新思维是一种突破既有经验的局限，打破常规，求异求新的思维方式，这是我们都很熟悉的。创新思维有多种表现形态：一是辐射思考，即发散性思维，它从一个事物的特征、背景或相关的线索发散开来，可以丰富自己了解事物的内容，丰富视野，帮助你快速了解一个陌生的事物、探究一个全新的领域。二是多向思考，这是一种从多方面思考问题，从而达到整体优化的方法，不受点、线、面的限制，立体化思考，在遇到问题的时候，会多问问自己除了即刻能想到的解决方式，还可以用什么方法让事情更好、更快地解决，从而跳出单一思维模式，走向更为广阔的多向思维。三是换元思考，即根据事物的构成因素，进行拆分、变换元素，以打开新思路。通俗点说，就是推人及人、换位思考，将自己代入场景，以他人的立场看待问题，在不断代换中获得新的思维角度，并得出结论，获得问题的解决。四是转向思维，就是当常用逻辑不起作用时，寻找不同的方向解决问题，像我们常说的逆向思维，就是脱离原有的逻辑以相反的方向思考，是转向思维的一种方式。五是原点思维，顾名思义就是回到原点思考，从事物的发展脉络和普遍逻辑寻找答案，或为事物、问题设立一个原点，在与其他事物、问题的比对和思考中，不断纠正偏差。六是对立思考，就是从事物的反面设立可能性或提出疑惑，批判性地看待问题，提出自己合理的观点，并说出自己的理由和见解。七是联动思维，即不限于某一事物本身的呈现方式，而是进行由现象到本质、由表面到内里、由正到反的联想、分析、推理和延伸。

在上述四个思维类型中，语言直觉思维、文学形象思维和文章逻辑思维是语文学科独有的，具有语文的明显特征，而思辨创新思维却是所有学科共有。语文教学中的思辨创新思维也得在语言学习和语文实践的框架内，并以语文的方式进行。

三、语文思维能力培养的基本路径

（一）诵读，在猜度中激活直觉思维

直觉思维是对文本最朴素、最直接的认知与体会。在文本阅读中，最先获得的是直觉。教师要善用丰富多样的教学手段，激活学生阅读的直觉意识。比如三年级的《燕子》有这么一句话："二三月的春日里，轻风微微地吹拂着，如毛的细雨由天上洒落着，千条万条的柔柳，红的白的黄的花，青的草，绿的叶，都像赶集似的聚拢来，形成了烂漫无比的春天。"这是以拟人化的写法，描写了轻风、细雨、柔柳、各色的花、青草和绿叶，构成了一幅繁花似锦、万木争荣、春意盎然的景色。教学时，可以让学生边读边展开想象：你的脑海里出现了什么样的画面？学生有的抓住不同的景物构成说春天的生机勃发；有的抓住表示颜色的词语谈春天的色彩斑斓，鲜艳夺目；有的从"赶集"二字想开去，想象这些轻风细雨、花草树木如何急匆匆地从四面八方赶来的情境；有的从"烂漫无比"一词，描述绿草茵茵、柔柳依依、百花盛开、燕子飞翔、鸟儿欢叫的热闹景象……在此基础上，让学生说说这样的想象画面是从哪些文字中读到的，从中感受语言文字运用之美，体会字里行间蕴含着的情感，并让学生试着把这样的美景和感情通过朗读表达出来。有感情地

朗读能让学生获得感官体验，突出直觉思维的历练和内化，并从语言文字的阅读、想象、体验中获得丰盈的情感认知。

（二）品读，从鉴赏中发展形象思维

文学作品作为"美"的客观存在，当审美主体抱着审美的意愿和态度，才能发现美、体验美。这就需要教师引导学生挖掘文本中精彩文句的深层内涵，在语言体悟、阅读鉴赏的同时，促进文学形象思维的发展。比如三年级的《陶罐与铁罐》一文，最为精彩的语言当属陶罐与铁罐的对话描写上。"你敢碰我吗？陶罐子！""子"是古代对成年男子的尊称，含有尊敬之义，"孔子""老子""孟子"中的"子"还表示对有学问、有涵养的人的敬称。但这里的"子"却是贬义词，是瞧不起人的意思；再加"敢……吗？"的反问语气，以及一个"！"，铁罐从骨子里蔑视陶罐，傲慢无礼的心理、形态、样貌就在这简短的一句话中暴露无遗。与此相反，陶罐却如此回应："不敢，铁罐兄弟。"一个"。"，一个"兄弟"，透露的是陶罐的谦逊、友善，恰恰与铁罐形成了鲜明对比。更为重要的是，这篇课文的对话描写，都采用了这样的语言表述方式，如铁罐的"我就知道你不敢，懦弱的东西！""住嘴！""你怎么敢和我相提并论！你等着吧，要不了几天，你就会破成碎片，我却永远在这里，什么也不怕。""和你在一起，我感到羞耻，你算什么东西！""走着瞧吧，总有一天，我要把你碰成碎片！"无一例外地用上了带有强烈感悟色彩的感叹号，咄咄逼人、蛮横无理的气息扑面而来；而陶罐的"我确实不敢碰你，但并不是懦弱。""我们生来就是盛东西的，并不是来互相碰撞的。说到盛东西，我不见得就比你差。再说……""何必这样说呢？""我们还是和睦相处吧，有什么可吵的呢！"基本上都是句号，传达出平易、克制、礼貌、自尊的心理状态。这样的人物对话，形象地再现了铁罐和陶罐不同的性格、心理和形象，更重要的是，这样的两种表达形式构成了嚣张愤怒式和谦虚友善式的人物对话范式。教学时，就要紧紧抓住人物对话中的关键字词和标点符号，结合具体语境，体会对话的言中之义和言外之情，欣赏如此表达的目的与好处。同时，为了增强学生对文本的趣味体验，以对话情景剧的方式，让学生从故事演绎中，融入角色，把握情节，激活阅读氛围，成功发展学生的文学形象思维，形成感性与理性相交融的阅读认知图式。

（三）研读，在比较中培养逻辑思维

语文教材隐藏着许多逻辑思维点，从词到句，从句到段，从段到篇，需要教师有意识地引导学生厘清各项语文元素间的逻辑关系，逐步培养学生的逻辑思维能力，以促其语文思维能力的全面发展。

低年段，重在处理好字词之间的关系。比如一年级的《一分钟》，写的是一个叫元元的孩子就是因为多睡了一分钟，结果错过了路口的绿灯，赶不上公共汽车，上学迟到了二十分钟，老师批评了他。明明只是多睡了"一分钟"，怎么就迟到了"二十分钟"呢？这是学生的阅读疑惑，也是本文教学的难点所在。这就需要我们引导学生注意关键字词之间的关联：因为多睡了"一分钟"，所以"刚想走过去，红灯亮了"；因为"等了一会儿，才走过"，所以"眼看就要到了，车子开了"；因为"一直不见公共汽车的影子"，所以"迟到了二十分钟"。教学时，可以让学生找到这些与迟到有关的词语，再用"因为……所以……"的句式帮助理解它们之间的关系，从而知道，生活中的许多人和事之间是有关系的，看似很不起眼、微不足道的小事，可能会影响我们的学习和生活。

中年级，要从字词之间的关系转到对句子和段落的理解上，从整体的角度了解课文，感知脉络，了解文章想要表达的思想感情，体会关键语句的内在关系。比如四年级的《王戎不取道旁李》的"人问之，答曰：'树在道边而多子，此必苦李。'"一句，"树在道边"和"多子"是王戎眼睛所看到的，两者之间是矛盾的。因为李树生长在道路旁而非果园，什么人都可以采摘，加之古人出行多骑马或走路，当路人行路口渴了，常会随手摘个李子解渴，因此正常的情况应该无非两种：或多子因为李苦，或少子因为李甜，故而王戎才那么肯定地回答"此必苦李"，而且"唯戎不动"。显然，"必"的不容置疑，一定是从"树在道边而多子"而来，结论与现象之间隐含着一种内在关联，王戎没有说出而已，需要学生进行补充。为此课后练习设计了"为什么'树在道边而多子，此必苦李？'"一问，一个看似普通的思考题，实则隐含了非常重要的逻辑训练点。教学时就得引导学生联系生活经验，从两个角度展开思考：一是正向角度，即树在道路两边，行人可以任意采摘，现在树上的李子那么多，说明摘的人少，可见李子是苦的。二是反向思考，即树在道路两边，行人可以任意采摘，如果李子很甜，肯定就被人摘完了，不可能"多子"，"多子"意味着李子是苦的。可见，王戎的肯定结论，是因为他经过了一系列的观察、分析、判断的过程，这是个会观察、会思考的孩子。如此抓住"树在道边而多子"和"此必苦李"之间的缝隙，引导学生进行推想、填充、补白，不仅能理解王戎话语中所隐藏的信息，而且还透过文字的表面，体会到人物的内在品质，可谓是一举多得。

高年级，要了解文章表达顺序，体会文章感情，理解文章的行文思路及其用意，并且在交流与讨论中敢于提出看法，作出自己的判断。比如《梅花魂》是一篇散文，围绕着"梅花魂"这一主题，分别写了外祖父叫"我"读唐诗宋词，读到思乡诗时流泪；"我"不小心弄脏外祖父珍藏的墨梅图，被外祖父训斥，并小心地弄干净；妈妈准备带"我"回国，外祖父因年纪大走不了而难过得哭了，离别前一晚，外祖父把珍藏的墨梅图交给"我"保管，并教育"我"要做一个像梅花一样坚贞不屈的中国人；临别时刻，外祖父把绣有梅花的手绢送给"我"等五件事，整个文章形散神聚，散文的文体特征极为明显。但是文章篇幅不短，段落不少，要想厘清文章脉络还真不是件容易的事，教学时，需要引导学生借助思维导图进行整体把握。先把思维导图设计成梅花形状，把这五件事情概括成"教'我'诗词，动情落泪""斥'我'污梅，刮抹污迹""无法回国，痛哭流涕""送'我'梅图，教'我'学梅""随'我'登船，赠'我'梅绢"，分成填写在五个花瓣上。接着，观察思维导图，说说作者是按什么样的顺序构思全文的，并说说这样行文的目的。再引导发现五件事的共同点，即每件事直接或间接地与故乡、爱国有关，从而再一次感受散文文体的共性写法。

（四）探读，在辨析中培养思辨创新思维

语文教学培养学生的思辨创新思维，途径虽然不少，但最基本、最重要的在课堂。这就要求我们充分挖掘教材元素，既要以教材为凭借，又不要受它的限制，这样才能发展思维，培养创新能力。比如五年级的《鸟的天堂》

这样写榕树的叶子:"榕树正在茂盛的时期,好像把它的全部生命力展示给我们看。那么多的绿叶,一簇堆在另一簇上面,不留一点儿缝隙。那翠绿的颜色,明亮地照耀着我们的眼睛,似乎每一片绿叶上都有一个新的生命在颤动。这美丽的南国的树!"其中的思维发散点在于"似乎每一片绿叶上都有一个新的生命在颤动",教学过程中,许多学生不理解这句话的意思,这句话写的是叶子,为什么却说"新的生命在颤动"?如果仅仅让学生知道这里表达的是"榕树很有生命力""榕树生命力很强"之类意思,显然浪费了教材提供给我们的学习资源,学生失去了一次辩证思维的机会。不妨这样处理:这确实是个值得我们研究的问题。请大家联系上下文,结合自己的生活实际,说说自己的看法。于是,学生就有了不同的理解,有的说是风在轻轻地吹,榕树的叶子在阳光下摇摆;有的说是鸟藏身于浓密的叶子里,鸟动叶也动;有的说是太阳照射在翠绿、明亮的叶子上,光的反射让人恍惚觉得是生命在颤动;有的说是树叶绿得可爱,让作者看花了眼,产生了一种错觉;有的说是因为榕树正处在茂盛的时期,每一片叶子都在生长,都在展示自己旺盛的生命力……显然,这样的理解既很合理,又富有个性,完全突破了教材的束缚,萌发了新的阅读增长点和思维发散点。又比如《宇宙生命之谜》课文的最后一段:"地球之外是否有生命存在,是人类一直探索的宇宙生命之谜。"这是一个没有一致结论的结尾,说明即便到了现在,我们依然还没有解开宇宙生命之谜,其中蕴含着两种可能,这"谜"一般的可能就为学生的思辨阅读提供了极好的机会和平台,可以先让学生说说自己的理解,再根据学生的回答,宣布"存在生命"和"不存在生命"两个辩题,并把学生分成两个小组,分别以课文内容和课前收集到的相关资料为依据,现场展开辩论,既要充分论证自己的观点,还要反驳对方的观点。如此充满挑战的辩论活动,加深了对课文内容的理解,激发了学生爱科学、学科学的兴趣和探索未来的好奇心,也让学生的思辨说理能力得到了锻炼和提高。

第四节 审美创造

审美情趣和文化修养可整合为人文修养。如果说语言能力是语文关键能力的话,那人文修养就是语文的必备品格。人文修养为语言能力导向,为语言能力提供不竭的力量源泉。

一、语文课程中的学科审美

审美是一个宽泛的概念,是一种普遍的存在,并不专属于语文课程。美术学科中的美在于结构、线条、明暗、比例、光线、色彩,音乐学科中的美在于音符、旋律、节奏、强弱,数学学科中的美在于对称、旋转、排列、割补,那语文学科的美在哪里?汉字由象形文字演变成兼表音义的意音文字,但总的体系仍属表意文字。所以,汉字具有集形象、声音和辞义三者于一体的特性。这一特性在世界文字中是独一无二的,因此它具有独特的魅力。

(一)自身之美

在世界语言文字体系中,汉语言文字是一种独特的存在,这种独特之美表现在多个方面。

1. 美在形。

这里的"形"包含几个方面:第一,汉字的形体结构。汉字亦称中文字、中国字、国字,是汉字文化圈广泛使用的一种文字,是世界上最古老的文字之一,它是记录事件的书写符号。其在形体上逐渐由图形变为由笔画构成的方块形符号,所以汉字一般也叫"方块字"。虽然统称为"方块字",但汉字的整体形状和结构特点上千差万别、形态各异,在自身的外部表象呈现出来不同的美感。有对称,如"本、木、申"等字,对称的汉字中间有个明显的中心线,不同的笔画从两边向外延伸,力量均等,稳定性强,整体上匀称和谐,局部又透出延展式的动态美。有平稳,如"豹"字,左边的笔画明显多于右边,但"勺"的中间一点恰到好处地弥补了右边部分的空缺,整个字看起来均匀、平稳，不失重心。有对立，如"美"字，整体看左右对称，上下结构上，上部分整齐、庄重，下部分轻快、优美，一撇一捺向两边延伸，非常舒展，稳稳地托起上部。有避让，如"林"字，两个"木"的写法不一样，左边"木"的最后一捺改为小点，就是要给右边的"木"的撇让位的，这样避让穿插，"林"字就好看了。第二，文字的组合排列。同样的几个字，不同的组合排列，会产生不同的表达效果和艺术美感。比如二年级的《妈妈睡了》一句："明亮的眼睛闭上了，紧紧地闭着，弯弯的眉毛也在睡觉，睡在妈妈红润的脸蛋上"，前两个分句其实就是一个意思。但是倘若写"明亮的眼睛紧紧地闭着"就失去了递进、复沓的语言形式，"紧紧"一词只是陈述一种睡着了的事实，起不到特意强调的表达目的。还有如"妈妈微微地笑着。是的，她在微微地笑着，嘴巴、眼角都挂满笑意"一句，"笑"是女性温柔、慈祥的典型特征，两个"微微地笑着"的反复使用，为了是表现妈妈的笑是那样甜美、那样柔美；"嘴巴、眼角都挂满笑意"中的"笑"既是一种细化补充，又是一种笔意延伸，强化了妈妈温柔慈爱的形象。两个句子同时用上了"同语反复"，表现形式不同，都达到了极好的表达效果。第三，辞格的巧妙安排。依据表达目的，选用适宜的言辞和修辞，展现语言形式之美的同时，也表现了语言内蕴之美。比如三年级《花的学校》"当雷云在天上轰响，六月的阵雨落下的时候，润湿的东风走过荒野，在竹林中吹着口笛。"此句原本表达的是六月的夏季，雷、电、风、雨交加的场景，可读起来却没有这样的感觉，原因就在于作者把东风当作一个悠闲自在的人来写。"润湿"写出了"东风"的特点，用"走过"替代"吹过""刮过"，表示东风的无意识行为，一副随意、随便、走走、逛逛的悠闲样；"吹着口笛"更是传神，"口笛"的悦耳动听，替换了大风呼呼的猛烈刺耳，显得那么轻松欢快、悠然自在，富有极强的画面感和语言美。第四，篇章的精心布局。作为文章大国，古往今来，写作者无不追求行文运思的独特与精致，匠心独运的谋篇布局，为文章之美增光添彩。六年级的《藏戏》，一开篇就不同凡响："世界上还有几个剧种是戴着面具演出的呢？""世界上还有几个剧种在演出时是没有舞台的呢？""世界上还有几个剧种一部戏可以演出三五天还没有结束的呢？"三个独立成段、反问句式、意义递进、互为关联的排比句，夺人眼球，不仅突出了藏戏的三个特点，而且强烈表达了作者对藏戏艺术魅力的惊叹，而且设置悬念，引人入胜，让人产生藏戏为什么是这样的、藏戏有什么样的历史等阅读期待。如此开篇写法新颖，先声夺人，引人入胜。

2. 美在声。

汉字与拉丁类语言的最大区别在于，拉丁语只有升调和降调，而汉字却有四声，由此生发，而形成汉语音韵与文学的整个语音体系。汉语音韵的基础在于四声，在于平仄，四声加平仄，汉语就有了千变万化、神奇美妙的音韵变化。在音乐演唱中，节奏是骨架，旋律是血肉，旋律和节奏息息相关。节奏是音符长短快慢的变化。音符的长短变化多端，有全音符、二分音符、四分音符、八分音符、十六分音符、三十二分音符等。在节奏的基础上，加上音高的变化，就形成了旋律。也就是说，这些不同长短、不同音高的音符有机地组合，就形成了旋律。如果只是不同音高，但长短却都一样，这样的音符组合在一起构成的旋律就大大逊色了。语言亦是如此。汉语是一种具有音乐美的语种，而音乐美的本质在于节奏。节奏是汉语语音在一定时间里呈现的长短、高低和轻重等有规律的起伏变化状况。

比如长短句搭配的节奏美。句子有长有短，长句词语多，成分相对复杂；短句词语少，成分相对比较简单。长句表意严密、精确、细致，短句表意简洁、轻快、有力。长短句的不同组合，自然就表现出不同的节奏感。请看五年级《珍珠鸟》中的一段话："它小，就能轻易地由疏格的笼子钻出身。瞧，多么像它的父母：红嘴红脚，灰蓝色的毛，只是后背还没生出珍珠似的圆圆的白点。它好肥，整个身子好像一个蓬松的球儿。"这段话有三句，每句话都是先短语如"它小""瞧""它好肥"，后长句如"就能轻易地由疏格的笼子钻出身""整个身子好像一个蓬松的球儿"等。其中第二句尤为特殊，开始是"瞧，多么像它的父母"的单字与句子结合，接着是短语"红嘴红脚""灰蓝色的毛"，加长句"只是后背还没生出珍珠似的圆圆的白点"，这样，使这段话的节奏在整齐之中有变化，形成了富有跳跃感的音律，很好地表达了作者对珍珠鸟的喜爱之情。

又如标点不同带来的节奏美。在汉语中，标点符号因其不同作用而表现出不同的意思，因此在表示停顿时自然就有了长短轻重之别，长短轻重恰恰是构成节奏的基本要素。二年级的《画杨桃》有两处对话：第一处是："这幅画画得像不像？""不像！""它像什么？""像五角星！"；第二处是："现在你看看那杨桃，像你平时看到的杨桃吗？""不……像。""那么，像什么呢？""像……五……五角星。"比较两处对话不难发现，说话的内容几乎一样，说明谈论的话题是相同的，不同的只是标点。同学们的回答第一处用的是感叹号，语气坚决，态度坚定，情绪强烈，表现出内心的得意与对同学的嘲笑；第二次用的是省略号，表示说话吞吞吐吐，犹犹豫豫，与之前的回答判若两人。如此变化的背后，是老师让同学坐到"我"的座位上，发现看到的和"我"画的五角星一模一样，从中意识到自己错了，自责、羞愧、难过的心情尽含其中。因此，读这两处对话，语气、停顿、节奏就必须有所变化，从而体现人物的不同心态。

再如整散句交错的节奏美。整句就是结构相同或相似、形式整齐匀称的一组句子，句式整齐，音节匀称，节奏和谐，表意谨严，气势贯通，意义鲜明；散句是结构不同，字数长短不一，各种句式交错运用的一组句子，句式参差，富有变化，自然洒脱、明快。两种句式的交错结合，既能避免行文的呆板单一或松弛繁杂，还能让语句波澜起伏、灵活多样，产生节奏美。五年级的《白鹭》一课如此具体描写白鹭的色素配合和身段大小都很适宜："那雪白的蓑毛，那全身的流线型结构，那铁色的长喙，那青色的脚，增之一分由嫌长，减之一分则嫌短，素之一忽则嫌白，黛之一忽则嫌黑。"这个长句子由两部分构成：先分用四个散句展现白鹭的外形和色彩之美，再用四个整句模仿宋玉的《登徒子好色赋》的句子，从作者内心感受的角度，突出白鹭有一种完美无缺、无与伦比的独特的美。如此散句与整句的结合，语言优美，用语灵动，形成了排比、夸张的修辞手法，表达了对白鹭的平凡朴素的外在美的赞美之情。

3. 美在意。

汉字是由绘画发展而来的，先民把自然界的图画演变为笔画简单的文字。

可以说一个个汉字，就像一幅幅图画，通过生动优美的意象，创设出深远的意境，唤起人们无限的联想，表达着丰富的意义，给人以强烈的美感。余光中先生对"雨"字曾作过这样的描述："譬如凭空写一个'雨'字，点点滴滴，滂滂沱沱，淅淅沥沥，一切云情雨意，就宛然其中了。视觉上的这种美感，岂是什么 rain 也好 pluie 也好所能满足？"这段写意的话语，把汉字与英法语言作比较，显现出汉字更具丰富的内蕴和强烈的阅读美感。比如六年级的《好的故事》是现代文学家鲁迅于1925年创作的一首散文诗，文章说"灯火渐渐地缩小了，在预告石油的已经不多；石油又不是老牌，早熏得灯罩很昏暗。鞭爆的繁响在四近，烟草的烟雾在身边：是昏沉的夜"，结尾是"何尝有一丝碎影，只见昏暗的灯光，我不在小船里了。""但我总记得见过这一篇好的故事，在昏沉的夜……"比较发现，文章的开头与结尾两次写到了"昏暗"的光和"昏沉的夜"，其中一定隐含着特别的含义。开头的灯火、昏暗、烟雾，共同构成了一种窒息、昏沉、幽暗的气氛，令人厌恶，让人有喘不过气来的感觉，以此影射当时的社会现实，表达鲁迅看不到前途和希望，其内心失望与悲凉。结尾的"昏暗的灯光""昏沉的夜"，是作者经历了"很美丽，幽雅，有趣"的梦境和"好的故事"，点燃了心中的希望后出现的。尽管依然只有"昏暗的灯光"，依然生活在现实的"昏沉的夜"中，不过，"我总记得见过这一篇好的故事"，充分反映了作者对美好事物的执着眷恋，对美好的理想的强烈追求，决计要同"昏沉的夜"进行不懈抗争的内心情感。两处的"昏暗的灯光"和"昏沉的夜"，字同意异，值得好好咀嚼和品味。

4. 美在韵。

委婉含蓄是汉语言的又一特点，内含其中的独特意韵和韵味，优美隽永，富有感染力，短短一句话，就能让人有身临其境之感。"北风卷地白草折，胡天八月即飞雪。忽如一夜春风来，千树万树梨花开。"寥寥几句，让人看到北风呼啸，大雪纷飞，白雪似盛开枝头的朵朵梨花；"采菊东篱下，悠然见南山"，让人仿佛置身其中，尽享欢娱闲适；"大漠孤烟直，长河落日圆"，如同亲眼欣赏到茫茫戈壁，烽烟孤直，圆日火红，艳丽壮美；"几处早莺争暖树，谁家新燕啄春泥"，似乎耳畔传来黄鹂和燕子争抢筑巢的声声啼叫。古诗词如此,现代文学作品亦然。比如四年级《乡下人家》这样写乡下人家吃晚饭的:"他们把桌椅饭菜搬到门前,天高地阔地吃起来。天边的红霞,向晚的微风,头上飞过的归巢的鸟儿,都是他们的好友,它们和乡下人家一起,绘成了一幅自然、和谐的田园风景画。"这段话给我们展示了一幅层次丰富、形象生动、人景合一的视觉大片:近景,乡下人家三五成群、邻家拼桌,在阵阵吹来的习习凉风中,他们大碗喝酒,大口吃肉,边吃饭边聊天,无拘无束,自由自在;中景,他们的头上飞过归巢的鸟儿,几只或一行,一个或成群,一边拍着翅膀,一边欢快鸣唱;远景,夕阳西下,红霞满天,似乎要为天空铺上一片一片红彤彤的地毯,准备着一场盛大的庆典。如果说,天地是一个硕大无边的舞台,那么,乡下人家就是舞台的主角,飞鸟、晚风、红霞,就是舞台的背景,这样的吃饭阵势和格局,吃饭的情趣和气氛,是城市里的人无论如何都无法享受到的,即便你身居豪华餐厅,满眼山珍海味,也是不可比拟的。这样的场景让人想想都美,并心生羡慕、向往的美好憧憬。这样的阅读感受,源于这段话的语言描写,人物合一,情景交融,绘声绘色,有动有静,散发着美妙的意蕴和独特的韵味,让人产生无限的遐想,回味无穷,久久难忘,进而生发意味无穷、美不胜收的阅读体验。

5. 美在体。

在我国文学艺术发展史上,诞生了丰富多彩的文体形式,最为突出的就有先秦散文、唐诗、宋词、汉赋、明代戏曲、清代小说。不同的文体就有不同的表现形态,成就了蔚为壮观、令人叹为观止的汉语言文学谱系。仅以入选小学语文统编教材的常见文体来说,唐诗讲究调声和格式,形式多种多样,古体诗主要有五言和七言两种,近体诗主要是绝句和律诗。古体诗的音韵格律要求宽,一首之中,句数可多可少,篇章可长可短,韵脚可以转换。近体诗的音韵格律要求严,绝句四句,律诗八句,每句用字的平仄和韵脚有一定的规律,韵脚不能转换,律诗的三、四两句和五、六两句应该分别对仗,把我国古曲诗歌的音节和谐、文字精练的艺术特色,推到前所未有的高度,为古代抒情诗找到一个最典型的形式,至今还特别为人民所喜闻乐见。

宋词是继唐诗后的又一种文学体裁,兼有文学与音乐两方面的特点。诗为整齐的五、七言，而词则为长短句，所以词又有"长短句"之说法。每首词都有一个调名，叫做"词牌名"，依照乐曲的节拍填词叫"依声"，是一种既能合乐而唱又能讲求格律的新体诗。宋词成为我国文学史上一座重要的里程碑。

散文是用凝练、生动、优美的文学语言来记人、叙事、写景、状物的一种文体，最大特点是"形散神不散"，即材料内容可广泛选材，但中心主旨应该一致，因而在结构上有一条线索，把丰富的材料贯串成一个有机的整体。散文语言优美，自然舒畅，情感蕴藉，富有张力和感染力。

小说以塑造人物形象为核心，通常通过典型环境的具体描写、完整而多变的情节铺叙来刻画丰富而细致的人物形象。一方面，人物刻画必须借助情节的充分展开；另一方面，环境描写则给人物活动、情节铺叙创造了特定的氛围。三者互为作用，一起构成了小说世界。

记叙文的文体特征是记叙某个具体的生活内容，描述某个具体的事件或场面。其表达方式是叙述和描写，所以它要求语言要有形象性，使读者读了其文，如见其形，如闻其声，如临其境，从而受到强烈的感染。

童话通过丰富的想象、幻想、夸张、象征的手段来塑造形象，反映生活。其语言通俗生动、简洁朴素。童话的故事情节往往离奇曲折，引人入胜，故事性强，而且富有浓厚的趣味性，表现出了我们对美好生活的向往，对真善美的追求。

(二) 附带之美

所谓"附带之美"，指附着在语言本身上的，并由此带来的内容、人文、形象等方面的美感。

生活之美。文字是语言的记录。人类的语言大约起源于 10～5 万年前，而最早有文字记载的历史大约只有追溯到 7 千年前。文字是为了记录生活而出现的。没有文字之前，原始人类用结绳、实物或刻石的方式来记事或传达一定的意思。有了文字，方便了人类传递信息，交流思想，人类的知识才能记录下来，并能不走样地流传下去。所以文字的产生，极大地推动了人类的社会文明，推动了自然科学的发展，起到了任何媒介都无法替代的重要作用。

比如二年级上册第四单元，《古诗三首》展现了"白日依山尽，黄河入海流"和"飞流直下三千尺，疑是银河落九天"的自然奇观；《黄山奇山》图文并茂，生动地介绍了闻名中外的黄山风景区有趣的奇石、怪石，语言生动，描写形象，富有情趣，表现了黄山的秀丽神奇；《日月潭》用优美的文字描绘了祖国宝岛台湾日月潭的风景优美、气候宜人，是旅游度假的好去处；《葡萄沟》介绍了我国新疆吐鲁番美丽风情与丰富物产，让人心生向往之情。读了这组单元，学生就能从不同角度、不同侧面了解祖国的地大物博，山河壮丽，从而激发学生爱家乡、爱祖国的深厚情感。

人文之美。语言的人文特性，决定了语言负载着个人的精神生活和世界观，负载着多姿多彩的人类文化。这是因为，语言是人类的精神家园，语言通过它所蕴含的人文精神，负载着人类的精神世界，呵护着人类的精神生活，培育了人类对人生、世界的审美观照的态度、高尚的道德品质和积极向上的人生观和世界观。在我国灿烂的艺术瑰宝中，张择端的《清明上河图》是一颗璀璨的明珠，有人称之为宋代的小百科全书。三年级的《一幅名扬中外的画》用生动的语言向我们介绍了这幅名画，不论是开篇部分关于画的年代、作者、大小、现存情况的简略介绍，还是对画面主要内容、人物、场景的详尽描绘，都让我们仿佛看到八九百年前北宋的古都风貌，芸芸众生的市井生活，当时当地的风俗人情，为其浓郁的生活气息、独特的艺术价值所震撼，从而感受到中华文化的无尽魅力。

思想之美。乌申斯基说过："一个民族总把自己全部精神生活的痕迹都珍藏在民族的语言里。"统编教材语文课文文质兼美，无论记事写人，还是写景状物，都表达了一定的思想内容，或赞美品格，歌颂美好；或讲述知识，说明道理；或阐述观点，抒发情感，都浸润着作者的思想，闪烁着作者的智慧。比如五年级《古人谈读书》中的第一部分选择了《论语》中的6句话。其中第一句"知之为知之，不知为不知，是知也"所在的原文为"子曰：'由，诲女知之乎，知之为知之，不知为不知，是知也。'"翻译过来的意思就是，"孔子说：'仲由啊，让我教给你对待知与不知的态度吧，知道就是知道，不知道就是不知道，这样的人才是聪明的。'"可见，"知之为知之，不知为不知，是知也"这句名言是孔子教导弟子仲由的话，由此可以推想这样的生活情景：仲由心里一直有个解不开的疙瘩，就是不知道如何处理好知与不知的关系，这一天，他特意向孔子提出心中的困惑，孔子听后，就告诉了仲由。或者是另一番情形：仲由在众人面前对自己也不甚了了的事情夸夸其谈，孔子知道后，就这样教导他。显然，这是一件发生在两三千年前的春秋战国时期的事，今天的我们之所以能够了解，并从孔子的话中明白对学习应有的态度，懂得做人道理，感受到孔子的教育智慧，无不得益于《论语》的流传，得益于文字的记录。

(三) 附加之美

就是借助非文本因素，如课堂语言、情境创设、学习氛围、环境设计、朗读处理等而形成的语文美感。以语言讲述类为例。一是教师课堂语言。苏霍姆林斯基就认为："教师讲话带有审美色彩，这是一把最精致的钥匙。它不仅开发情绪的记忆，而且深入到大脑最隐秘的角落。"现代生理学研究表明，人在一种单调的声音刺激下，大脑皮层会很快地进入抑制状态，而抑扬顿挫、富有节奏感的教学语言能有效打破大脑的抑制状态，同时，不同的内容，教学语言也不相同。宣扬爱国主义，慷慨激昂，声音洪亮；歌颂英雄人物，情绪饱满，感情真挚；描绘壮丽河山，飘逸纵横，含蓄蕴藉；论证科学创造，平缓理智，博大深沉；阐述概念定义，语速缓慢，音调轻平……这样，随着教学内容和情感的变化，教学语言时轻时重，时急时缓，抑扬顿挫，跌宕起伏，有声有色，学生就能在"大珠小珠落玉盘"的声音美中，产生心理愉悦感，感受文本的语言美和情感美，从而提高学习品质。二是朗读处理。根据对文本内容的理解，注意字词的强调、连读、轻读、点诵、贯口，甚至是附点、切分式的处理，使语言具有长短、快慢、轻重、浓淡的变化，从而赋予语言节奏感和旋律美。

二、语文视域中的审美体验

"获得较为丰富的审美体验"，是审美创造的重要组成部分。语文教学的审美体验如何获得呢？这得从"体验"二字说起。

"体验"一词出自《朱子语类》卷一一九："讲论自是讲论，须是将来自体验。说一段过又一段，何补！……体验是自心里暗自讲量一次。"后来又不断被提及，明王守仁《传习录》卷中："皆是就文义上解释，牵附以求，混融凑泊，而不曾就自己实工夫上体验。"胡适认为，体验"并非有意因袭前人，乃是从痛苦患难之中体验出来的结论"。可见，"体验不仅仅是一般的经历，而是通过实践、实地领会的亲身经历。现如今，体验还被定义为人类的基本生存方式之一，一种图景思维活动，也是一种震撼心灵、感动生命的魅力化育模式。体验分为两种，一是感官性体验，一是感受性体验，前者限于身体的感官刺激，后者进入心灵，引起心理的真实反应，如内心的变化和情感的丰富等。语文课程中的审美体验，应该二者兼之，感官性体验是基础和前提，感受性体验是结果和目的。

（一）感官性体验

人对外部事物的感知首先源自于感官。感官是感受外界事物刺激的器官，包括眼、耳、鼻、舌、身等。感觉器官是实现感觉过程的生理装置，包括感受器、神经通道和大脑皮层感觉中枢三部分。其中，感受器能将刺激的物理化学特性转变为神经冲动；神经通道负责传导神经冲动，并在传输过程的不同阶段得到有选择的加工；感觉中枢是由大脑皮层上相应感觉的中枢部分和弥散部分组成，刺激信息被加工为个体实际体验到的具有不同性质和强度的感觉，相互交叠，相互作用，形成感觉经验。

语言文字的认知与体验，是在生动、多样的语文实践活动中，通过学生的亲身参与生成和实现的。因此，语言体验说到底还是由多种感知渠道协同作用的感知活动，开放的感知渠道越多，对特定对象的把握就越全面、越精确、越深刻。多种感知渠道协同作用表现为：眼睛看到文字符号，嘴巴读出声来，大脑就想到与此相关的事物或形态，产生意义联想，形成感官性体验。

比如二年级的《找春天》：

小草从地下探出头来，那是春天的眉毛吧？

早开的野花一朵两朵，那是春天的眼睛吧？

树木吐出点点嫩芽,那是春天的音符吧?

解冻的小溪丁丁冬冬,那是春天的琴声吧?

当这几句话一映入眼帘,我们的第一反应就是这四个句子从标点到问句到句子结构完全一样,单独成段,句式相同,前半句是看到的,后半句是想到的;竖着排列在一起,又构成排比语段,显得非常整齐、和谐,看起来很舒服。读一读,又会感觉到这四个句子的节奏、停顿、语气、旋律几乎一样,听起来悦耳动听,犹如音乐一般。再一想,又发现四句话写的是春天的小草、野花、嫩芽和小溪,却把它们说成春天的眉毛、眼睛、音符和琴声,运用了比喻和拟人的修辞手法,既生动又形象。这样一来,这几句话给我们的整体感觉就是一个字——美!作者太会用文字了!

(二)感受性体验

语言教学不应该仅仅停留在表面上,而应该使每一个学生产生各种不同的属于自己的"感动""动情"。因此,语言体验不能仅停留在感官的层面,还得通过个体反思、同化、顺应等方式,实现感悟性的内心体验。只有对语言有深刻体验的人,才能敞亮心灵,在语文的世界里曼妙飞翔。所以,单纯参与、浅层感受远远不够,应重视对语言情境、意境的深入品味和评价,帮助学生与艺术作品展开真正意义上的对话,把作品情感和形象转化为心灵感动,以丰富心灵世界。

再以《找春天》的上述语段为例。读了这段话,我们的脑海里就会不由自主地浮现出这样的画面:一枝又一枝小草悄无声息地从地下探出头来,细细的,嫩嫩的,弯弯的,好像是春天这位小姑娘脸上的眉毛;不知什么时候,草地上,一朵、两朵、三朵野花,怯怯地睁开了亮晶晶的眼睛,惊喜地打量着这样崭新的世界,完全是一副害羞又好奇的小姑娘模样。树上,嫩芽开始长出来了,一点又一点,高高又低低,远远地看,似乎就是五线谱上跳动着的音符;小溪里的冰渐渐融化了,溪水流动得更欢快、更流畅,不时发出丁丁冬冬的响声,好像一曲曲婉转美妙的山间小曲,春天又成了音乐家,悠然演奏,悠然歌唱。醇美的想象,诗意的语言,抒发了孩子找到春天的激动之情。更妙的是,"那是……吧?"的问句,是心里的疑惑,是欲知结果的探问,是压抑不住的惊喜，还有担心惊扰春天的小心翼翼，温柔又浪漫，亲切又欢快，流露出孩子内心的欣喜与兴奋，充满童真童趣，让人不禁心生感动，并发出这样的慨叹：春天真美！童心真美！

（三）审美性体验

人之所以会对艺术作品产生美的感觉，是因为艺术作品本身蕴含着真善美的元素，其生命形式与人的生命结构异质同构、同频共振，让人从中看到思想光芒、精神力量、人生意义、生命价值。语言是最富美感和情感的艺术，语言学习的本质不在于纯粹的知识和技能，而在于对情感的反映，对美感的感悟。语言学习与其说是一种智力过程，不如说它是一种情感过程——审美体验。鸡蛋从内打破是生命。从内心情感突破，必然会让学生在体验语言美妙的过程中，触发情感引擎，引发情感共鸣，为语言所蕴含的真善美所深深陶醉，从而获得情感的释放，心灵的净化，情操的陶冶，智慧的启迪，生命的放飞。这就决定了语言教学不能再像传统教学那样，只注重作品的时代背景、创作风格等知识、技巧的了解，也不能仅仅停留在初级的感官体验上，必须充分挖掘作品的丰富内涵，体会作品的内在意义，感悟审美对象的精神气质，从而提升学生的生活追求和思想境界。

还以《找春天》的上述语句为例。从表面上看，作者之所以能够写出如此美丽的春天，就是拥有一双会发现的眼睛；之所以能看到刚长出的小草、刚开放的野花、刚绽开的嫩芽、刚解冻的小溪，是因为拥有一颗敏感的、善于发现美的心；之所以能把春天写得这么美，是具备丰富的遣词造句知识和高超的语言表达技巧。从根本上说，这一切的一切，都是作者爱美、爱生活的必然结果。引导学生透过生动的文字，去想象孩子找春天的画面，读出找到春天的惊喜，从中触摸和感受蕴含在文字里和画面中的情感，进而体会到拥抱春天、拥抱美丽、拥抱生活是一件多么美好而幸福的事。这样，学生才会获得语言情感、语言力量和语言魅力的丰富体验。

三、学生立场下的审美创造

课标提出"审美创造",并将之作为语文核心素养的四个维度之一,整体看似乎不成问题。但是,如何站在小学生的立场,情况可能并不那么乐观。因为小学生年龄小,掌握的知识有限,接受与表达能力也相对较弱,"审美创造"似乎超越了学生的学力范围。当然,如果换个视角想,这里的"创造"并不是科学家的发明创造,艺术家的"无中生有",而是以自己喜欢的方式去表现自己对语文的认识和理论,去表达自己对事物的观点和看法,这可能更符合课标"审美创造"的原本之义吧。

(一) 读中创造

文学作品是付诸视觉的,可以反复看,经常看,这无疑是一种优势。可是,看,仍有一定的局限,除去了一目十行的粗读不说,就是细读,也只是凭借一条渠道传入大脑,留下的印象,远不如多种渠道来得深刻。这正如看舞台表演比看文字剧本收益更大,道理是一样的。朗读,其实是一种对文字作品的再创作,不仅要认真领会,准确表达文字作品的语词涵义和精神实质,还要融入个人独特的体会与感受,从而让有声语言传递出比文字符号更立体的画面,更深刻的内涵,更丰富的韵味。比如《走月亮》是一篇文质兼美的抒情散文,语言美,意境美,情感更美。文章从课题开始,就把读者带进了充满美好情感的诗意氛围当中——"走月亮"。流水般的月光洒满大地,村庄,田野,树木,庄稼,大道,小路……就在这样柔美、清澈的月色中,我和阿妈走月亮。教学这篇散文,就可以从课题"走月亮"的朗读开始。

师:要想走月亮,先得让月亮升起来,哪儿写月亮升起来了?谁来读读?

生(声音响亮,语速快):走月亮。

师:这不是月亮升起来,而是太阳升起来了。月亮升起来和太阳升起来有什么不同呀?月亮是这样升起来的。(师边说边用手模拟月亮缓缓升起来的情景)谁来读?

生(读得较轻):走月亮。

师：有点月亮的味道了。想一想，月亮什么时候升起来？当时周围环境是什么样的？

生：月亮是晚上升起来的，晚上很安静。

师：对呀，夜晚特别静，怎么读出这种安静、寂静的感觉？

生（读得缓慢、轻柔）：走月亮。

师：自己试着，打着拍子读。

生（边读边用手轻轻地打拍子）：走——月——亮。

师：真好。还可以读得更美些。听老师读：走——月——亮！（"走"字低声、拉长，手随声音轻轻波动。"月亮"读得轻而柔，手随声音缓缓升起。）

（生学着读）

师：挺好！大家一起来一遍。

（生齐读）

师：预习过课文的同学一定知道，月亮是从哪里升起来？

生：从洱海那边升起来。

师：（出示洱海图片）这就是洱海，月亮从洱海升起来，是怎样的情景？

生：洱海很美丽，月亮从美丽的洱海升起来，就更美了。

生：月亮从湖中缓缓升起，月光照在湖面上，波光粼粼，非常迷人。

师：是呀，天上一轮月亮，水中一轮月亮，天上的月亮静静的，水中的月亮随波荡漾，这样想着，"走月亮"是不是更美了？再来读。

（生读得轻柔、舒缓、优美）

王小波先生认为："优秀的文体之动人之处，在于它对韵律和节奏的控制。"课题"走月亮"看似寥寥数字，毫不起眼，却隐含着诗情画意，隐含着韵律和节奏，读好它，就为全文的阅读理解定下了情感的基调。为此，教师并不像读其他课文的题目一样，匆匆读过，就转入课文的学习，而是紧扣"走月亮"这一文眼，运用多种方法帮助学生把抽象的文字符号转化成脑海里的美丽图画。于是，在短短的时间里，学生对文题的感受逐步由粗糙到细腻，由表层到深入。一开始，学生像平常一样，大声朗读，教师就用月亮升起和太阳升起作比较，引导学生降下语调，读得轻一点。接着，又从"走月亮"

的特殊环境和氛围角度加以提示，学生联想到夜晚的安静，自然就读得缓慢而轻柔。在此基础上，借助手势把题目的韵律和节奏用独特又直观的方式淋漓尽致地展示出来，学生打着拍子，读出了题目的韵律和节奏。最后，结合文章开篇第一自然段，想象洱海的美丽，想象月亮映照洱海的画面，更是读得绘声绘色、有滋有味，读出了自己的语言感受，读出了自己的意义创造。就这样，学生对题目的静柔之美有了初步感受，使朗读伴着优美的手势"潜"入心扉，"润"入心田。在朗读声中，秋天的夜晚"静下来了"，月亮"缓缓地"升起来了，躁动的学生静下来了，外显而张扬的声音内敛了、深沉了，让月亮美起来，让走月亮变得神秘而美好。

（二）想中创造

什么是想象？从心理学角度说，想象是一种特殊的思维形式，是人在头脑里对已储存的表象进行加工改造形成新形象的心理过程。一句话，事物表象在大脑中的重新分解综合，就是想象。要想"重新分解综合"，要想"加工改造形成新形象"，就要打破既有，突破固有，融入新的思考，增加新的元素，甚至丰富新的内涵，这就是创造的表现，创造的力量。因此，任何事物的创造都离不开想象，想象是创造的基础和先锋。语言即画面，借助丰富的想象力，把语言变成画面，再把想象到的画面用生动而富有感染力的语言加以表达，表现出语文教学特有的审美创造形式。

《走月亮》一文语言精妙、别致，富有诗意，画面感极强，读着这篇文章，使人不由得走进一幅如诗如梦、如世外田园般的画卷中，给人留下深刻的印象，为落实单元语文要素"边读边想象画面，感受自然之美"提供了有力的支撑。比如"细细的溪水，流着山草和野花的香味，流着月光"一句，采用的是拈连的修辞手法，不仅表现山草和野花的顺水而流，还描绘了山草和野花的香味随着溪水流动随风飘逸的情景。其中的难点在于，香味只能闻，不能看，细细的溪水如何流着香味呢？这就需要借助想象的力量了。教学时，引导学生不仅调动视觉、嗅觉、听觉，还要调动生活经验，抓住两个"流着"展开丰富的想象：山草、野花顺水而流，它们一边流着一边散发着香味，于是，溪水静静地流着，香味悠悠地飘着，月光轻轻地荡漾着，一路水波、月光，一路花草、香味，一幅多么静谧、怡然安宁的月夜溪流图，洋溢着无限的诗意与无尽的美感。然后由"物"联想到"人"，联系"阿妈牵着'我'走过'月光闪闪的溪岸'"的具体语境，想象阿妈和"我"在充满诗情画意的溪边款款行走的样子，眼看溪水美景、鼻闻淡淡花香的心情，她们会想些什么，说些什么，举手的动作、语言、心理如何，她的内心是怎样的温馨与喜乐，从中体会语言形象所传递的山乡宁静美、田园生活美、亲人温情美。

就这样，在雪落无声般的浸润下，在学生充满诗意和想象的感悟中，学生"入乎其中"，与文本发生共振共鸣，平面的文字一下子就立体了起来，丰满了起来，学生由物我两隔、情景相离的平面对话，一下子上升到物我一体、情景交融的诗意对话，仿佛沐浴于溶溶秋月，陶醉于流着花香和月光的溪水，一个无与伦比的银白色的梦境就这样走进了学生的心灵。

（三）写中创造

"语文课程是一门学习国家通用语言文字运用的综合性、实践性课程。"这一课程定位决定了语言运用是语文教学的"独当之任"。写作往往是一个人语文核心素养的综合表现，要指导学生"我手写我心"，写出生活的点滴发现，写出眼前的美景风光，写出心中的所思所想，写出内心的星辰大海，在不断的书写中，成就更好的自己。

《童年的水墨画》是三年级的一篇课文，由《溪边》《江上》《林中》三首现代诗构成。诗人巧妙地摄取了一组儿童生活的镜头，表现了孩子们童年生活的快乐与幸福。诗里，孩子们或安安静静地垂钓，或你来我往地戏水，或呼朋唤友采蘑菇，那嘴边的笑意，那快乐的笑声，那活泼泼的画面，仿佛就在眼前闪烁，就在耳边回响，洋溢着的浓浓的现代气息。三首儿童诗语言优美明快，用词生动，富有形象感和画面感，值得学生细细体味，并好好学习。教学这篇课文，除了理解词句意思外，很重要的一件事就是语言品读、领悟和转化运用。可采取两种形式。一是改写。有学生把《溪边》改写成小散文：好美的溪水呀，静得像一面镜子，绿得像一块碧玉。溪边，杨柳摆动着柔软多姿的身姿，对着"镜子"欣赏着自己的美丽呢。忽然，一群孩子的欢笑声打破了宁静，有的在溪边跑着、闹着，有的坐下来用小脚丫拍打着溪水，溅起阵阵水花,他们倒映在水面的影子也给染绿了。开始钓鱼啦,溪边一下子恢复了宁静。孩子们直愣愣地盯着鱼竿,都不知道什么时候来了一只红蜻蜓,站在了鱼竿上。鱼上钩了,"哗啦"一声,一条鱼跃出了水面,孩子们的影子碎了。草地上,鱼儿欢快地跳着,孩子们欣喜地蹦着,一声声欢叫随风飘荡,传得很远很远……这段话既有《溪边》描写的内容,也有学生自己的补充创造,生动形象,童趣盎然。二是仿写。比如这首《花丛》:蝴蝶停在绿叶上微微振翅,/蜻蜓在阳光的沐浴下悄悄飞动。/绿草布满了整个空地,/调皮的孩子互相嬉戏,/欢声笑语融入整个草地。/哈哈哈……/哈哈哈……/

(四)说中创造

在语言运用中,口语表达与书面表达同样具有同等重要的地位,也是语言运用的重要表现形式。在现实生活中,口语表达还兼有书面表达不可替代的独特作用。一方面,从一定程度上说,口语表达在生活中的运用更为广泛,任何一个人,只要不是哑巴,几乎是每时每刻都离不开口语表达。日常交流、商业谈判、工作沟通、情况汇报,只有口头表达能力好,才能准确传递信息,成功完成交际;另一方面,口语表达使用的是有声语言,必然涉及说话人的语气、语调、语速等,也就是说,除了语言内容本身外,情绪、情感的传递需要声音的不同处理来实现。培养学生说话准确、生动、妥帖、得体,是非常重要又艰难的工作。

六年级的《匆匆》是朱自清的名篇,1922年,他写这篇文章时已经取得不小的成就,可他依然在字里行间流露出对时光流逝的无奈和惋惜,依然发出"不能白白走一遭"的慨叹。学习这篇课文,当学生知道了朱自清虽然收获丰硕,但"不禁头涔涔而泪潸潸"时,心有所动,情有所发,许多话涌上心头。一位学生这么说:"这篇文章有句话我印象深刻。这句话就是:'洗手的时候,日子从水盆里过去;吃饭的时候,日子从饭碗里过去;默默时,便从凝然的双眼前过去。'这句话好像就是在说我自己,时间不就是这样在我身边溜走,在我生活的点点滴滴中溜走的吗?我不禁想起了在课外书读到的一句话:'秒是行进中的士兵,分是士官,小时是骁勇的军官。当你胡思乱想时,请记住你是他们的统帅。检阅他们时,你不妨问问自己,他们在战斗中是否发挥了他们的最大作用。'看来，时间虽然重要，比时间更重要的是人。都说'花有重开日，人无再少年'，看来一点不假。时光飞逝如电，我们虽然年龄小，未来还没来，但也不能随意浪费，任意挥霍。因为：'抛弃时间的人，时间也会抛弃他！'"在这段简短的即兴发言中，这位学生从触动自己的课文一句话谈起，说自己的真实想法，并引用他人的话作进一步证明，最后还不忘用一句"金句"作结束。整段话说得有理有据，逻辑清楚，更难能可贵的是用词生动，表达新颖，迸发着鲜活的个性光彩。

（五）演中创造

语文学习中的课堂表演当然不同于舞台上的表演，它源自语文教学活动中的分角色朗读，是学生以教材内容为基础，将文学、表演、音乐、舞蹈、美术等多种学科有机结合，作用于人的视觉、听觉、触觉等多种感官，有助于加深内容理解，丰富语言想象，体会文章情感。著名教育家陶行知先生说："教学做是一件事，又是三件事。"在陶行知教育思想中，"做"是教学工作的核心。"做中学"不仅是陶先生所极力倡导的，也写入了2022年版语文课标中。表演是"做"的一种具体表现，在小学语文教学中，表演不是单纯的演示、游戏，而是语文实践的一种形式，必须建立在语言能力的学习和发展这一基础之上，让学生在个性化的表演中，展现自己对语言的理解和感悟，表达自己对生活的看法和认识。

比如二年级的《狐假虎威》是一篇寓言故事，讲的是一只狐狸借着老虎的威风吓跑了森林中的百兽的故事。课后安排了"分角色演演这个故事"的练习。设计这一练习的原因在于，"神气活现""摇头摆尾""半信半疑""东张西望""大摇大摆"等词语不仅形象地写出了狐狸和老虎的动作和神情，更重要的是这些词语背后隐藏着两个故事人物的不同心理活动，对他们心理活动的理解直接关系到对这篇寓言深刻寓意的认识。现在的问题是，这种隐藏在动作、神态背后的心理活动，对于二年级学生来说，难以发现。如果仅仅依靠词语的意思解释，只能了解字面含义，根本触摸不到语言的温度，必须通过学生结合具体语境，模拟动作、神态的表演中，一方面强化认识和体会，另一方面丰富理解和表现。果然，学生表演"神气活现""摇头摆尾"时，有的把头高高地扬起来，眼睛瞧也不瞧别人；有的脸上露出得意之色，大幅度地晃着身体，一副高高在上、趾高气扬的样子；有的摆着身子，晃着头，目不斜视，露出旁若无人、洋洋自得的表情。表现"半信半疑""东张西望"时，学生面露狐疑之色，像做错了什么事一样，这里瞧瞧，那里看看，小心翼翼，老虎平日的威风荡然无存，一扫而光。就这样，同学们把自己对语言的个性理解，创造性地借助看得见、摸得着的身体动作，把难以窥见、无法目视的心理活动，淋漓尽致地表现出来，让老虎和狐狸的人物形象跃然纸上，栩栩如生。

第三章 学习任务群

2022年版语文课程标准以"学习任务群"作为语文课程的内容组织和呈现方式，并按照内容整合程度，把学习任务群分为基础型学习任务群、发展型学习任务群和拓展型学习任务群三个层面，循序渐进，不断提升。这是2022年版课标的一大亮点，也成为语文教师面临的一大挑战。如何认识学习任务群，理解学习任务群，关系到学习任务群的课堂实践，更关系到学生语文核心素养的形成与发展，不可等闲视之。

第一节 概念解说

一、众说一词的模糊不明

作为一个新生事物，有必要对"学习任务群"的概念有个基本、明晰的了解，这是落实好学习任务群的必要前提。遗憾的是，尽管这个词在"2022年版课标"中出现了34次，但只是概括地说语文学习任务群"由相互关联的系列学习任务组成"，并未对这一关键概念做出明确的定义，致使学者、专家还是一线教师对学习任务群的理解仍然是众说一词、莫衷一是。

文艺、崔允漷认为，"语文学习任务是素养导向的语文实践活动，其实质是真实情境下的语言文字运用。"[①]

[①] 文艺，崔允漷. 语文学习任务究竟是什么？[J]. 课程·教材·教法，2022（2）：12—18.

《高中语文课程标准（2017 年）》提出："学习任务群以任务为导向，以学习项目为载体，整合学习情境、学习内容、学习方法和学习资源，引导学生在运用语言的过程中提升语文素养。若干学习项目组成了学习任务群。"

在陆志平先生看来，"语文学习任务群以学习任务统筹学科逻辑、学习逻辑、生活逻辑，选择、组织和呈现课堂内容，改变了语文课程的文化构成和呈现方式，形成了新的完整的课程内容体系。"[①]

王宁先生所认为的学习任务群，"是在真实情境下，确定与语文核心素养生成、发展、提升相关的人文主题，组织学习资源，设计多样的学习任务，让学生通过阅读与鉴赏、表达与交流、梳理与探究的自主活动，自己去体验环境，完成任务，发展个性，增长思维能力，形成理解、应用系统"。[②]

还有人提出，所谓学习任务群，是在真实情境下，确定与语文素养生成、发展、提升相关的人文主题，组织学习资源，设计多样的学习任务，让学生通过阅读与鉴赏，表达与交流，梳理与探究的自主活动，自己去体验环境，完成任务，发展个性，增长思维能力，形成个人的语言运用系统。

二、原生意义的尝试解析

我们不妨从学习任务群本身入手，看看其原本的意思。

首先当然是"群"。"群"可组成群体、集群、群落等词语，"群"自然就与"众多""几个""数个"有关，相对于"独立""孤单""单一"。"群"在社会生活、学习、工作中普遍存在，比如大家都非常熟悉的"朋友圈""微信群""驴友团"等等。但是，"朋友圈""微信群""驴友团"中的各色人等，性格各异，禀性不同，甚至三观不同，有些平时都少有联系，也极少互动，学习任务群却不同，"群"中的"个"不仅互为联系，而且因目标一致、指向

[①] 陆志平. 学习任务群的价值［J］. 语文学习，2022（5）.
[②] 王宁，韩梅梅. 走进新时代的语文课程改革——访普通高中语文课程标准修订组负责人王宁［J］. 基础教育课程，2018（1）.

相同而深度整合，通俗一点说，就是"物以类聚，人以群分"。如此说来，"群"表示的意思是多维度的：有着严密的逻辑结构，数学角度看，表示"一种代数结构"；有着浪漫的抒情表达，言语角度群看，表示"同类聚集"；有着明确的知识层级，学习角度看，是"真实情境下语文学习任务"的聚集。显然，学习任务群就是以明确的互为关联的多个学习内容进行的聚合。

其次是"学习"和"任务"。"学习"在《现代汉语词典》中的意思是"从阅读、听讲、研究、实践中获得知识或技能"。显然，"学习"是动词，表示一种行为。在《现代汉语词典》中，"任务"的意思是"指定担任的工作；指定担任的责任"，前者表示目标或起点，后者表示结果或终点；《新华字典》的解释更为详细："任"为"负担或担当"，"务"为"事情"。"学习"和"任务"的结合，就是依据"指定担任的工作"，做"阅读、听讲、研究、实践"之类的事情，最终达到"指定担任的责任"的目标。这样就点明了"学习任务"的三个基本构成元素：目标、方法（路径）、结果。简而言之，"任务"就是"学生要做的事"[1]，但这个事不是一般的刷碗、扫地、擦桌子的生活之事，而是"达成特定的教学目标在多样的语言运用情境中开展的言语实践活动"[2]。

再次是"语文学习任务"。比"学习任务"多了"语文"两字的"语文学习任务"意在强调语文的学科属性，便于和数学、美术等其他学科的学习方式区别开来，告诉我们，语文学习任务就是学生要做的语文学习上的事情，就是学生要用语文的方式，用语言文字实践，做语文学习上的事情。其中，小如生字识记、新词练写，中到问题回答、语言表达或语句赏析、写法迁移，大到活动策划、报告撰写，都可称为之"学习任务"，只要每件事情、每个项目、每次活动都能以听、说、读、写等语文实践为中心，从中"获得知识或技能"，达成语文核心素养发展的目标，就是我们所追求的语文学习任务群。

---

[1] 王云峰. 为学生语文素质的发展创设更广阔的空间：小学语文课程实施新探索试评[J]. 语文建设，2019（8）：4—8.

[2] 徐鹏. 基于学习任务群的高中语文教科书编制[J]. 中学语文教学，2017（3）：4—8.

特别说明的是，学习任务群就是语文学习任务群。因为在整个义务教育课程标准体系中，只有语文和劳动两个学科使用了"任务群"这一概念，"学习任务群"则为语文学科所独有，语文新课标中的"语文学习任务群"和"学习任务群"是通用的，后者是前者的省略形式。即便不加"语文"这个限定词，也并未削减其学科区分度。之所以加上"语文"，是为了彰显"语文"的统领作用和本质属性。

第二节　内涵探析

一、学习任务群的中外溯源

对于学习任务群内涵的理解，不同的人有不同的角度，也有不同的说法，目前看难以形成共识。但是，任何一件事、一个问题的产生，总是有其特定的原因与背景的，如果从问题的本源出发，溯源而寻，可能是一种探析内涵的不错选择。

从课堂教学层面看，早在 20 世纪 80 年代，我国语文教育界就兴起了"任务型语言教学"，它以具体任务为学习单位，通过生动多样的活动情境，在任务完成的过程中理解、掌握和运用语言。比如于永正老师语言交际课《认识苹果》安排了六个课时，每一节课只完成一项学习任务。第一课时完成了向果园的负责人写"保证书"和向家长转述这次参观活动的"转述通知"；第二课时是参观果园。老师带领孩子走进了果园，果园师傅从颜色、形状、特点、气味等方面给孩子们详细介绍了五种苹果，孩子每人在收获了一袋苹果的同时，要完成回家后向家人介绍这五种苹果和写一篇日记的任务。第三课时是为苹果写说明书。于老师创设"筹办苹果展览会"的活动情景，从内容和格式两个方面教孩子们给苹果写说明书。第四课时是写海报。于老师让孩子认识海报、写海报，把写好的海报张贴在校园内，并通过学校广播台播报展览消息。第五课时举办展览会。孩子们化身"苹果展览会"的讲解员，给前来参观的师生作讲解。第六课时是为报社写通讯稿，并为报纸拟发的一张活动照片写文字说明。这节课是1989年上的,虽然当时并没有"学习任务群"一说,但却是典型的基于生活需要和复杂情境的任务学习。六个学习任务环环相扣,步步深入,巧妙地进行了四次口语交际和五次写作练习,学生学习生动、有效,得到了扎扎实实的语文能力训练。无独有偶,李吉林老师也有过相似的实践,她借"神舟六号"成功升天的大好机会,把当年全校师生参加的童话节办成了以"我是长翅膀的小博士"为主题的大单元、跨学科学习活动。各年级语文教师设计科学童话单元学习,引导学生学习课文中的童话,以及课外的经典童话,在此基础上自主创作童话;美术教师指导学生为自己的童话作品配上插图,设计封面,制作童话小书和童话绘本;数学教师则启发学生将一些数学知识用童话的形式呈现出来,在故事中学数学、用数学;科学教师带领学生制作并展示科幻模型。

从理论研究层面看,20世纪60年代,美国心理学家布鲁纳提出"每门学科都具有一种结构、一种合理性、一种完美性。所以,对于课程组织来说,可适当地将知识加以结构化,以使学生能够很好地把握该学科的基本概念和原理。"[①]"内容结构化"最早出现在布鲁纳主导发起的学科结构中心课程运动中。而"学习任务群"恰恰就是课程内容结构化的具体表现形式,两者之间存在着内在关联。20世纪80年代,欧美国家普遍推行"项目化学习"。所谓"项目化学习",指的是围绕学科核心问题和原理设计研究课题,学生依据爱好和能力,参与课题研究,通过优质学习资源的支撑和相互间的协同合作,在有效探究中解决问题,分享成果,提高综合学习能力。我国学术界在这方面的研究相对晚一些,十余年前,王荣生教授把语文课程内容分为在语文课程中必须研习的文化、文学的经典作品(即"定篇")、作为语文课程内容的语文知识和具有课程意义的语文经历等三个方面。[②] 华东师范大学吴刚平教授则将课程内容区分为对象性内容、过程性内容和结果性内容三类。其中对象

---

① 王洪席. 布鲁纳教育思想转变及其学术意义 [J]. 教育科学,2017(5).
② 王荣生. "语文课程内容"及"语文知识":语文课程论撮要之三 [J]. 语文学习,2012(11).

性内容"是精选的学科知识，是可以计划和预设的课程内容"；过程性内容"是实施的课程内容，即学习者在学习对象性内容的过程中，还必须同时学会学习，学会如何同对象性内容打交道"；结果性内容是"学生在叠加完成对象性内容与过程性内容之后，实际学到的知识与技能、方法和能力、情意态度、正确价值观念和必备品格等"。[①] 由此看来，"学习任务群"并不是突然冒出的"天外来客"，而是已有研究理论和实践探索的双重基础，既接纳了国际课程改革的研究成果，又借鉴了我国语文教学改革的宝贵经验，是时代发展和教育改革必然产物。

二、学习任务群的实践路向

很显然，不论是于永正、李吉林等优秀教师的教学探索，还是课程理论的研究发现，语文学习任务群是一种以培育学生语文素养为旨归的新型学习方式，具体表现为以学生学习、任务驱动和语文实践为中心的素养导向的语文学科"三中心"。在三个中心中，"以学生学习为中心""以任务驱动为中心"并非语文学科的特殊要求，而是在素养导向下基础教育阶段学科课程的共同追求，只有"以语文实践为中心"才能凸显出语文学科的独特性。这一点，也可以从六个学习任务群对总体目标任务的表述都共同强调"本学习旨在引导学生在语文实践活动中"得到有力的印证。

以语文实践为中心，究其实质就是以语言或言语实践为中心。这是因为，首先，"语文课程是一门学习国家通用语言文字运用的综合性、实践性课程"。语文课程标准乃语文教学的"宪法"和纲领性文件，"是"的价值判断式用法，给予语文课程性质一个纲领性定义，不容随意更改和变换。以此为前提，文艺、崔允漷提出"语文学习任务是素养导向的语文实践活动，其实质是真实情境下的语言文字运用。"[②] 王宁也明确指出："语文学习活动"是学生在教

---

① 吴刚平. 素养时代课程内容的概念重建［J］. 全球教育展望，2022（4）.
② 文艺，崔允漷. 语文学习任务究竟是什么？［J］. 课程·教材·教法，2022（2）.

科书和教师引领下的自主的语言文字运用实践，活动内容应该紧扣学习语言文字运用的任务和语文核心素养。[①] 尽管表述不同，但共同指向"语言文字运用"这一语文课程性质定位和语文学科任务，这就为语文学习任务群的内涵界定和本质厘定作了科学定调，指明了研究方向。如果不把握语文教学的核心本质，即便单元整合教学、项目化教学、学习任务群教学再动听，也只会像漂亮的塑料花没有生命力；而只有牢牢记住这一点，并在教学中带着学生关注作者的表达形式，学习语言运用，让课堂教学实现教有过程，学有经历，学生就一定能学好语文，语文学习任务群的课堂落实就有了可能。如此看来，归根结底，学习任务群就是学生在语文学习过程中为达成课程目标在多样的语言运用情境中开展的言语实践活动。

由此，我们明白了，学习任务群的关键词是"任务"，从"学习内容"到"学习任务"，虽只一词之差，却是语文学习在本体定位上从知识向文本向语言实践活动转化的一个重要标志。这种以"任务"为导向和抓手的语文实践方式，可以改变惯常的教学结构的线性和平板，以及教学思维的点状化、割裂化，去除"了解病"（即大量了解抽象的语言知识、孤立的文本内容，而不是直接学习如何去做），化解"要素症"（即周而复始地专注于学习要素，却很少学习和实践体会有关整体的东西），建立立体式全息视域下的思维，让学生在具有挑战性的"游泳"任务中学会"游泳"，积累言语经验，把握语言特点和运用规律，培养运用祖国语言文字的能力，从而大大凸显学习语言文字运用的核心目标，实现培养学生语文核心素养的根本任务。

"语言运用"在学习任务群学习中，又分成三种形态。

一是为了成果的语言运用。也就是说，语言运用的目的是为了完成一件言语作品，或者说以言语作品的方式表现语言运用的成果，总之一句话，最终要呈现出一件语言运用的成品，可以是一次成功的推荐、一次精彩的演讲、一段意义明确的人物对话等口头言语作品，也可以是书信便条之类的应用文、

[①] 王宁，韩梅梅. 走进新时代的语文课程改革——访普通高中语文课程标准修订组负责人王宁[J]. 基础教育课程，2018（1）.

图文并茂的学习成果展示、文从字顺的习作、简单的研究报告等书面言语作品。比如福建省长乐区实验小学四年6班陈宇翔同学的《小葱成长记》，图文并茂地真实记录了种葱的收获与成果。

第一步：浇透水＋温水泡种子。播种的前一天晚上，将土壤浇透水，水里可以兑点多菌灵，以达到为土壤消毒的目的。播种当天要先用55 ℃的温水浸泡种子20分钟，接着将种子晾干，然后就可以撒种了。

第二步：撒种。在土里横平竖直地挖几道垄沟，每个穴里撒三四克种子，上面薄薄地覆盖一层细土，压一压后浇水即可。

第三步：日常浇水＋施肥。小葱播种后至长出叶子前，要保持土壤湿润，在小葱长到15厘米高时，要保证水分充足，以促进小葱快速生长。进入生长中期就可以逐渐减少水分。4天左右施一次肥，用淘米水就行。第18天后长成的葱就可以食用了。它的生命力比较强，割掉一茬还能再长。

二是贯穿过程的语言运用。就是在阅读、写作、活动开展等过程中随手写下的记录、抄录、反思、建议、思路、阅读所得、观察感受之类的零星文字或语言片段。这类语言运用与学习活动、语文实践形影不离、相伴相随，比如文本理解中的阅读批注、完成习作任务记录的观察素材、精彩语言的摘抄与赏析、问题解决中的点滴体会、学习经验小妙招、作文练写中的自改与互改，等等。比如《祖父的园子》，看似篇幅不短，其实所写内容并不太多，只有园子里有什么和在园子里干什么两方面，但是，由于作者把这两个部分分开交叉着写，没有一定的提炼和归类思维，难以发现。因此，预习课文时有些学生预习单上写下了"这篇文章除了写园子里的花、树、人之外，还写了什么""围绕着'祖父的园子'，课文向我们介绍了哪些内容？我好像没有真正读懂"这样的初读疑惑。随着阅读活动的进行，学生发现了本文的语言特色，于是又有了不同的阅读感受。学习第1自然段，有的同学写下"这段话的小昆虫又多又美，园子真好看，难怪萧红那么喜欢。"有的写的是"作者写小动物各种漂亮的颜色，不仅表现了园子的美，还表达了她对祖父的园子的赞美、留恋，把自己的感情藏在景物描写背后，这样的写法真妙！"读到园子里的花、果、鸟这部分内容时，学生的体会更丰富了，有疑问的：这部分内容和第1自然段都是写园子很美的，为什么不把两部分内容合在一起写？有羡慕的：这部分写得太好了，园子里的每一样事物都是那么自由、随意、快乐，太令人神往了。有发现的：给"花开了，就像睡醒了似的。鸟飞了，就像在天上逛似的；虫子叫了，就像在说话似的"画上线，给"愿意……愿意……""要……就……"等关联词标上重点号后，写下"用这么多的句式表现园子里所有植物、动物的自由自在，让我们体会到了作者爱园子、爱祖父的情感，更了解到了一个才女了不起的语言功力。"有摘抄的：一些同学在自己的"采蜜本"上工工整整地抄录自己喜欢的句子，并写出喜欢的理由。读到"我"和祖父的所作所为部分，学生的体会非常有趣，如：读了这些内容，我好像看到了自己小时候捣乱的样子；写铲地留下狗尾草用的是祖父与"我"的对话；写浇菜时故意把水往天上扬以及"我"的叫喊，同样是人物语言描写，却有了变化；不管"我"如何顽皮捣蛋，祖父总是笑着、宠着，这大概是作者至今迷恋祖父的园子的原因吧？学完全篇课文，学生畅谈阅读收获时，有的结合自己受管束太多的亲身经历谈对萧红童年生活的向往，有的从寓情于景、寓情于物的角度说，有的结合"阅读链接"内容说，有的抓住课题中的"祖父"二字说，有的把课文与"阅读链接"的语言比较来说，不仅说出了新的体会，而且引发了阅读《呼兰河传》的兴趣。就这样，阅读批注、感受交流、片段摘抄，始终贯穿于整篇课文的教学全过程，成了促进阅读深化、发展语言思维的重要推手。

　　三是作为工具的语言运用。语言运用本身不是目的，而是作为一种读写工具，一个学习方法、策略或支架的价值而存在。比如统编教材三年级下册的习作"我做了一项小实验"，要求"写之前，可以先借助图表整理小实验的主要信息"，图表上分列出"实验名称""实验准备""实验过程""实验结果"，其中"实验过程"又分"第一步、第二步、第三步……"显然，填写这份图表的目的，就是为了回忆实验过程、唤醒实验细节、搭建写作框架，依据填写好的图表，学生就能把这项小实验的整个过程写清楚、写完整。这样，填写完整的图表就成了写好本次习作的有力支架：一是内容支架，二是顺序支架。这一习作内容和习作顺序支架，可以用于写前的思路梳理，可以用于写中的对照调整,可以用于写后的反馈评改,几乎贯穿练写的整个过程。诸如此类的语言运用还有许多,如卡片制作、作文提纲、问卷设计、小记者采访的问题拟定、综合性活动的程序安排和人员分工、文本阅读的思维导图、把握文章主要内容的小标题提炼等等。

第三节 基本特征

"语文学习任务群由相互关联的系列学习任务组成,共同指向学生的核心素养发展,具有情境性、实践性、综合性"表明了学习任务群的基本特征。第一,虽然情境性、实践性、综合性非常重要,但都是从"学习任务"的本身来考虑的,也就是基于"教"的角度,毕竟学习任务群的实施对象是学生,在所有因素中,学生才是影响学习任务群是否落实的最基础、最根本也是最关键因素,倘若不考虑学生的年龄实际、知识背景和接受能力,再怎么样的情境性、实践性、综合性都无济于事。因此,在情境性、实践性、综合性的基础上,还得加上适宜性。第二,不管是情境性、实践性、综合性,还是适宜性,都不是孤立存在,而是互为联系,如果用一个词来表述,就是"整合"或"融合",只有注重学习内容、学习情境、学习资源、学习方法、学习评价的系统整合,才能"共同指向学生的核心素养发展";只有把情境性、实践性、综合性放在"整合"的整体框架中去认识,才能理解其内在的含义,把握其真正的价值。

一、情境性

"情境"二字在课标中反复出现,并且有"运用情境""学习情境""语言情境""交际情境""真实情境""作品情境""生活情境"等多种说法,可见"情境"对教与学的重要作用。

关于情境,很多人都会想到课的导入部分,或是精彩的故事,或是美丽的图画,或是动感十足的多媒体动漫,这样的认识显然是窄化了情境的价值和功能。情境还是一种策略，介于方法与思想之间的过渡状态；是一种桥梁，生本与文本之间的意义生成、情感共通的催化剂。也就是说，这里的情境更多的是指向真实的生活情境。为何如此强调情境的生活化呢？

从知识本身来说，语文知识往往以静态方式呈现，处于静态状态的语文知识常常就是机械单一、枯燥乏味的概念，本身没有多大的语用价值，只有将其放置在一定的情境中，语文知识才有了特定的含义，发挥出独特的作用。比如"走"字，字义谁都懂，就是表示人的一种行为。但是，当它出现在一个人提醒自己的朋友坐车时间快到的情境中，"走"就有了催促的含义，并隐含着关心、担忧的心理情绪；当它出现在一个人不希望别人在自己身边时，"走"就有了驱赶、驱逐之意，也有了讨厌、不愿相处的情感流露；当它用在妈妈对刚学走路的小朋友的话语中，"走"就有了鼓励、提示、引导的意思，包含着一种关心、疼爱、期待的美好感情。

从认知心理来说，建构主义认为，学习不是知识由教师到学生的简单转移或传递的被动接受，而是主动建构自己知识经验的过程，是学习主体参与信息加工、知识重构、意义再建的认知过程，这种建构是任何人所不能代替的。生活阅历、经验背景、认知基础不同，对知识的理解吸收、意义生成、转化运用的程度自然千差万别。比如著名画家吴冠中《父爱之舟》写了这样一件事：父亲带"我"逛两年一度的庙会，我们吃不起各式各样好吃的东西，"父亲从家里带了粽子，找个偏僻的地方父子俩坐下吃凉粽子。吃完粽子，父亲觉得我太委屈了，领我到小摊上吃了碗热豆腐脑，我叫他也吃，他就是不吃"。读到这些文字，有些学生掩嘴大笑，有些学生甚至觉得不可能有这样的事，更多的学生产生疑惑：吃粽子为什么要特意"找到偏僻的地方"？好不容易领"我"到小摊上吃了，怎么就"吃了碗热豆腐脑"？热豆腐脑又不是什么好东西，我们都不吃，"我"吃了一碗，为什么就不委屈了？等等。这些问题的产生就源于学生对当年社会生活缺乏了解。这篇文章所写的故事发生于20世纪二三十年代，那时生活条件极为艰苦，生活物资也不丰富，加上吴冠中一家仅靠在乡间教书的父亲一人收入，经济拮据，哪像现在这样吃的、用的、玩的、穿的东西琳琅满目，应有尽有，家庭经济比较宽裕，想吃什么就能吃什么。当时的一般家庭孩子能够吃上果糖、看上小人书、吃上豆腐脑，就觉得过上了天堂般的生活。缺少了这样的生活体验，以当下生活经历去看"我"和父亲的所作所为，当然就形成理解的鸿沟。唯有引入相关背景资料，了解当时的社会状况和人们的生活情境，才能填充文本内容与经验背景之间的空白，也才有触摸文字含义、理解人物行为、走进人物内心的基础和可能。

从知识应用来说，一个人语用能力、语文素养的体现不是看其积累了多少知识，而是积累的知识能否实际运用、如何实际运用、实际运用成效如何。实际运用的前提是"实际"，包括实际情况、实际场景、实际问题、实际困难，只有面对实际，才提知识应用和问题解决。因此，安排学习任务时，必须赋予任务以真实的情境或拟真的情境。比如学习六年级的《狼牙山五壮士》，可以创设这样的情境：（1）五壮士英勇跳崖，马宝玉、胡德林、胡福才光荣牺牲，葛振林、宋学义挂在悬崖的树上身负重伤，侥幸生存。多年以后，副班长葛振林要写回忆录，他会怎么介绍这段刻骨铭心的个人经历？请站在他的角度写一写。（2）出示"狼牙山五壮士纪念碑"图片，如果你是狼牙山五壮士纪念碑的讲解员，你怎么向参观者讲解五壮士可歌可泣的感人故事？（3）学校要举办校园戏剧节，决定把"狼牙山五壮士"的英雄事迹搬上舞台，请你把英雄跳崖这部分内容改写成剧本。这样，学生就要根据不同的情境要求，变换角色，分别完成练写、讲解和改编三种不同的学习任务。

二、实践性

"实践性"是语文课程的本质属性，这是由语文课程的目标、性质和任务决定的。2022年版课标对"课程性质"就开宗明义："语言文字是人类社会最重要的交际工具和信息载体，是人类文化的重要组成部分。语言文字的运用，包括生活、工作和学习中的听说读写活动以及文学活动，存在于人类社会的各个领域。"此段话中的"交际工具"意指语言文字是进行表述、记录、传递口头或书面信息的文字言词的物质存在形式；"信息载体"是以语言文字是描述事实、引证思维、陈述思想、表达意志、抒发情怀及改造事物和思想的信息定位的。通俗地说，这段话就是告诉我们，语言文字是用来使用的，而不仅仅用来记忆、积累的；学习语言文字就是要用于生活、工作和学习的，而不是作为摆设或是专业研究的。一句话，"用"就是语文课程的根本价值所在。

怎样才能让人们把语言文字用得转、用得好、用得妙、用得美，实现语文课程"用"的根本价值呢？"课程性质"又进一步作了阐述："在真实的语言运用情境中，通过积极的语言实践，积累语言经验，体会语言文字的特点和运用规律，培养语言文字运用能力。"这句话与"用"有关的除了"语言运用情境"外，还有"语言经验""语言文字的特点""运用规律""运用能力"。其中，"经验""特点"和"规律"是"能力"形成的重要前提，"能力"是"经验""特点"和"规律"的自然产物。看来，问题的关键就归结为"经验""特点"和"规律"，怎么来的？很明确，"通过积极的语言实践"中来，除此，别无他途。具体地说，"积极的语言实践"表现在两大环节。一是"入乎其内"的吸纳、接收环节中的语言实践；二是"出乎其处"的倾吐、表达环节中的语言实践。

所谓"入乎其内"的吸纳、接收环节中的语言实践，就是借助与文本的大量接触、对话，尤其是对文本中精彩语言、关键语段、经典语篇的感知、品味、推敲、体悟，习得基本的表达规律和他人的语言经验，丰富和优化学生的言语图式，并转化为学生语言个体的语言经验，从而为语言的实际运用奠定坚实基础。比如同样是四年级上册第四单元的课文《盘古开天地》："盘古倒下以后，他的身体发生了巨大的变化。他呼出的气息变成了四季的风和飘动的云；他发出的声音化作了隆隆的雷声；他的左眼变成了太阳，照耀大地，他的右眼变成了月亮，给夜晚带来光明；他的肌肤变成了辽阔的大地；他的四肢和躯干变成了大地的四极和五方的名山；他的血液变成了奔流不息的江河；他的汗毛变成了茂盛的花草树木；他的汗水变成了滋润万物的雨露……"从段落结构上看，这是中年段学生熟悉的总分构段；从语句关系上看，用了排比的方式，分别具体写出盘古身上的气息、声音、眼睛、肌肤、四肢和躯干、血液、汗毛、汗水等变化，表现了盘古把一切都变成了宇宙的一部分，很好地回应了后文的"用他的整个身体创造了美丽的宇宙"；从句子构成看，并列而成的 8 句话几乎一样，都是"……变成……"的句式，以"变成"为界，前者为盘古的身体，后者是自然界的万物，而且两者之间物态一致，形态相同，如果单句成行排列，就像一首诗，看起来整齐和谐，听起来富有节奏，产生极好的视觉和听觉效果；从语言风格看，颇具文采，"飘动""隆隆""辽阔""奔流不息""茂盛""滋润万物"等词语的修饰，让语句灵动而美丽。显然，这是一段结构精美、语言优美、情感醇美的诗化语言。《普罗米修斯》中的"狠心的宙斯又派了一只凶恶的鹫鹰，每天站在普罗米修斯的双膝上，用它尖利的嘴巴，啄食他的肝脏。白天，他的肝脏被吃光了，可是一到晚上，肝脏又重新长了起来。这样，普罗米修斯所承受的痛苦，永远没有了尽头"，就是另一番景象了。假如用一句话概括这段话的意思，就是：宙斯派一只鹫鹰天天啄食普罗米修斯的肝脏，他所承受的痛苦，永远没有了尽头。这样一改，你就会马上发现没有了原句那样的震撼感和冲击力，原因就在于改句只在单纯地介绍一个事实，而原句不仅介绍事实，更突出"痛苦"的无休无止：首先，"凶恶""尖利"写出了鹫鹰的强大攻击力，肝脏又是身体最柔软部位，一强一弱，一硬一软，再加一个"啄食"，形成了血腥恐怖的视觉冲击，让人不免想到鲜血迸射、血肉模糊、皮开肉绽的画面；其次，"白天，他的肝脏被吃光了，可是一到晚上，肝脏又重新长了起来"的交代，让人们不由自主地再现凶恶的鹫鹰站在普罗米修斯的双膝上，用它尖利的嘴巴，啄食他的肝脏的场景，一天都已极度难忍，天天更是度日如年，一想到普罗米修斯每天都过着肝肠寸断、痛不欲生、生不如死的日子，读者怎能不感同身受、心有余悸？而这一切，都是普罗米修斯为人类"盗"取火种的结果，可他为了人类的光明和幸福，宁愿身受折磨也绝不屈服，读到这里，一股感动、钦佩、敬仰之情油然而生。这是改句所无法带来的阅读体验，来自于这句话细腻的描述、详细的介绍的语言特质。教学这两篇课文的这两段话时，就得依据不同的语言特色，采取或比较发现，或推敲品析，或赏读想象等不同策略，体会语言特色，习得丰富多样的语言经验。

所谓"出乎其外"的倾吐、表达环节中的语言实践，就是"情动辞发"，依据表达的内心需求，根据特定的环境、对象、事件，唤醒、活化相应的语言经验，自动、灵活地调遣相关的语料、语式、语感，以口头或书面的形式把自己的见闻、思想、感情、观点准确、生动、鲜明地表达出来。一个同学跟着爸爸到海边游玩，写下了自己眼中的夕照："晚霞来了。一会儿红彤彤，显得十分艳丽；一会儿又金晃晃，呈现出一片金碧辉煌的景象，真是色彩斑斓，绚丽多姿。西沉的落日，就像是辛苦了一天的劳动者，面带倦意，却用尽全身气力，把余晖铺在海面上。顿时，万物都被镀上了一层金黄色，水波粼粼的海面金光闪烁，船上的渔民却视而不见，只忙着手中的活。夕照里，我也感受着'镀金'的惬意，连爸爸叫我都没有听见……"这些文字是否让你既熟悉又陌生？"一会儿……一会儿……"一句有三年级《火烧云》的"这地方的火烧云变化极多，一会儿红彤彤的，一会儿金灿灿的，一会儿半紫半黄，一会儿半灰半百合色"的影子，但分明又多了些词句；描写夕阳两句，让人想起《海滨小城》的"镀上一层金黄色"、《暮江吟》的"一道残阳铺水中"和《火烧云》第1自然段用地面景物表现霞光变化的写法；最后一句应该是脱胎于四年级《海上日出》的"这时候发亮的不仅是太阳、云和海水，连我自己也成了光亮的了"吧；尤其难能可贵的是，还把落日喻作"辛苦一天的劳动者"，写出了对夕阳西下的独特感受，焕发着个性化的语言色彩。读着这段话，让人想到一个词：臻于化境。

三、整合性

学习任务群的整合性特点，是由语文课程自身特点和任务群的特殊需要所决定的。

我们知道，语文课程既是实践性课文，也是综合性课程。中小学的语文，原来并不叫"语文"，1903年语文独立设科，1949年前后才出现了"语文"这一名称。那么，不成独立课程的几千年间，"语文"又是什么样的？又以什么样的面目存在着呢？古代的语文教学没有独立设科，语文教学内容自然没有独立性，而是包含在文史哲教育当中，因此，"综合性"成了语文学科与生俱来、不可更改的"生命胎记"。即使独立设科之后，当代文史哲分别独立，但内在仍是血脉相连，表现在语文学科上，不仅依然文史哲合一，而且融入了更多学科的内容，语文课程成了包罗万象、知识庞杂的综合体。比如二年级的《葡萄沟》篇幅并不长，却也展现了丰富多彩的内容：题目"葡萄沟"，葡萄沟虽称"沟"却不是一般意义上的沟，而是火焰山下的一处峡谷，是新疆吐鲁番地区的旅游胜地，因盛产葡萄而得名；课文第1自然段写葡萄沟"五月有杏子，七、八月有香梨、蜜桃、沙果，到了八、九月份，人们最喜爱的葡萄成熟了"，水果非常多；第2自然段既写葡萄种植的地点和数量"葡萄种在山坡的梯田上。茂密的枝叶向四面展开，就像搭起了一个个绿色的凉棚"，又写了葡萄"红的、白的、紫的、暗红的、淡绿的"，不仅美丽，而且品种多，还写了维吾尔族老乡热情好客的性格；第3自然段交代了这里的葡萄干"颜色鲜，味道甜"的特点、晾晒葡萄的阴房的"样子很像碉堡，四壁留着许多小孔，里面钉着许多木架子"，以及葡萄晾干的原理和技术"利用流动的热空气，把水分蒸发掉"。短短的310个字，包含着地理、风光、特产、人情、晾晒技术等诸多信息，具有很强的兼容性。

另外，语文虽然成为一门独立的课程，但还依然延续着传统语文教学中文道统一的教育思想，重视文与道的相得益彰。由于语文教材中的课文不是没有丰富感情的纯语言文字的组合，而是表达了作者丰富的思想感情内容，由此形成了内涵丰富的"文"与"道"两个方面。尤其是经典范文，这两个方面更是结合得贴切完美，血肉相连，不可分割。而这个"道"的内涵也随着历史的演变，由最初的儒家封建伦理的圣人之道，拓展为人文之道、天文之道、社会之道，乃至自然科学、生化物理、文艺传作之理，成为规律的代名词。这样一来，语文教学所承担的任务就繁重了。这就造成了语文教学必须在学习语言文字运用的过程中，带出思想、情感、文化等诸多内容，表现出语文课程的综合性特点。且不说诸如《金色的鱼钩》《灯光》《黄继光》之类的革命传统类课文蕴含着的革命英雄主义、爱国主义、忠诚党的事业、国际主义精神等人文内涵，也不说《丁香结》《美丽的小兴安岭》《妈妈睡了》之类的课文所传递的表达个人观点、赞美祖国河山、歌颂母爱亲情的教育内容，即使像《宇宙生命之谜》之类的说明性文章，介绍的都是与科学相关的知识，如生命存在的条件、科学家如何探索地球之外是否有生命存在、太空中是否存在生命依旧成谜等，似乎与人文思想毫无关系，其实不然，课文的字里行间依旧隐藏着人类对宇宙、对生命的不断探索精神、科学探究的理性思维和事实求是的理性态度，以及对当代少年热爱科学、探索未来的兴趣激发。

上述情况在其他学科内容中固然也有，却远没有语文学科这样广泛、全面而深厚。这是因为，语文教材的选文是一篇篇文质兼美的文章，文章就是以世界万物、人生百态、喜怒哀乐、世间冷暖等为写作对象的，难免涉及饮食、旅游、军事、科技、历史、文化、自然、地理、艺术、建筑、风俗、人情等方方面面的内容，使得语文难以"独善其身""洁身自好"。

学习任务群中的"群"就是一个综合的存在。一个大概念或大主题之下，就有几个任务，每个任务又分别由两三个活动组成，不管是单篇的学习任务群还是单元的学习任务群，都是如此。学习任务群这一"组织结构"，决定了必须整合不同的学习内容，整合不同的学习资源，整合不同的学习方法，这是完成学习任务群的"规定动作"，谁也无法改变。仅以《军神》的单篇课文学习任务群为例，学习内容方面，一是生字，包括"沃、匪、绷、衷、堪"5个要认的生字，"庆、诊"等15个会写的生字；二是朗读，要"注意读出人物说话的语气"；三是语句，要从"病人微微一笑，说'沃克医生，你说我是军人，我就是军人吧。'"等语句中体会人物的内心；四是主题，为什么说刘伯承是"军神"，体会人物精神；五是文本内容，把握课文内容，了解沃克医生是怎么发现刘伯承是军人的？体会沃克医生对军神的崇敬之情；六是阅读方法，习得"通过课文中动作、语言、神态的描写，体会人物的内心"的方法；七是讲述，以沃克医生的口吻讲讲这个故事；八是拓展迁移，运用从课文中学到的方法自主阅读"阅读链接"中的《丰碑》。学习资源方面，除《军神》的课文，"阅读链接"中的《丰碑》文本外，由于课文讲述的人物刘伯承将军学生并不认识，需要补充其个人简介；又由于故事发生于1916年，离学生的生活太过遥远，刘伯承为什么受了这么严重的眼伤，为什么要隐姓埋名找私人诊所，为什么拒绝使用麻醉等疑问，都需要相关资料帮助解答。学习方法方面，读法上既有浏览全文，了解故事大意，又有精读重点，体会内心，也有结合资料，深化认识，还要拓展延伸，迁移方法；表达上既要交流讨论探"军神"，也要变换角色讲故事，还要提取信息说人物。如果创设"后来，沃克医生回到德国，记者采访他，了解'军神'的来历，两人会怎么对话？"和"多年以后，刘伯承要把这段往事写进个人回忆录，他会怎么写？请你替他写一写"等情境，还增加了口语交际和写作的表达形式。当然，还有阅读思考、比较发现、朗读体会等多种方法。这就需要在教学设计时，对上述几个方面进行综合考虑，统筹安排，从而有序、有效地开展学习活动，完成学习任务。

四、适切性

如果说情境性、实践性、综合性主要是从教的设计角度来考虑，那么，适宜性重在指向学情状态。"适宜"的浅显理解就是"合适，合宜，刚刚好"。这里所说的"适宜性"主要表现在三个方面。

一是学习任务的情境创设必须与学生的生活经验相吻合。学生熟悉的生活是学习任务群情境创设的重要元素，年龄不同的孩子所经历的生活环境和生活事件，以及由此带来的生活体验和感受是不一样的，这就决定了学习任务应该创设和学生的心理认知、生活阅历协调一致的情境。一句话，情境创设应该体现年级性、学段性。比如同样是关于父母之爱的主题，二年级《妈妈睡了》写的是睡梦中的妈妈美丽、慈祥、劳累的样子，跟学生的妈妈没什么两样，因此情境创设以聊聊妈妈、再现生活为主要手段，在舒缓、轻柔、抒情的音乐声中，学生跟随着唱起《世上只有妈妈好》的歌曲，再与学生聊起自己的妈妈，说说你心中的妈妈是怎么样的。学生天天跟妈妈在一起，熟悉妈妈，热爱妈妈，就有说不完的话。借此进入课文阅读，就能实现内容、情意上的无缝链接。五年级上册第六单元以"舐犊之情，流淌在血液里的爱和温暖"人文主题，安排了《父爱之舟》《慈母情深》《"精彩极了"和"糟糕透了"》三篇描写父爱和母爱的文章，生活在现在的学生无法体会到课文故事中的父子、母子，因此采用的是语言描写、调动情感的方法，首先用诗一般的语言深情描述："总有一个人默默将我们支撑，总有一种爱让我们泪流满面。这个人就是母亲，这个人就是父亲，这种爱就是母爱，这种爱就是父爱。如果说爱有形，会是什么样子？如果说爱有色，会是什么颜色？如果说爱有声，那会说什么？让我们走进这一单元，去感受如山的父爱、如水的母爱。"这个情境前面部分是情感的调动，后面部分是问题的指向，顺着这个问题学生就在不同的课文中找到答案，寻找答案的过程，就是理解内容、把握场景和细节、感受父爱母爱的过程。

二是学习任务的主题确定必须与学生的认知思维相适应。人的一生犹如一本变幻莫测的书，在每个阶段呈现不同的特点：低年级学生好动，喜欢游戏，难以长时间保持注意力，思维形象具体化；中年级学生是智力发展的过渡期，开始出现抽象逻辑思维；而高年级则记忆力明显增强，注意力容易集中且敏锐，抽象思维、逻辑思维能力大大提高。比如二年级上册第六单元安排了《八角楼上》《朱德的扁担》《难忘的泼水节》《刘胡兰》四篇课文，分别介绍了伟大领袖毛泽东寒冬腊月写文章、朱德同志不摆架子和士兵一样下山挑粮、周恩来总理和傣族人民过泼水节、革命先烈刘胡兰不向敌人投降英勇献身的故事。年级组备课，确定学习任务群主题时，出现了两种不同的声音。一种是认为这四篇课文的人物，每个人身上都具有可贵的品质，如毛泽东为了革命忘我工作的坚强意志，朱德同志不搞特殊化的平民意识，周恩来总理与人民心连心的博大胸怀，刘胡兰烈士忠于革命宁死不屈的精神，都值得现在的孩子学习，所以确定"学学伟人的品质"的单元学习主题。另一种是提出反对意见，认为二年级学生毕竟年龄小，善于形象思维，偏爱生动故事，对"随风潜入夜，润物细无声"的教学容易接受，对品质、精神这种理性层面的东西则难以真正理解，因此，就算我们进行了人物精神或品质的教育，学生既不入耳，也不入脑，更不入心，那样的教育纯粹成了一种一厢情愿的说教、机械无趣的灌输，起不到以文化人、以事育人的效果，不如把学习主题定为"读读伟大的故事"。两相比较，不难看出，第一种意见只强调了文本的原生价值，没有关注学生的实际状况。另外，"读读伟大的故事"突出的是"读"，指向的是阅读能力的训练，"学学伟大的品质"讲究的是"学"，"品质"又是一种人文价值而非语文能力，从根本上说不是语文课程的核心价值。读故事、讲故事、说故事，也都是二年级学生喜欢的事，在读、讲、说的过程中，学生的语文综合能力就会得以培养，人文思想教育也自然得到无形渗透。

三是学习任务的活动设计必须与学生的知识能力相匹配。美国著名的教育心理学家奥苏伯尔有一段经典的论述："影响学习的唯一最重要的因素就是学生已经知道了什么，要探明这一点，并应据此进行教学。"这段话道出了"学生原有的知识和经验是教学活动的起点"这样一个教学理念。不同的学段应安排与学生已有知识技能相匹配的活动任务。比如语言讲述是常见的学习任务，但不同年级的活动安排就要有明显区别。教学《军神》一课，有教师设计了"如果你是刘伯承纪念馆的讲解员，你怎么向观众讲解这段往事？"的活动安排，这一任务的基本要求是做到两个转换：一是角色转换，学生成了讲解员；二是内容转换，不能完全按文中所写照本宣科。两个转换带来的变化是，讲解时不仅要把课文的人物对话变成陈述语句，还要注意讲解的语气、语调、礼仪等方面的要求。显然，这是一项有较高难度的语言转换、重组训练。这种活动设计如果也用在二年级的《雷锋叔叔，你在哪里》，让学生以雷锋纪念馆讲解员的身份介绍雷锋的故事，就不够合适了。因为《雷锋叔叔，你在哪里》是一首诗歌不是故事，文中虽有雷锋做好事的文字，但非常简练概括，学生无法自主展开；讲解的相关知识要求，二年级学生并不具备，完成这种活动任务无疑很有难度。

第四节　结构形态

语文课程中的六个学习任务群之间是否存在着联系？又有怎样的联系？这似乎是个难以厘清的问题。我们不妨从熟悉的生活现象谈起。

人类生活的自然界，物种繁多、形态多样，又平衡有序、充满活力，隐藏着一个神奇、自洽的生态系统。在这个系统中，动物之间，植物之间，动植物之间，动植物与环境之间，微生物与动植物之间，看似毫不关联，其实环环相扣，紧密相连，相互交错，互为依存。在北美太平洋沿岸的河流中，有一种鲑鱼叫帝王鲑，它们过了幼鱼期后进入海洋，长到1.5米长，30千克重的时候，拥有了强健的肌肉和大量的脂肪。然后，它们逆流而上，跨越数百公里，洄游回出生流域，只为在上游孕育下一代并结束自己的生命。它们回来了，有些成了灰熊、黑熊的美餐，还有些死亡、腐烂的鱼也被水貂、狐狸、鹰吃掉；没有被吃掉的尸体为土壤提供丰富的氮元素，促进树木的生长；腐朽的树木在微生物作用下，分解出营养物质经水流带入河流；营养丰富的河水吸引了更多的水类动物，最终带来了贝类和鱼类产量的提升。鱼、熊、鸟、林、微生物，看似毫无相关的事物，却这样不可思议地联系在一起。

学校也是一个整体系统，每所学校都由许多小集体构成，有行政群、教师群、年级群、学科群、教研群、家长群等。学校出台一项措施，部署一个决策，从校长经行政，由年段转给教师，最后由教师告知给学生或家长。这是学校正常的工作运转机制。这些由行政、年级、教师、学科、教研组、家长、学生构成的不同的群体，既是独立的个体，又同属于学校这一整体，落实学校工作时，既有各自职责和任务，又不可避免地产生横向或纵向的勾连，只有既分工又合作，才能完成学校工作，实现学校发展。

语文课程中的六个学习任务群不也是这样吗？如果说学习任务群是一个自然界的生态系统，那么，一个个学习任务群就是系统中的鱼、熊、树；如果说学习任务群是一所学校，那么，一个个学习任务群就是行政群、教师群、家长群。六个学习任务群之间的紧密关联，可以从多个层面和角度来理解。

一、单个学习任务群的内在结构

2022年版课标对每个学习群的描述都由三个部分构成。第一部分是总体目标任务说明，如"实用性阅读与交流"："本学习任务群旨在引导学生在语文实践活动中，通过倾听、阅读、观察，获取、整合有价值的信息，根据具体交际情境和交流对象，清楚得体表达，有效传递信息，满足家庭生活、学校生活、社会生活交流沟通需要。"这段话中，"清楚得体表达，有效传递信息，满足……交流沟通需要"是目的；"倾听、阅读、观察，获取、整合"是方法。第二部分是"学习内容"，按第一学段、第二学段、第三个学段和第四个学段的顺序，分别介绍本学段的学习内容。第三部分是"教学提示"，从情境、主题、方法、活动、资源、评价等多个方面对各个学习任务群的课堂落实作出具体、细致的提示和建议。

综合三个部分内容，发现每个学习任务群都有一个共同点，那就是都包含学习任务、内容、情境、方法、资源、主题、活动、评价等主要元素。如果把学习任务群比作一座金字塔，那么，任务就是地基和底座，承载着整个学习任务；内容、情境、方法、资源等就是最基本的建筑材料；主题、活动、评价是精心设计的建设图纸；在任务完成中促进学生素养发展就是金字塔的整体质量。图示如下：

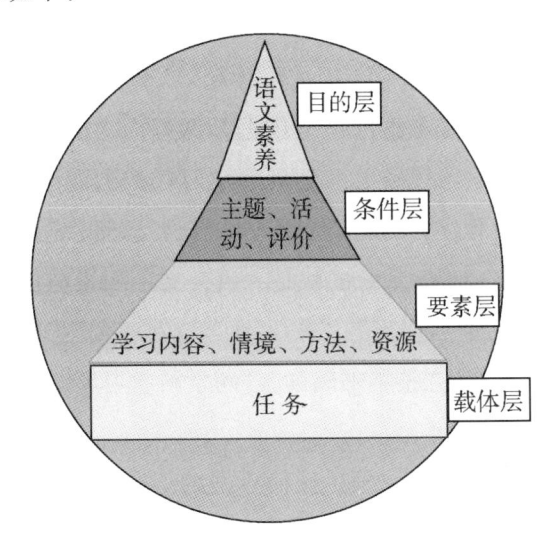

"要素层""条件层"和"目的层"三层结构叠加而成，共同构成了一个完整的"任务"载体。[①]

---

① 申宣成. 语文学习任务群的背景、内涵与结构逻辑探析[J]. 语文建设，2022（6）.

二、三个类型学习任务群的外部结构

2022年版新课标在"课程内容"的"内容组织与呈现方式"中还有这样一段话:"义务教育语文课程按照内容整合程度不断提升,分三个层面设置学习任务群,其中第一层设'语言文字积累与梳理'1个基础型学习任务群,第二层设'实用性阅读与交流''文学阅读与创意表达''思辨性阅读与表达'3个发展型学习任务群,第三层设'整本书阅读''跨学科学习'2个拓展型学习任务群。"图示如下:

很显然,六个学习任务群的区分依据是课程内容的性质与类型,基础型学习任务群、发展型学习任务群和拓展型学习任务群的设置依据则是课程内容整合的高低与难易程度,这是两种不同的分类思路。三个类型和六个学习任务群结合起来,整合程度最低的就是"语言文字积累与梳理",整合程度高一点的是"实用性阅读与交流""文学阅读与创意表达""思辨性阅读与表达",整合程度更高的是"整本书阅读""跨学科学习"。那么,如何来认识整合程度不同呢?

首先是整合的"类聚"原理。任何事情的划分、任何事物的归类,总有一定的依据;尽管依据不同,划分的结果也不一样,但依据总是存在的。任务群的划分也是如此,作为类型,一定是因其相同属性才组合到一起。例如"实用性阅读与交流"和"思辨性阅读与表达","实用"和"思辨"这两个关键词就彰明了其类型特点。"文学阅读与创意表达"虽然没有那么明显,但从"阅读""表达"中也能知晓这一学习任务群的两个聚焦点——方法习得,即文学作品的阅读鉴赏方法习得和文学表达方法习得。把握其特点，了解其"相同属性"，教学才有确定性和方向性，才能教出这一类学习任务群的应有价值来。

其次是整合的难度表现。比如"语言文字积累与梳理"的学习内容，关注的是最普遍的和最基础的语言材料和现象，诸多常用字词、格言警句、儿歌、对联、古诗、精彩句段等等，这些都是为进一步的语言运用打基础的。以积累与梳理这些内容为学习任务，相对来说，要单纯简单得多。统编语文教材课文生字词、课后思考练习中的字词句、低年级的识字单元、语文园地中的"识字加油站""字词句运用（词句段运用）""日积月累"都可以作为这一学习任务群中的具体内容。而"文学阅读与创意表达"聚焦的是文学作品的阅读鉴赏和文学表达的知识习得、能力培养，文学作品种类繁多，小学语文教材就有小说、诗歌、散文等，诗歌又分为古代诗词、现代诗；散文又分为记事性散文、抒情性散文、写景性散文等，还有文艺性说明文、科普性说明文，以及寓言、童话、神话故事等等。不同类别的文学作品都有各自不同的结构、语言、写法等，阅读鉴赏的策略方法自然也千差万别，因此整合程度就比"语言文字积累与梳理"要大。"跨学科学习"在以上基础上，还涉及了其他学科的知识和技能的运用，其整合程度当然不言而喻了。了解了不同学习任务群的难易状态，就为活动形式的设计、学习方法的选择、评价工具的开发提供依据。

三、单个类型学习任务群的纵向结构

六个学习任务群中，发展型学习任务群包含"实用性阅读与交流""文学阅读与创意表达""思辨性阅读与表达"三个学习任务群；拓展型学习任务群由"整本书阅读"和"跨学科学习"两个学习任务群组成，每种类型学习任务群又有什么样的关系呢？

先说发展型学习任务群。"实用性阅读与交流""文学阅读与创意表达""思辨性阅读与表达"都肩负着阅读和表达（交流）任务，这是相同之处。由

于这三类阅读对象基本涵盖了所有的文字作品,所以在语文学科内容中起着承上启下的关键作用。三者有所不同的是,第一,"实用"与"文学"两个任务群以阅读文体分类,"思辨"则按学习方式单列出来,"思辨"这种学习方式适用于"实用性阅读""文学阅读与创意表达"中;第二,三大类文字表述的对象不一样,所以所起的作用也各不相同。

文学阅读对应的是语言素养而非文学素养。从语文发展历史来看,虽然也有"偏于文学之性质"的教材编写,但却大多遭受诟病。因为,学语文的目的"不在养成专门文学家",所以,语文教材中的选文不能仅限于文学的范围,文学之外,同样被包在国文的大范围里,还有非文学的文字,就是普通文字。也就是说,文学毕竟是语言艺术,是语言运用的高级形式,以学习祖国语言文字运用为目的的语文学科,不可能不关注文学,不阅读文学作品,但语文不等于文学,语文学科的"文学阅读和创意表达"的目的是提高审美鉴赏能力和表达交流能力,而不是培养作家,像作家那样创作文学作品。

实用性阅读对应的是交流,不仅有书面文字类的,比如留言条、请假条、短信息、简单书信、日记、观察手记、新闻报道、时事评论、调查报告、实验记录、简单的说明文、科普读物等,还有面对确定对象进行的口头表达,如朗读、讲述、情景对话、讨论、演讲、陈述等。实用性阅读的强交互性,是三类阅读中最为突出的。

思辨性阅读对应的是表达而不是写作,突出了对口头表达的重视。"学习内容"和"教学提示"明确提到了"辨别"和"评价",特别强调要让学生"负责任、有中心、有条理、重证据地表达",这不仅是语言表达问题,而且是思维品质和情感、态度、价值观的综合表现,包含人格尊重、人际平等、人品修养等内涵,是现代社会必备的品格和基本能力。

再说拓展型学习任务群。"整本书阅读"和"跨学科学习"之所以划入拓展型范围,是因为这两种学习形态的特殊性。比如"整本书阅读",应该是阅读的基本形态,由于语文教学长期重"篇"轻"本",整本书阅读也成了当下中国人所追求的理想阅读状态。从单篇文本到整本书,不仅是容量问题,更是物质形态变化带来的阅读观念、阅读能力和阐释策略的更新、改版、升级问题，所以当文本以"整本书"的形态出现时，就会带来阅读形式上的变化，从而影响意义的获得。而"跨学科学习"真正体现了语文课程的综合性和实践性。语文学科的跨学科学习虽然依然立足于"学习语言文字运用"这一根本点，但这样的"学习""运用"完全超越了语文的范围，必须具备"大语文"思维。学习内容方面，注重语文内容与社会生活、语文学科与其他学科的有机联系；学习方法上，不再是单纯的文本阅读，策划、设计、调研、访谈、展示也是必不可少的；学习场域上，具有开放性，教室、学校、家庭、社区、社会，都可能成为学习场所；成果呈现上，既有口头和书面的言语作品，也有视频、音频、活动、图文等多种形式。

综上，如果说发展型学习任务群中的三类阅读是平行中交叉，那么，拓展型学习任务群则完全就是并列关系。图示如下：

四、六个学习任务群的横向结构

正如以上所述，六个学习任务群有的着眼学习内容，有的着重学习形式，有的侧重语文学习活动，群与群的划分不在一个逻辑层面，各有侧重，有所区别，显现出独立性的一面。例如，"语言文字积累与梳理"聚焦的是语言材料和语言经验积累所促成的语感发展，以及对汉字语言运用规范的掌握，是为语文能力打基础的；"实用性阅读与交流"聚焦的是能独立阅读与理解实用性文本，能胜任日常社会生活需要的口头与书面的表达，满足交际需要；"文学阅读与创意表达"聚焦的是文学作品的阅读鉴赏和文学表达的知识习得、能力培养;"思辨性阅读与表达"聚焦的是辩证思维、批判思维,培育理性精神和有理有据的表达能力;"整本书阅读"聚焦的是阅读的兴趣与经验积累,阅读习惯的养成,丰富精神世界,成为爱读书、会读书的人;"跨学科学习"聚焦的是面对复杂生活问题时的分析、探究、应对、解决能力,彰显语文课程的综合性特征。

但是,每一个学习任务群都可能涉及日常生活、文学体验、跨学科学习三类语言文字运用情境,与"识字与写字、阅读与鉴赏、表达与交流、梳理与探究"等四大语文实践活动相呼应。其中,"语言文字积累与梳理"任务群主要与"识字与写字""梳理与探究"实践活动对应;"实用性阅读与交流""文学阅读与创意表达""思辨性阅读与表达"基本覆盖语文课程所包含的古今实用类、文学类、论述类等基本语篇类型,与"阅读与鉴赏""表达与交流"两大实践活动关联紧密。而且,这种关联并不限定于某一学段、某一年级,而是出现在任何一个学段、任何一个年级中。课标单独加以抽取并分成不同的类别,是为了课程内容设置的方便,由于分类标准不同,它们相互之间必然存在着交叉、渗透、重合甚至纠缠。

比如,因为整本书就包含了不同的语篇类型(实用性、文学性、思辨性),所以"整本书阅读"必然包括基础型和发展型学习任务群中的所有学习内容,还会涉及"跨学科学习";"实用性阅读与交流""文学阅读与创意表达"也跟"跨学科学习"互为联系;"跨学科学习"也需要"思辨性阅读与表达"。而所有这一切,都离不开"语言文字积累与梳理"。因为,语文的一切问题都是语言问题,其他五个学习任务群都要以语言材料和语言经验的积累为基础,缺少这个基础,不论是阅读还是表达都难以顺畅进行。这些学习任务群中每一个具体的学习任务下,都会包含有"语言文字积累与梳理"学习任务群所指向的内容和目标,只不过不是当下学习任务的核心内容而已。

这样一梳理,六个学习任务群的联系和区别就变得清晰起来。一方面,它们从学习内容、教材包含的语篇类型、运用领域等多个维度交叉架构,彼此既相对独立,又关联渗透,形成了混沌结构。另一方面,六个学习任务群基本覆盖语文课程所包含的实用类、文学类、论述类等基本语篇类型,关注语言文字运用的各种现象和当下跨媒介运用的新特点，共同致力于学生语文核心素养的整体提升。

第五节　设计框架

提高学生语文核心素养的根本途径是语文实践，因此，语文学习任务群的实施要把追求语言、技能、知识和思想情感、文化修养等多方面、多层次目标发展的任务，通过情境化、结构化的设计，组合成"群"，争取教学效益的最大化。

一、组成要素

一个完整的学习任务群设计要有哪些要素构成呢？2022年版课标对于学习任务群的"教学提示"给出了明确回答。细读发现，每个学习任务群的"教学提示"都分为三个部分，一个部分一个要素。

（一）主题和情境

与以往教学很大不同的是，每一次的学习任务群设计都必须确定一个明确的主题，而且是统整的学习主题，往往用一两个短语或句子，为学习任务作统摄性的归整和提纲挈领式的提炼和概括。如果把学习任务群说成是一首雄浑的乐章，那主题类似于乐章的标题，根据主题创设的真实生活情境就是"前奏"，犹如是乐章的前期铺垫。一首好的歌曲，在前奏时就能把听者吸引，继而完整地听完整首曲子，然后爱上这首歌曲，前奏具有渲染气氛、激发兴趣、调节心情的作用。真实的生活情境也是如此，它跟一般情境不同，因为"真实"，因为"生活"，能一下子刺激学生的兴奋神经和学习欲望，所以才能产生真实的学习需求，才能全身心投入真实而有效的言语交流，才会有真实而有意义的言语生活。

"教学提示"第1自然段的表述，有的进行笼统性描述，如"语言文字积累与梳理"的"根据学生的年龄特点和认知规律，紧密联系学生的生活实际，结合识字内容，选择适宜的学习主题，创设学习情境；激发学生识字、写字、诵读、积累、探究的兴趣，并注意将语言积累、梳理与体认社会主义先进文化、革命文化、中华优秀传统文化相结合"。有的直接提供了主题名称，如"实用性阅读与交流"的"应紧扣'实用性'特点，结合日常生活的真实情境进行教学。第一、第二学段可以围绕'我爱我家''我要上学''文明的公共生活'等主题设计学习任务，引导学生学习日常生活语言，学会文明交往，学会表达生活；第三、四学段可以围绕'拥抱大千世界''创造美好生活''科学家的故事''数字时代的生活''家乡文化探究'等主题，开展阅读与探究活动，引导关注社会，表达和交流自己在生活中的发现和感受。"还有更详尽的分学段主题，如"文学阅读与创意表达"的"第一学段'春夏秋冬''多彩世界''童心天真''英雄的童话'，第二学段'饮水思源''珍爱自然''童年趣事'，第三学段'英雄赞歌''壮丽山河''爱与责任''成长的脚印'，第四学段'光辉历程''精忠报国''社会万花筒''人与自然和谐共生'，等等。"这些学习主题可以成为教学参考，或直接成为学习任务群的主题，更多的还需要我们自己依据学习内容来确定。

必须注意的是，"教学提示"的第1自然段并未对如何创设学习情境作具体阐述，也没有提供样板和范例，需要教师自主设计。一方面，学习情境要依据主题而展开，是主题的具体化、生动化、形象化；另一方面，真实的生活情境创设通常通过一小段语言加以描绘。

比如一年级下册第五单元是"识字单元"，安排了《动物儿歌》《古对今》《操场上》《人之初》四篇课文，以及口语交际"打电话"和语文园地。《动物儿歌》是活泼生动的童谣，用熟悉的小动物"蜻蜓""蝴蝶""蚂蚁""蝌蚪""蜘蛛"的名称打头，带出各自的生活习性；《操场上》以图文并茂的形式表现学生校园生活中最自由的操场活动；《古对今》和《人之初》这两段文字虽然源自古代，但都是孩童的蒙学读本，以通俗凝练的韵语带出经典，渗透传统文化的精华；"识字加油站"中的识字韵文更是将带有基本字"包"的生字组合在一起，把字形和字义结合，创编成识字儿歌。编者在安排时很用心，四篇课文都是从儿童的生活世界出发，贴近学生的学习兴趣和学习能力；一篇现代生活，一篇古代蒙学，穿插进行，不断给儿童提供阅读的新鲜感。依据判定，本单元的学习任务应该定义为"语言文字积累与梳理"学习任务群。根据本组单元的目标是集中识字，课文内容富有趣味，确定的主题和情境分别是：

主题："在生活中学汉字"或"身边的汉字"。

情境：草地上的小动物，学校的运动场，古对今的韵语、《三字经》，还有吃饭穿衣打电话，对于一年级学生来说，既真实可感，又新鲜有趣。他们不会想到，从熟悉的小虫子身上可以认识虫子的生活习性，认识与"虫字旁"有关的生字，读记与此有关的一组四字词语；他们也不会想到，电话约请小伙伴一起活动，一边做动作一边还能认识一组组奇妙的与手、脚有关的表示动作的字，与"包"有关的形声字；他们还不会想到，玩对对子比赛、《三字经》诵读、看图读歇后语的游戏，也能识字、记韵文。就让我们走进这个单元，去感受祖国优秀传统文化的独特魅力吧。

（二）任务与活动

"任务"是学习任务群的载体，学习主题的落地，学习情境的展现，都要依赖任务来展开、来实现。任务要由单元内容、学习主题来确定，一般而言，一个学习任务群需要三四个任务组成，少了不成"群"，多了时间不允许。任务即做事，任务即活动，一项项任务靠什么来完成？就是靠一个又一个具体的学习活动。"教学提示"第2自然段的文字就与活动有关。如"实用性阅读与交流"任务群就有"学习活动可以采取朗读、复述、游戏、表演、讲故事、情景对话、现场报道等学生喜闻乐见的形式，将识字、写字、阅读、写作、口语交际、搜集处理信息等融为一体"。"思辨性阅读与表达"任务群提出"应设计朗读、讨论、探究、演讲、写作等多种学习活动，引导学生学习发现、思考、探究问题的思路和方法"。那么，每个学习任务要安排几个学习活动呢？整体上要根据教材内容确定，一般情况下以两三个活动为好。

再以一年级下册第五单元的"识字单元"为例。先说"任务"的确定。既然是识字单元，最重要的目标当然就是集中完成识字任务。本单元出现的生字大多是形声字，而且集中出现。具体情况是：《动物儿歌》集中出现带有

"虫字旁"指代昆虫名字的字和词，因为是单元第一篇，又是形声字学习的开始，因此专门安排第一个任务，名叫"小虫子真忙"。"忙"对应儿歌中的"半空展翅飞""花间捉迷藏""土里造宫殿"等小虫子的生活习性，又能集中认识带"虫字旁"的认识生字。《操场上》集中出现与动作有关的"提手旁""足字旁"的字；口语交际"打电话"设计了一个"打电话约同学踢球"的交流情境；语文园地中的"识字加油站"和"我的发现"直接点明形声字，按偏旁归类带"包""口""扌""足"的字，这样一整合，就有了第二个学习任务：运动真快乐。《古对今》集中出现"日字头""雨字头""月字旁""两点水"等表示时间、天气的字；《人之初》相对比较独立，形声字不多，但是出现了大量与字理识字相关的汉字，如"初""善""习""教""器"等都是会意字；语文园地中的"日积月累"安排的是歇后语，三个内容都适合诵读，读中识字，读中记忆，合成第三个学习任务：吟诵真好玩。这样就形成了三个学习任务，分别是：小虫子真忙、运动真快乐、吟诵真好玩。

再说活动。

第一个学习任务：先读儿歌，圈画出儿歌中小虫子的名字，再对比这些都是小虫子，它们的名字中都有一个"虫"，从而认识带有"虫"字旁的生字；再读儿歌，了解这些小虫子都有哪些本领，并利用课后练习"读一读，记一记"，既知道小虫子的生活习性，又积累了表示生活习惯的四字词语，这篇课文是儿歌，七字一行，两行一句，押"ang"韵，读起来都是"二二三"的节拍，句式结构相同，朗读节奏相同，很适合朗读。这样，第一个任务就可以安排三个活动：小虫子的样子、小虫子的游戏和小虫子的歌唱。

第二个任务"运动真快乐"也可安排三个活动。创设"打电话约同学踢球"的交际情境，指导学生如何"打电话"，完成口语交际学习，这就是第一个活动：有事我就打电话。《操场上》一课先是"打球、拔河、拍皮球"等6个运动项目名称，再是表现其他运动项目"跳绳、踢毽、丢沙包"在内的运动儿歌，可用一个活动完成：伸手踢腿来运动。语文园地中的"识字加油站"和"字词句运用"也是关于形声字音形义的认识和实际运用，又可以安排一个活动：我的发现告诉你。

第三个任务"吟诵真好玩"基本上就按教材编排的顺序进行。《古对今》课文用隔行的方式,自然分成三个段落,两个"一字对"接两个"二字对","ang"韵一押到底,读起来韵味十足,开展"你说我对"的游戏活动学生一定喜欢,借机重点认识表示时间、天气的生字。《人之初》节选自《三字经》,三字一句,节奏感强,第一部分押"an"韵,第二部分押"i"韵,由于是古语的表达,读起来可以加上一些学童的吟诵动作,可设计成"你吟我诵"。语文园地中的"日积月累"安排的是"小葱拌豆腐——一清(青)二楚"等歇后语,"和大人一起读"是小朋友早就听过的《狐狸和乌鸦》,故事有趣,对话生动,两个内容都适合朗读,用"你读我听"比较合适。

综上,整理如下:

任务一:小虫子真忙 { 小虫子的样子 / 小虫子的游戏 / 小虫子的歌唱

任务二:运动真快乐 { 有事我就打电话 / 伸手踢腿来运动 / 我的发现告诉你

任务三:吟诵真好玩 { 你说我对 / 你吟我诵 / 你读我听

(三)结果与评价

以往教学往往只重过程淡化结果,只重教学忽视评价,致使教学一直在"不明终点"、不知结果的低效甚至无效轨道上徘徊。学习任务群的教学将大大改变这一状况,"教学提示"最后部分为此作了详尽阐述。有的写明评价内容,如"语言文字积累与梳理"的"识字评价要考查学生认清字形、读准字音、掌握汉字基本意义的情况,在具体语言环境中运用汉字的能力,借助字典、词典等工具书查检字词的能力""写字评价要考查学生对要求'会写'的字的掌握情况,重视书写的正确、端正、整洁,在此基础上,逐步要求书写流利"。有的强调评价手段,如"整本书阅读"的"注意考查阅读整本书的全过程，以学生的阅读态度、阅读方法和读书笔记为依据进行评价。教师可以围绕读书的主要环节编制评价量表，制作阅读反思单，引导学生从阅读方法、阅读习惯等方面进行自我反思、自我改进。"又如"跨学科学习"的"评价主要以学生在各类探究活动中的表现，以及活动过程中完成的方案、海报、调研报告、视频资料等学习成果作为依据。"这样的表述与课标关于"教师要树立'教—学—评'一体化的意识，科学选择评价方式，合理使用评价工具，妥善运用评价语言，注重鼓励学生，激发学习积极性"的"评价建议"是一脉相承的。

还以一年级下册第五单元的"识字单元"为例。可以根据不同任务和活动形式，设计不同类型的评价工具，运用于学习活动的不同环节、不同阶段。

一是嵌入式评价。例如，学习《动物儿歌》的过程中，适机穿插知识小竞赛："小朋友们，你们想继续跟小动物们玩游戏吗？它们出了几道题要考考大家，你们敢不敢接受挑战？请打开平板，完成小展台上的知识小竞赛，然后点击'提交'，如果电脑老师提醒你'回答错误'，请再读一读，想一想，也可以和小伙伴讨论讨论，重新进行选择。"又如，完成了"你说我对"活动，进行拓展式对对子游戏，教师说一个学生对一个，在情趣盎然中巩固所学知识。再如，以学生在"你吟我诵"中所表现出来的熟练度、身体语言等，作为评价学生学习情况。

二是结果性评价。例如整个学习任务完成之后，来一次阶段性评价：把这一单元画成一棵树，每一课作为一个大大的枝干，每课学写的字都是一片片树叶，请把你学到的新字，写在田字格里。如果你为生字找几个同类的字写在后边，树就更美了。如果你把"日积月累"中喜欢的谚语写在"语文园地"下面，树就会说话了。

二、主题提炼

在学习任务群中，明确的学习主题起统领、引领的作用，直接影响着学习情境、任务、活动、结果和评价，其作用不言而喻。学习任务群中的"主题"，与统编教材编写的"人文主题"并不完全一样，它以简洁明了的词语或短句，呈现学习任务的核心知识，让人一望便知主要学什么，练什么，做什么，有点"大概念"的意思，突出语言的实践性、读写的增值性、能力的发展性等等。但它毕竟是一个新生事物，如何确定学习主题，确实需要我们好好研究、摸索和实践。

（一）立足单元要素

单元语文要素是统编语文教材编写的一大亮点，改变了以往教材"教什么"模糊不清的老大难问题。同时，单元语文要素大多是语文学科的语言点、能力点，聚焦精要、好用、管用的语文实践策略与方法，有助于语文核心素养的培育，体现了语文课程"学习语言文字运用"的本质属性。因此，在依据 2022 年版语文课标理念编写的教材还没出来之前，单元语文要素必然要成为学习任务群学习主题确定的首要来源，这是毋庸置疑的。

比如统编教材三年级上册第三单元，语文要素分别是"感受童话丰富的想象"和"试着自己编童话，写童话"。尽管前者为阅读要素，后者是习作要素，但两个语文要素却高度一致：一方面，读的是童话，写的也是童话，学习材料的文体相同；另一方面，丰富的想象是童话的一大特征，通过课文《卖火柴的小女孩》《那一定会很好》《在牛肚子里旅行》《一块奶酪》的阅读，感受童话故事是如何丰富想象的，从中了解童话的丰富想象可以借助故事人物、情节和框架来实现；有了这样的了解，编童话、写童话就有了坚实的基础，真正是从阅读中学写法，读为写服务。因此，本单元学习任务群可定义为"文学阅读与创意表达"，学习主题可确定为：分享童话的秘密。这一主题中的"分享"既可以是童话故事内容的分享，也可以是发现童话写法的分享，还可以是把编写出来的童话以口头或书面的形式分享，凝练与开放兼具。

但是，统编语文教材中有许多单元的阅读要素与习作要素并无明显的内在关联，这是摆在我们面前的一大难题，必须通过整合或取舍来解决。比如四年级下册第六单元，阅读要素"学习把握长文章的主要内容"与习作要素"按一定顺序把事情的过程写清楚"确实毫无关联，就算把单元导读页上的"深深浅浅的脚印，写满成长的故事"结合起来分析，也依然无法找到相同、相似或相近之处。此时，只能通过比较分析，依据两个要素在教材或单元中所起的作用，取其"要者"而用之。虽然"把握主要内容"的训练项目在四年级上册已经有过练习，但是，不同的文本，把握主要内容的方法可不一样。只写一件事的文本可用"了解故事的起因、经过、结果"，两件以上事情的文本就得"关注主要人物和事件"，而阅读"长文章"，这两种方法都不完全管用了，必须借助提炼小标题的方法才能解决。这就意味着，"学习把握长文章的主要内容"几乎就是一个新的能力点，况且长文章阅读是个难点，整本书阅读更需要这一阅读方法，其作用确实不小。而与"按一定顺序把事情的过程写清楚"的训练前期都有过，且不说二年级看图写话就有过渗透，即使是习作正式起步开始，三年级"我来编童话""续写故事""那次玩得真高兴""我做了一项小实验"，四年级的"写观察日记""记一次游戏""游＿＿＿＿＿＿"等不断进行按一定顺序写事情的练习，完成了本单元习作"我学会了＿＿＿＿＿＿"有着比较坚实的基础。综合来看，"学习把握长文章的主要内容"应该更为学生所需要。因此，本单元学习任务群以"长文章的把握技巧"为主题应该是适宜的。

（二）聚焦人文主题

统编教材采用了人文主题＋语文要素的组元方式，其中以人文主题统领相关教育内容，如五年级的"一花一鸟总关情""为什么我的眼里常含泪水？因为我对这片土地爱得深沉……""舐犊之情，流淌在血液的爱与温暖""苟利国家生死以，岂因祸福避趋之"等等，这些充满着浓浓人文内涵和教育元素的语句，似乎与学习任务群的学习主题相去甚远，需要具备慧眼识珠、点石成金的识别本领和转化功夫。

比如统编教材三年级下册第四单元，语文要素为"借助关键语句概括一段话的大意"和"观察事物的变化，把实验过程写清楚"，可定义为"实用性阅读与表达"学习任务群。两者之间是否存在着整合的可能呢？"概括段意"属于概括类训练项目，关系到后面学习课文内容把握、文章要点把握和文章观点把握等，起到奠基性的作用；同时，"概括段意"是三年级语段学习的重点项目，在教材中又是首次出现，其分量自不待言。"把实验过程写清楚"其实就是把"一件事写清楚"的一种,早在二年级就有相关渗透,在三年级上册的"写日记""编写故事""那次玩得真高兴"等习作中也作过相应的练习。显然,两者完全没有共同的整合点。不过,习作要素中的"观察事物的变化"是"把实验过程写清楚"的前提,却也隐含于本单元三篇课文《花钟》《蜜蜂》《小虾》之中的:作者不就是靠着观察发现了花钟、蜜蜂和小虾的特点的吗?再看单元人文主题是"看,花儿在悄悄绽放。听,蜜蜂在窃窃私语……自然界如此奇妙,留心观察,会有新的发现"。这样一分析,本单元的学习任务群主题一下就明朗了起来:"观察,让表达更清楚。"这个主题看似倾向于习作要素,其实不然。"借助关键语句概括一段话的大意"最直接对标的语段是《花钟》的前两个自然段和《小虾》的第3自然段,这些语段或是总分结构,或是并列结构,这是把一段话写清楚的常见方法。而借助这几个语段中包含总起句、中心句在内的关键句,就能概括段落大意。这样看来,"让表达更清楚"也涵盖了段意概括的训练内容了。这就给我们很好的启发:不以知识点、能力点组织学习主题,而从承载丰富的语文教育内容、富有张力的人文元素中取材,也是有可能甚至是可行的。

(三) 对接社会生活

较之其他学科,语文可能与社会生活的关系最为紧密,在社会生活中学语文、用语文,是语文教学的基本原则。语文教材中的许多课文,就是直接或间接反映社会生活的方方面面,强化文本内容与社会生活的对接,也是学习任务群主题确定的一个必然途径。

比如一年级下册第八单元是童话单元,安排了三篇课文。科学小童话《棉花姑娘》通过生了病的棉花姑娘先后找燕子、啄木鸟、青蛙治病,最后只有七星瓢虫治好了她的病的故事,介绍了不同动物消灭害虫的不同本领。《小壁虎借尾巴》也是一篇科学小童话,讲的是小壁虎向小鱼姐姐、牛伯伯、燕子阿姨借尾巴,可是他们的尾巴各有用处,不能借,借不到尾巴的小壁虎自己长出了尾巴。《咕咚》情节曲折,童趣盎然,讲的是一只小兔偶然听见咕咚一声,吓得撒腿就跑,其他动物也跟着逃跑,只有野牛提出质疑,大家去看了才明白了事情的真相。三篇课文或讲科学知识,或说生活常识,且都有一段曲折的经历；棉花姑娘、小壁虎开始都找错了人，走过弯路；《咕咚》里的小动物大都偏听偏信、人云亦云，不会独立思考，个个闹了笑话。像棉花姑娘、小壁虎和其他动物这样的人和事，在生活中并不少见，他们因缺少科学知识或生活常识，做事盲目，不动脑子，常常费了时又误了事，这样的道理是需要让学生明白的，也是本单元的一个学习目标。这样一想，"讲点科学，做事不糊涂"的学习主题不就呼之欲出、应运而生了吗？

（四）取材单元内容

课文是教学的主要资源，也是学习任务群的重要凭借，这就让语文教材的文本内容天然地成为学习主题的第一要素。通俗地说，教什么、学什么，取决于教材是什么、有什么。这跟"巧妇难为无米之炊"的道理一样，再高明的厨师，再能干的厨妇，缺乏了可供烹制的食材，连日常的食物都无法制作，更何况各种各样的主题菜品、风味宴席、特色佳肴。因此，从单元课文内容中提取主题，是学习任务群教学的应有之义。

比如统编教材二年级下册第六单元，除了《古诗两首》外，安排了三篇课文和语文园地。雷雨来得急，去得也快，是夏季的一大特点，也是学生比较熟悉的天气现象，《雷雨》就是写雷雨前、雷雨中、雷雨后景色的变化，大部分学生有一定的生活体验。《要是你在野外迷了路》是一首儿童诗歌，全诗融自然科学知识于生动形象的语言之中，向学生介绍了树影、北极星、树叶的稠稀不同、积雪融化的快慢区别等大自然中许多细微的、能帮助人们识别方向的自然现象，有些学生了解，有些就不很清楚。《太空生活趣事多》用浅显生动的语言，从"睡觉、走路、喝水、洗澡"四个方面介绍了鲜为人知的太空趣事和新奇有趣的太空生活知识，学生完全陌生但很感兴趣。语文园地的"识字加油站"介绍一些常见的生活场所名称，"写话"以自然现象为内容。显然，这是一组以现实生活和自然现象为主要内容的单元，教学这组单元一要帮助学生了解自然现象、太空生活，二要学习与自然现象、太空生活有关的语文知识，包括生字、词语、文句和文本内容等。稍加整合，"到生活中找知识"的学习主题就出炉了，主题中的"知识"既包含自然知识、科学知识，也包含课文的内容知识、语言知识。

（五）指向文体价值

文选型教材的一个突出特点，就是一个单元常常是由几篇不同文体的课文构成。统编教材虽然也是文选型组元方式，但有了一些改进，把相同的文体文章编选进一个单元之中，组成文体单元就是其中之一，先后出现了童话故事单元、寓言故事单元、神话故事单元、民间故事单元、现代诗单元、散文单元、小说单元等等。学习任务群教学理念下，可以充分利用单元内课文文体相同的独特优势，以统领的方式，将单元文本视为一个有机整体，形成以文体特征为核心的学习主题，为达成单元教学的整体性目标助力。

比如四年级上册第四单元就是一个典型的神话单元，除了《普罗米修斯》是古希腊神话，其他三篇《盘古开天地》《精卫填海》《女娲补天》均为我国古代神话故事。单元习作"我和_____过一天"和语文园地的"交流平台""词句段运用""日积月累"中的内容也都是关于神话故事的。而从单元目标定位看，单元语文要素为"了解故事的起因、经过、结果，学习把握文章的主要内容""感受神话中神奇的想象和鲜明的人物形象""展开想象，写一个故事"，分别是关于神话故事的阅读与写作的。整合单元学习内容与语文要素，就可以确定本单元的学习主题为"神话故事的读与写"，既聚焦神话文体特点，又基于神话特征展开阅读与习作。

当然，任何一篇文本既有类别归属下的共性特征，也必然存在着其"这一个"的独特价值，指向文体特征的学习主题不能只是停留在"归类"层面上的共性探寻，还要充分利用单元提供的相同文体不同表达的素材优势，提炼出比较、辨析类的学习主题，以丰富学生对文体的多元认识和多维建构。比如六年级上册第四单元是小说单元，围绕着单元语文要素"读小说，关注情节、环境，感受人物形象""发挥想象，创编生活故事"，三篇小说都包含着情节、环境、人物"三要素"，但又各自不同。《桥》最为典型，全文多处写到洪水，且分布在开篇、中间和结尾，为故事情节发展、老汉形象刻画提供了极好的环境氛围，加上"欧·亨利"式的结尾，让读者经历了紧张惊险、扣人心弦的阅读体验。《穷人》的环境描写主要集中在小说的开头，不像《桥》那样只写自然，也描写了桑娜一家的生活环境；故事情节方面，盼夫早归、探望邻居、抱回孤儿、坐立不安、渔夫做出决定，一个接着一个，峰回路转，跌宕起伏；故事结尾戛然而止，干净含蓄，耐人寻味，留下想象空间；加上真实细腻的人物心理活动和对话描写，让人物形象立体、生动。《金色的鱼钩》的环境描写穿插在故事发展过程之中，不加注意容易忽略，整篇文章主要通过人物外貌、动作、神态、语言和心理活动的多角度描写，表现老班长的优秀品质；最后一句"在这个长满了红锈的鱼钩上，闪烁着灿烂的金色的光芒"，篇末点题，卒章显志。为了让学生学习文体相同、写法不同的小说特点，可以"小说写法面面观"作为本单元学习任务群的学习主题，这样学生对小说的认识就能在共性视角的基础上，实现从归纳向演绎发散，在文本彼此交互中，强化对具体文体"这一个"价值的立体化认知。

（六）突出专题特性

强化某一专题学习任务，统编教材特意编排了一些特殊单元，比如习作专题单元、阅读批注单元、综合性学习单元等，对于这些单元的学习主题确定，就得依据单元特殊性，凸显教材编排意图。

比如六年级上册第八单元是鲁迅专题单元，入选的四篇课文中，既有鲁迅作品《少年闰土》《好的故事》，也有周晔的《我的伯父鲁迅先生》和臧克家的《有的人》，《有的人》中的四句话还出现在导读页上，语文单元的"日积月累"全是鲁迅的名言，单元语文要素是"借助资料，理解课文主要内容""通过事情写一个人，表达出自己的情感"。众所周知，语文要素是单元学习重点的具体规定，本单元的两个语文要素很容易让我们往文本阅读和写作的方面去考虑学习主题，如果这样，显然跟其他单元课文的价值定位难有区别，显示不出本单元的专题特性和独特价值。倘然我们换个视角，从鲁迅专题的角度来审视单元课文的阅读与写作问题，可能就能获得更广的视野。在小学语文教科书中，以个人名义为专题单元的唯此一组，之所以选择鲁迅，不仅仅因为他是著名作家，以及其作品的独特地位，更有他身上具有的忧国忧民的爱国精神、为民情怀和民族气节，这从本单元的两篇鲁迅作品和两篇纪念文章中，都能真切地感受到。如此看来，本专题单元的学习任务不只是如何阅读与鲁迅有关的作品，而且还要通过作品中描述的事件和内容，慢慢走近鲁迅，初步了解鲁迅这个人，从而为中学阶段进一步认识鲁迅奠基。鉴于此，本单元的学习主题定为"鲁迅：文如其人"较为适宜。这个主题既包含单元语文要素要求，又把读文与知人结合起来，与本专题单元的编排意图相吻合，达到了解鲁迅其人其事其文的学习任务。

（七）满足真实需求

解决真实问题，满足现实需要，是学习任务群的应有之义和核心要义，学习主题的选择自然不能忽略了这一根本点。这种真实需求主要分为两类：一是当下学习中的真实需要，二是课外生活中的真实需要。比如统编教材几乎每个单元都安排一个习作。如何写好单元习作，使写出的作品让自己满意，受同学喜欢，被老师欣赏，是每个学生习作练习时的共同梦想，这就形成了当下学习生活中的急切需求。又如学生参加课外活动，需要写一个可供操作的活动方案，或上交一份合理、能被采纳的活动建议，又是一种生活需要。依据教材的单元内容，了解学生的学习需求，是学习主题的重要路径。

比如统编教材五年级上册第七单元的习作以"_____即景"为题，具体要求除了按一定顺序写外，要注意写出景物的动态变化，使画面更加鲜活。对五年级学生来说，这显然是一个新知识，自然也是一个新挑战。如何保证单元习作任务的完成呢？准确一点说就是如何让学生把景物的动态变化写清楚、写具体呢？本单元把语文要素定为"初步体会课文中的静态描写和动态描写"和"学习描写景物的变化"，并配上了《四季之美》《鸟的天堂》《月迹》等三篇课文作为学习范例。《四季之美》按春、夏、秋、冬四个季节来写，每一段都表现了景物的动态之美，如春天的黎明"泛""染""飘"表现了景物的变化，夏夜萤火虫的"翩翩飞舞""闪着微光"的行为和状态变化，秋天的黄昏急急匆匆的点点归鸦和成群结队的大雁、夜幕降临的风声、虫鸣，冬天早晨"生起熊熊的炭火""手捧着暖和的火盆穿过走廊"表现出的闲逸心情与寒冷冬晨的和谐之美。《鸟的天堂》分别采用了静态与动态描写，描绘傍晚和早晨"鸟的天堂"的不同景象。《月迹》把月亮当作人来写，写出了月亮的踪迹从屋里到院子再到小河的不断变化，表现了"我"追寻月迹行踪的心情，传达出孩子们追求美好生活理想的纯真无瑕的感情。单元语文园地中的

"交流平台"和"词句段运用"也安排了动态描写和静态描写的内容。由此可见，本单元的动态描写方法就是学生完成单元习作的学习需求。为此，可将"写文章，写出景物的变化"作为单元学习主题，有了这样的真实任务，学生就会非常关注单元课文动态描写的方法，从不同的课文中学到不同的景物变化的描写方法，进而选择生活中的一处自然景观或一个自然现象，留心观察景物的变化，完成单元习作，并借助一些平台宣传美景，分享成果。

三、设计思路

学习任务群单元设计中的"单元"与教材中的"单元"是两个不同的概念，教材中的单元是指以人文主题与语文要素"双线并进"思路进行的组元形式，学习任务群的"单元"是一种任务单元，即围绕一个特定的学习主题，把教材中的单元课文进行高度整合，通过真实化、情境化的任务改造，形成具有内在逻辑关联的系列学习任务。学习任务群设计一般要经历五个步骤，下面以统编教材三年级下册第八单元为例，作具体阐述。

（一）第一步：拎出统整化主题，知道为何要做事

学习任务群的本质特征就是整合，即学习内容、方法、资源、评价等多元素的统整。因此，整合的显著标志就是要有一个具有统领性的学习主题。常说"纲举方能目张"，如果说主题是"纲"的话，那么，主题之下的所有任务、活动、资源等元素都只是"目"，都隶属于它的领导。没有了统整性的学习主题，整个学习任务犹如游勇散兵，又像一盘散沙，你干你的，我干我的，互不关涉，任务群的整合功能就无法得以发挥。

比如三年级下册第八单元的导读页上下两部分分别写着"有趣的故事，留下的不仅是开心的笑声，还有许多的思考"和"了解故事的主要内容，复述故事""根据提示，展开想象，尝试编童话故事"，鲜明地指向了复述和编写有趣的故事。再看四篇课文，《慢性子裁缝和急性子顾客》讲的是一个急性子顾客找了家裁缝店做棉袄，偏偏遇到一个慢性子裁缝的事，从而引发了一系列令人捧腹大笑的事。《方帽子店》主要讲了一家方帽子店里从来只做方帽

子，一直拒绝改变。后来，有了卖各式各样帽子的新帽子店，人们有了多种选择后，方帽子店慢慢就成了古董。《漏》的故事围绕"漏"展开，老虎和贼对"漏"极其害怕的心理，导致他们不辨真伪，盲目逃窜，下场可笑。《枣核》讲述了一个叫"枣核"的孩子，用自己的勇敢和智慧帮村民夺回牲口，惩治恶官的故事。这样的故事内容不仅有趣，而且可讲述。接着看口语交际和习作，前者以"趣味故事会"为话题，让学生讲讲有趣的故事；后者"这样想象真有趣"把小动物作为故事主角，编写一个有趣的童话故事。最后看语文园地，从"交流平台"可知"用自己的话讲"和"借助表格或示意图按顺序、有重点地复述"是复述故事的两个小妙招；"识字加油站"要求学生发现用"口""讠"为部首的两组词语；"词句段运用"第 1 题学写拟声词，第 2 题学说像《慢性子裁缝和急性子顾客》这样意思相对的故事题目，第 3 题学习转述别人的话，其中许多内容与讲述故事有直接或间接的联系。经过这样的分析，本单元共同的学习内容就水落石出了，那就是讲故事、编故事，由此就可以拎出"编、讲有趣的故事"这一统整性主题。

（二）第二步：定准情境化任务，知道要做什么事

情境性是学习任务群的基本特征之一，之所以强调任务的"情境化"，就是要将单元内容经过教材的二度开发，改造成真实的问题情境和学习任务，从而变静态的语文知识学习为动态的语文实践运用，只有这样，学生的语文核心素养发展才有可能。当然，这里所说的"二度开发"并非一般的教学内容的取与舍，而是基于学习主题的多方面教学元素的高度整合。

从上述分析我们不难得出本单元的主要学习目标。

1. 会读会认 52 个生字，其中课文 41 个，语文园地 11 个，多音字 9 个，会写 24 个生字。背诵、积累《大林寺桃花》。

2. 默读课文，了解故事情节，懂得故事所讲的道理。

3. 了解故事中的重点内容，并借助提示学习详细复述故事。

4. 讲一个有趣的故事、编一个童话故事与同学分享。

这四个目标可以整合成三个学习任务。

任务一：读故事。包含学习生字词、默读课文、分角色朗读人物对话、了解课文内容和体会故事告诉我们的道理。

任务二：讲故事。包含了解每个故事的重点部分、学习"交流平台"和"词句段运用"中的人物说话转述、借助提示复述课文故事、口语交际"有趣故事会"。

任务三：编故事。包含课文练习中的续编故事、习作"这样想象真有趣"。

如何把这些任务情境化呢？这是一个值得思考的问题。任务一，"读"的目的在于学习阅读理解所需要的基础性知识，因此带着问题读是一个基本途径，三年级上册第八单元就作了专项训练，可以迁移运用于包括本单元在内的课文阅读，引导学生在自主学习、互相帮助中解决问题，理解课文。如生字学习环节，可以"你有什么好方法教同学认识、书写生字"，让学生同桌或小组合作，在互教互学中自主识字写字，教师只对"嚷""漏""贼"等一些难读难写的字作针对性指导。分角色朗读，可让学生思考、讨论，怎样才能读出不同人物的不同语气，并对同学的朗读提出建议。故事的内容和道理采用"你问我答"的问题情境进行。任务二，本单元的"讲"有两个要求：一是详细复述，不仅要有顺序，还要不遗漏重点内容；二是生动讲述，注意语气、表情的变化，加上适当的手势，让故事更吸引人，不管哪一种讲故事，都要树立对象意识，比如把故事复述给爸爸妈妈听、比比看谁讲的故事最有趣最吸引人，等等。任务三，不管是《慢性子裁缝和急性子顾客》《枣核》两篇课文的续编故事，还是习作"这样想象真有趣"，可以在"编故事达人大比拼"的情境创设平台上开展。于是，原有的三个学习任务就可改变为：我读故事你支招、我讲故事你来听、我编故事你来评。这样的情境化任务可以满足学生的学习需要和表现欲望，解决学习过程中的实际困难，确保学习任务的完成。

（三）第三步：选好结构化活动，知道怎么去做事

知识的吸收和内化，虽然是随着学习的持续、深入进行而逐渐积累、形成、发展起来的，但并不是杂乱无章地随意堆积在人的头脑中。图式理论告诉我们，人的一生要学习和掌握大量的知识，这些知识并非无序贮存，而是围绕某一主题相互联系着形成知识单元或经验模块，形成知识和经验的网状结构。结构化的学习活动，能够实现活动与活动之间的纵向或横向勾联，让所学得以归纳和整理，使之条理化、系列化、系统化。这种结构化既表现为单个任务内的活动之间，也表现在不同任务的活动之间。

"我读故事你支招"的任务，需要由生字学习、课文理解、角色朗读三个活动来完成。"生字学习"活动用一个课时完成，主要是认读生字、读好带生字的重点语句，重点是"缝、夹、嚷、溜、哩、旋、折、涨、吐"9个多音字，采取归类法自主认读生字，如"口""讠""衤"等相同偏旁的生字词；"承、董"等同韵母的生字，等等。"课文理解"活动用两个课时，重点是初读课文，巩固生字；边读边用表格罗列出四个故事中的人物和他们所做的事情。"角色朗读"活动用一个课时，重点聚焦《慢性子裁缝和急性子顾客》中"第一天"和"第四天"的人物对话，抓住关键字词，理解人物形象，体会人物心情，读好人物对话；运用这样的方法选择《漏》中自己感兴趣的部分，进行分角色朗读。"生字学习"是"课文理解"和"角色朗读"的基础，而有了"课文理解"才能更好地"角色朗读"，三个活动形成联系。

"我讲故事你来听"的任务，安排这样几个活动：品读故事的重点内容、指导练习详细复述《慢性子裁缝和急性子顾客》、学生学着尝试复述《漏》、自主运用方法复述《方帽子店》或《枣核》、口语交际"有趣故事会"。每个活动安排内容如下：

一个课时用于"品读故事趣点"。例如《慢性子裁缝和急性子顾客》顾客不断改变主意和意料之外情理之中的故事结局，《方帽子店》店主固执、愚蠢的举动，《漏》老虎与贼同样的想法和行为，《枣核》枣核小的孩子把衙役和县官耍得团团转。提炼典型情节，了解人物形象，积累重点语句，为复述故事做好内容和语言的双重准备。

四个课时用于"详细复述故事"。利用课后练习中的图表，结合"品读故事趣点"的重要情节了解，抓住课文在描写老虎和贼"心想"内容时语言重复的特点，在教师指导下，采取先分后合的策略，试着详细复述《漏》。根据复述暴露出来的问题，适时进行语文园地"词句段运用"的人物语言转述练习和"交流平台",让学生懂得详细复述的基本方法;再帮助学生借助课后表格,以"第一天"为范例,在理解故事重要情节的过程中,细化表格中"急性子顾客的要求"和"慢性子裁缝的反应"两部分内容,再借助细化的表格内容详细复述"第一天";引导学生运用学过的方法,自由选择《方帽子店》和《枣核》两个故事中最让人意想不到或有趣的"趣点"部分详细复述。

一个课时用于"讲述有趣故事",完成口语交际"有趣故事会",故事内容的选择既可以是单元课文中的故事,也可以是课外读到的故事。需要提醒的是,如果学生并没有完成课文故事复述任务,口语交际课还可以让学生继续讲课文中的故事,从而达到巩固、提升的教学效果。

这三个活动也形成内在关联:"品读好故事趣点",既能深入理解内容,又确保详细复述不遗漏重要情节;"详细复述故事"在于故事的完整、表述的顺畅,口语交际"有趣故事会"要求讲得生动,是对复述故事的进一步提高。

"我编故事你来评"的任务,主要由课后续编和单元习作两项活动组成。一个课时进行"这样续编真有趣",完成《慢性子裁缝和急性子顾客》角色转换的故事改编和《枣核》的续编;三个课时用于"这样想象真有趣"的童话练写和讲评。这两个活动的着力点都在于"编",都需要大胆想象,彰显个性。

若从不同任务的活动之间的关联度来考察,三大任务中的八个活动,尽管内容不同,但总目标一样,都是从不同的角度、不同的侧面为完成详细复述故事这个中心服务的,它们之间的关联非常紧密。

(四)第四步:提供策略性支持,知道如何做更好

学习是一种集智力、思维、情感、心理、经验、体力等为一体的、多因素共同作用的、高强度的认知活动,因此,学习的过程总是伴随着问题的不断产生与不断解决而逐步推进、深化,小学生的学习更是如此,遇到这样那样的困惑和问题不可避免,这就需要教师提供策略性支持。这里的"策略性支持"不仅是教师为学生提供具体的学习策略和方法,更重要的是调动学生已有的学习经验,并根据自身特点和活动需要,对已有的学习方法和教师提供的学习策略作出有效的选择,甚至自主调控学习过程,从而更好完成学习

任务。

复述是小学语文教学的一项基本功，要求用自己的话和课文中出现的关键语句把故事内容有条理地叙述出来，为此教材精心安排，形成了一、二年级看图复述、三年级详细复述、四年级简单复述、五年级创造性复述的训练阶梯。尽管从低年级开始就有意识地渗透，但正式提出复述要求的是三年级，万事开头难，其学习难度不可忽视，突破难点的最佳方式就是为学生提供策略性支撑。本单元的策略性支撑包括多个方面。

1. 复述支架。

课文提供的复述支架，包括图表支架、问题支架、方法支架等。

一是图表支架。比如《慢性子裁缝和急性子顾客》课后练习设计了一份表格，上面写明故事发展的具体时间，要求填写每个时间里"急性子顾客的要求"和"慢性子裁缝的反应"。但是，如果只是这样粗线条地填写，学生也只能复述出故事的完整内容，重要情节可能就会一句带过，达不到详细复述的要求。因此，教学时必须加以细化。"第一天"和"第四天"是故事的重点，自然也应该成为细化的着力点。在引导学生"品读故事趣点"的第一部分内容时，就要把"急性子顾客的要求"一栏细分为"今年冬天取""'噌'的跳起来""夹起布就走""同意留下做"，相对应的，"慢性子裁缝的反应"一栏细分为"明年冬天取""自己性子慢""把顾客叫住""自夸手艺好"，这样一来，学生复述这部分内容就容易多了。又如《漏》课后练习设计了一张图文结合的示意图，左边是图，表示家里、路上、树下、山坡、家里五个故事发生的地点，右边简洁的文字，概括了故事人物在不同地点做了什么事。有地点、有人物、有事件，只缺少叙述故事所需要的语言，显然比《慢性子裁缝和急性子顾客》更为详尽，难度比较低。为此，单元整合时可以把这一篇提上来，作为第一篇来学习。

二是问题支架。《方帽子店》和《漏》两篇课文在课后练习或课前导读中提出"说说故事中的哪部分内容是你最意想不到的""说说这个故事的哪些内容你觉得最有意思"的问题，其目的是为了让学生感受故事的趣味性，而且复述故事时能够在完整、有序讲述时，不遗漏重要情节，从而完成详细复述故事的单元目标。所以在学生了解整个故事内容的基础上，就要把教学重心放在这些重要情节上，为复述做准备。当然，虽然其他两篇故事没有这样的问题设置，但教学时也要注意引导学生细读重点，从而更好地理解和复述。

三是方法支架。语文园地"交流平台"以两个孩子对话的方式，总结了详细复述故事的两种方法；"词句段运用"中"用自己的话转述别人说的话"，也是复述故事中的人物对话的重要方法。这些方法的学习可适机穿插安排在学生复述故事的过程中，让其成为促进复述深化的助推力。

2. 范例支架。

模仿是人的天性，人的行为无不始于模仿。孩提时代，我们就开始喜欢模仿大人，会学着爸爸妈妈说话的样子，还会模仿电视里的人物形象，模仿他们的声调与话语。个体自觉或不自觉地重复他人的行为，是社会学习的重要形式之一，也是一个人技能形成和发展不可或缺的原初形态和基础阶段。尤其遇到新知识、新技能的时候，往往会产生这样那样的障碍，模仿就成了非常必要的学习拐杖。因此，当学生在难以完整复述、顺畅复述的关键时刻，教师和学生代表的示范复述就是最直观、最生动的范例样板，学生学着说、仿着说就相对容易，就能收到事半功倍的效果。

（五）第五步：实施表现性评价，知道究竟做如何

学习评价对语文教学的价值从未像今天这样受到高度关注，2022年版课标专设"评价建议"，以较大篇幅对教学评价作出具体说明，这是先前的语文课标所罕见的，一定程度上弥补了长期以来重视教学过程、忽视结果质量的缺憾。"教—学—评"一体化的实施，避免了教学"黑洞"，减少了在"不知所终"的学习之路上盲目前行，不仅让教与学有明确的目标任务，也让学习的过程与结果变得可见、可测、可衡量，并为之作出相应的教学调整和改进，这是我国语文教学改革的一大进步。

怎么判断、评价学生的复述效果呢？可以开发多种评价工具，采取多种方法，从不同角度进行。一是评价量表。例如：一级水平，能借助提示，用自己的话把故事内容讲完整；二级水平，能借助提示，用自己的话和文中语句按顺序把故事讲完整；三级水平，能借助提示，用自己的话和文中语句按

顺序复述，重要情节不遗漏，态度自然；四级水平，能借助表情、语气、手势等身体语言自主复述，让别人喜欢听。这样的评价量操作性较强，学生可以据此进行自我评价或相互评价。二是课堂观察。就是教师带着明确的目的，凭借眼、耳等自身感官，观察学生在复述故事时所表现出的语言表达、思维逻辑、思想态度等方面的即时状态和综合信息，以此判断学生对学习任务的完成情况。三是优胜评选。把课堂创设为讲故事的比赛现场，每组在小组初赛的基础上，推举一位同学参加班级赛，全班同学当评委，投票选出最佳复述能手。四是个别访谈。课后，随机选择部分学生，以谈话的方式，了解他们在学习详细复述过程中的收获、想法和困难。五是课后拓展。让学生自主选择其他故事内容，把故事复述给他人听，听者打出等级分。

第六节 呈现类型

一、单篇学习任务群

长期以来，我国语文教材大多采用文选型组元方式，以一篇篇相对独立的课文架构起语文教学内容，因此一篇一篇地教就成了传统习惯，并且一直延续至今。即使统编小学语文教材虽然以人文主题和语文要素"双线并进"的设计思路，单元内的几篇课文共同承担相同的教学任务，改变了以往那种不知道"教什么"的教学内容模糊不清的弊端，表明了教材编撰的一大进步。尽管近年来，一些教师进行了单元整合教学，但单篇教学依然占据着主流的位置，因为单篇教学毕竟有其自身的独特优势，不是单元整体教学所能替代的。正因如此，语文学习任务群固然倡导单元教学整体化，但凡事都不宜一刀切，不可一味排斥单篇教学。只是需要把单篇教学放置在学习任务群的框架内加以整体设计和安排，换言之，就是要以学习任务群的理念进行单篇课文的教学，从而落实课标要求。

比如《小蝌蚪找妈妈》是一篇老课文，编排在二年级上册第一单元第一课。这篇课文要完成哪些教学任务呢？首先当然是识字、写字，这是常规性知识，要求会认的生字有"塘、脑、袋"等15个，其中"教"是多音字，会写的生字有"两、宽"等10个。其次是单元语文要素，本单元语文要素为"积累并运用表示动作的词语"，与此相呼应的是课后练习3的"读一读，用加点的词各说一句话"，相关的词句是"披着碧绿的衣裳 露着雪白的肚皮 鼓着大大的眼睛 甩着长长的尾巴"；同时，课文中还有一些非常重要的动作词，如"他们看见鲤鱼妈妈在教小鲤鱼捕食，就迎上去""他们看见一只乌龟摆动着四条腿在水里游，连忙追上去"等，以及单元语文园地"字词句运用"中的"体会每组加点词的不同意思，选一组演一演"，都是落实单元语文要素的重点教学内容。再次就是课后练习，"分角色朗读课文"是因为本文人物对话多，能很好地表现人物说话的心情；"小蝌蚪是怎样长成青蛙的？按顺序把下面的图片连起来，再讲一讲小蝌蚪找妈妈的故事"，既是内容理解，又是借助图片讲故事；"读一读，记一记"要求记背"脑袋 口袋 袋子 袋鼠"等三组分别由"袋""迎""塘"组成的词语，这是一种结构化的词串积累。如果我们把这些学习内容略作归类，可以分为三类：一是基础知识类，包括识字、写字、课后练习4的词串积累等三个内容；二是课文理解类，包括了解课文内容、分角色朗读等；三是动词学用类，包括课文中的"迎""追""游""蹬""跳""蹦"，课后的"披""鼓""露""甩"，语文园地的"迎、追""穿、披""甩甩、摇摇"等；四是故事讲述类，即按顺序讲小蝌蚪找妈妈的过程。依据这四个学习内容，可以安排三项学习任务。

　　任务一：我来教你学生字。根据学业质量要求，第一学段识字与写字要做到"借助汉语拼音认读汉字，借助学过的偏旁部首推测字音字义，愿意向他人说出自己的猜想""喜欢识字，有意识地梳理在日常生活中学习的汉字、词语，并尝试进行分类"。因此，让学生带着任务，运用学习过的归类识字法主动识字、写字，是完成本项学习任务的关键。故而可设计三个学习活动：一是识记我有招。这里的"招"可以是按字形结构特点归类，可以相同偏旁归类，可以声母或韵母归类，可以按字的词性特点归类，也可以借助生活经验、课文图片等认读、识记；在这过程中，通过给字组词的方法，巧妙地引入与"袋""迎""塘"有关的词语，出示课后练习4的词串，既帮助学生认识字形、了解字义，还丰富了相同类型词语的积累。教学时，可先引导学生回顾一年级学过的识字方法，如形声字、偏旁识字、生活识字等，再自读这些生字，想想用什么方法能够又快又好地把这些生字记住，并把这些方法教给同学。教师要尽管放手让学生自主完成识字任务，只在有困难的地方或不好识记的生字上做重点指导。二是写字我有法。写字的重点要放在结构、易错笔画、关键笔画的起笔收笔方面，经过一个学年的写字学习，学生应该有一定的写字知识和经验，因此，他们可以对 6 个左右结构的字进行集中比对，发现"肚"左右相当，"顶、眼、睛、孩、跳"左窄右宽，其中"顶、孩、跳"的撇笔越过竖中线，左中右结构的"哪"字，三个部件"口"字最小，写在左上格的横中线上，"那"左右相同，最后一笔竖写得直又长；独体字"两"中的两个"人"变捺为点，分布在竖中线两边；"皮"的竖压在上部分的竖中线上，最后一笔撇舒展；"宽"上短下长，"见"的撇捺写得舒展，稳稳托住上部。学生各自发表自己的写法发现，描红、摹写后，投影评点，修正提升。

  任务二：请你跟我这样做。这个任务把内容理解、动词学用、分角色朗读整合在一起。动词本身就具备强烈的动感，很适合以动作演示的方法帮助理解，语文园地就提出了"演一演"的要求。当然，仅仅演示是不够的，还要结合具体语境，理解动作词背后所隐含着的意思，了解小蝌蚪和大青蛙的特点，还要体会人物的心情，从而更好地在说话时用上动作词，并完成分角色朗读的学习任务。这样，才能符合学业质量关于第一学段"阅读与鉴赏"提出的"喜欢阅读图画书、儿歌、童话、寓言等，在阅读过程中能根据提示提取文本的显性信息，通过关键词句说出事物的特点，作简单推测"，"喜欢积累优美的词句，并尝试在口头和书面表达中运用"，"注意用语气、语调和节奏表现对文本的理解和感受；愿意和同学交流朗读体验，能简单评价他人的朗读"的要求。为此，可设计几项活动：一是读一读，理一理。让学生读课文，给文中的三幅插图找到相关段落，如此图文结合，不仅理解起来不难，而且还能更好地用鱼骨图梳理出小蝌蚪找妈妈时分别见到鲤鱼、乌龟、大青蛙的过程，从而对课文内容有个较为清晰的认识和了解。二是比一比，演一演。学生分别找出课文中描写小蝌蚪和大青蛙的语句，集中呈现在屏幕上："池塘里有一群小蝌蚪，大大的脑袋，黑灰色的身子，甩着长长的尾巴，快活地游来游去"，"他们游到荷花旁边，看见荷叶上蹲着一只大青蛙，披着碧绿的衣裳，露着雪白的肚皮，鼓着一对大眼睛"。学生从小蝌蚪和大青蛙的颜色、样子、用词等方面比较两句话的不同，特别引导学生抓住"甩、披、露、鼓"等动词，适机引入语文园地"字词句运用"中的"穿衣裳、披红袍""甩甩头、摇摇头"，借助图片、动作演示、换词比较、重音朗读等方法，理解其意思，明白正是有了这些词，才能突出了小蝌蚪和大青蛙的不同外形特点，从而了解小蝌蚪和大青蛙的不同样子，之后选用这些动词自由说一句话。三是换一换，悟一悟。以小蝌蚪看见了鲤鱼阿姨、乌龟和青蛙妈妈时怎么做、怎么说为问题，分别阅读课文的第2、3、5三个自然段，借助相关语句了解小蝌蚪找妈妈过程中的身体变化，理解鲤鱼阿姨、乌龟和青蛙妈妈说的话，从中渗透小蝌蚪变成青蛙的科普知识，在此基础上，重点聚焦"就迎上去""连忙追上去""游过去""后腿一蹬，向前一跳，蹦到了荷叶上"等，用调换动词、结合语境、依字猜测等方法，感受"迎"的喜悦、"追"的急切、"游""蹦"的轻松，体会这些动作用词准确，很好地表达了小蝌蚪的不同心情。四是分一分，读一读。先是四人一组，分别扮演小蝌蚪、鲤鱼、乌龟和青蛙妈妈进行分角色朗读，要求读好人物说的话，适当加入一些动作等，读后相互评价，提出改进建议；再选派代表上台交流，全体学生投票，评出最佳朗读小组。

任务三：我讲故事给你听。仿照课标"表达与交流"的学业质量，"看图说话，能描述一幅图画的主要内容，说出多幅图画之间的内容关联"。课后练习2提供了五幅图，可见，不仅要说好每幅图的内容，还要注意说清图与图之间的过渡和衔接。由于课文提供的五幅图并未按故事内容的顺序排列，因此要让学生根据课文内容，把五幅图按顺序连起来，或给每幅图标上序号。之后，以先分后合的方法，先一幅一幅地说，再连起来说。一幅一幅说时，重点关注每幅图的主要内容是否说清楚，鼓励用上课文的语言；连起来说时，重点指导每幅图的内容联系与语言衔接。为了让每个学生都有讲故事的机会，教学时要给学生准备的时间，学生独立说或与同桌互说，然后指名学生示范说，点评交流后，学生根据各自讲故事的情况，进行必要的补充、调整后，自己再说一次。

上述三项任务分别指向"识字与写字""阅读与鉴赏""表达与交流"三个课程内容，其中的"我来教你学生字"属于基础型的"语言文字积累与梳理"学习任务群，"请你跟我这样做""我讲故事给你听"是发展型的"文学阅读与创意表达"学习任务群。当然，如果学有余力，还可以设计一个"青蛙秘密我知道"的任务，让学生在家长的指导下搜集相关资料，了解青蛙的种类、习性、作用等方面知识，再进行文字或图片的展示、交流，就是"跨学科学习"任务群了。

二、单元学习任务群

单元学习任务群，顾名思义就是以整组单元内容为学习任务群的设计单位，通过单元课文内容、资源等元素的整合，实现单元学习的结构化。显然，这样的学习任务群追求语言、知识、技能和思想情感、文化修养等多方面、多层次目标发展的综合效应，而不是学科知识的逐点解析、学科技能的逐项训练的简单线性排列和连接，其难度不言而喻。又由于现行小学语文统编教材虽然以人文主题和语文要素双线并进的方式组元，但毕竟不像高中语文教材那样明确地以某一学习任务群来组织安排，因此，进行学习任务群设计时，需要教师根据单元课文内容，提炼出合宜的学习主题，确定相应的学习任务，设计相关的学习活动。这对语文教学的专业能力无疑提出了严峻的挑战。

五年级上册第一单元有《白鹭》《落花生》《桂花雨》《珍珠鸟》四篇课文，口语交际"制定班级公约"，习作"我的心爱之物"和语文园地。

首先要对内容进行整合。《白鹭》写白鹭的外形和活动，表达对白鹭的赞美和喜爱之美；《落花生》写种花生、收花生、尝花生和议花生，希望儿女做个像落花生一样的人；《桂花雨》写桂花样子、桂花盛开、摇桂花、桂花食物、母亲说桂花等事例，传递出对故乡的眷念之情；《珍珠鸟》写"我"与珍珠鸟的相处经历，点明"依赖，往往创造出美好的境界"的主题；语文园地"日积月累"的唐诗《蝉》也是借写蝉的形状与食性、蝉声的长鸣动听，表达出"居高声自远"的热情赞美和高度自信。四篇课文、一首古诗都以具体事物为题，或写物，或写事，传达出作者的内心情感或愿望。

其次是写法整合。《白鹭》先是把白鹭与白鹤、朱鹭、苍鹭从颜色、大小上进行对比，再从感受的角度叙写白鹭的色素和身段的"适宜"之美，以及水田钓鱼、树顶放哨和空中低飞的不同美丽姿势。《落花生》略写种花生、收花生和尝花生，详写议花生，且聚焦议花生部分中父亲的议论，详处极详，略处极略，其中第一次议论把落花生与桃子、石榴、苹果从位置、颜色、隐显等方面进行物与物对比，第二次花生与人的物与人的对比，第三次是"有用的人"与"对别人没有好处的人"的人与人的对比，对比的层层深入，揭示出作者想表达的感情。《桂花雨》所写的几个方面并无明显的轻重之分，摇桂花部分突出了人物的语言和动作，桂花样子采用了桂花与梅花、桂花开花与不开的对比，表现"我"对桂花的喜欢，母亲谈桂花一段写的都是花香，却是杭州一处小山的桂花香与家乡院子里的桂花香作对比，从而表达思乡之情。《珍珠鸟》按时间节点，交代了不同时段人与鸟不同的相处情形，整个事情发展过程前后变化极大，鸟从怕人到探出头又到在屋里飞来飞去再到落在"我"的书桌上最后趴在"我"的肩头睡着的变化，"我"从很少扒开垂蔓瞧到决不掀开叶片往里看又到不去伤害它再到不动声色写最后到生怕惊跑它，其前后变化形成鲜明的对比。很显然，尽管不同的课文有各自不同的表达感情的方法，如《白鹭》的心理感觉写法，《桂花雨》的事例选择，《落花生》的详略处理等，但对比却是共性写法。只不过对于五年级学生来说，他们对一般性的对比并不陌生，像《落花生》的层层对比、《桂花雨》的心理感觉与生活逻辑对比、《珍珠鸟》的整个事情发展的前后对比是需要特别关注和学习的。语文园地的"词句段运用"也安排了体会对比写法的练习。这些，恰恰也是单元语文要素"初步了解课文借助具体事物抒发感情的方法"的应有之义，只不过是从阅读理解的角度，即从课文阅读中学习别人是如何借助具体事物抒发感情的。另一方面，也要把学到的这些方法运用在自己的习作实践中，与此相关的有《落花生》课后"小练笔"、习作"我的心爱之物"等。

再次是助学系统整合。一是生字词，《白鹭》6个要认、10个要写；《落花生》5个要认、10个要写；《桂花雨》2个要认、10个要写；《珍珠鸟》12个要认，其中"待"为多音字，这些生字绝大部分是左右结构或上下结构的字，这就为归类识字写字提供了很好的资源。二是课后练习。朗读方面，四篇课文皆有要求，只是《落花生》是分角色朗读，《桂花雨》是有感情朗读，《珍珠鸟》是默读，这对五年级学生来说难度都不太大；内容方面，《白鹭》的"从哪些地方感受到'白鹭是一首精巧的诗'"，《落花生》"说说课文围绕'落花生'写了哪些内容"，《桂花雨》的"说说桂花给'我'带来了哪些美好的回忆"，《珍珠鸟》的"想想'我'是怎样逐渐得到珍珠鸟的依赖的"，每篇课文都有具体的问题提示；情感方面，《落花生》的"从课文中的对话可以看出花生具有什么样的特点？父亲想借花生告诉'我们'什么道理？"《桂花雨》的体会句子蕴含着的情感，《珍珠鸟》的"体会'我'和珍珠鸟之间的情意"；语言方面，《白鹭》给课文第6-8自然段描绘的三幅图画"起名字"，是语言概括训练，"背诵课文。抄写你喜欢的自然段"是语言积累，《桂花雨》联系"阅读链接"说说句子的含义，重在语言内涵的理解，语文园地"词句段运用"中根据要求给"温和"写不同的句子，这些都是书面语言表达练习，口语交际"制定班级公约"则是口头表达练习。

通过上述几个方面的整合，我们可以"借物抒情方法的学与用"为学习主题，确定基础知识、内容理解、写法感悟、语言表达等四个任务群，具体如下。

任务一：归类学生字。安排两个学习活动来完成。第一个活动是归类识字，学生可运用之前学过的归类识字的方法，如左右结构、上下结构、半包围结构，或者形声词、同偏旁字，或者相同韵母、声母等归类方法自主识字；第二个活动把字写美，从如何把生字写得美观的角度，提醒学生上下结构的字不能写太长、左右结构的字不能写太宽，关键笔画、重点笔画如何避让、穿插等等，并投影评点所写的生字。

任务二：支架理内容。由三个活动完成。第一个是读好课文。学生自由读课文，要求读通读顺，特别是对一些难点的长句子，如《白鹭》的第 5 自然段、《落花生》的父亲第一句话、《珍珠鸟》的第 7 自然段等，要多读几遍。第二个是内容梳理。在通读课文的基础上，运用不同的思维导图梳理每个文章的内容安排，如《白鹭》《落花生》的提纲式梳理，《桂花雨》的鱼骨图梳理，《珍珠鸟》的表格式梳理等；第三个是语言叙述。依据思维导图，用自己的话说说每篇课文写了什么内容，初步了解每篇课文内容，体会文章情感，完成相关的课后练习。

任务三：比较明写法。由于本单元四篇课文借助具体事物抒发感情的方法既有共性，也有个性，因此可以采取先逐篇再整合的方式进行。活动一：整体感知。学生比较四篇课文和一首古诗的题目，不难发现它们的共同点，那就是都以所写的事物作为题目，让人一看就知文章写的是什么；接着结合文章内容进行第二次比较，发现文章或写动物或写植物，但都只是表达情感的一个凭借，一种寄托，四篇文章和一首古诗皆采用借物抒情的艺术手法。活动二：各美其美。以"课文是如何借助具体事物抒发感情的"为思考问题，学生逐篇阅读，想想哪些语句表达了作者的情感，从内容、情感、语言、写法等角度，在这些语句旁边写上阅读批注，渗透《桂花雨》等课文的课后练习。以此为基础，学生自由汇报，特别选择学生并未认识到的抒发感情的方法，比如《白鹭》用心理感受写出白鹭美感、《落花生》用父亲的话突出花生特点、《桂花雨》用母亲违反生活逻辑表达情感等写法，并通过分角色朗读、有感情朗读等手段加深体会。活动三：重点聚焦。在梳理每篇课文抒发感情的方法的基础上，发现每篇课文不约而同地采用了对比的写作手法，把每篇课文和语文园地中对比写法的语句集中呈现，探讨这些对比手法的差异，以及如此差异的背后原因。这样学生就能够发现，同是对比写法，表达却各有差异。有的是同类事物的对比，如《白鹭》第 3 自然段，比的是白鹭与白鹤、朱鹭、苍鹭的颜色和大小，为的是表现白鹭的色素配合与身段大小的适宜之美。有的是同一事物特点的对比，如《桂花雨》用杭州的桂花香与家乡院子里的桂花香相比，以心理的角度突出院子里的桂花香，为的是表达思乡之情。有的是同一事物不同时候的对比，如《桂花雨》的桂花开花与不开花时的不同，强调桂花的香气迷人。有的是比较事物的不断变化，如《落花生》中父亲说的三句话，分别是花生与桃子、石榴、苹果的物与物对比、花生与人的物与人对比、"有用的人"与"对别人没有好处的人"的人与人的对比，三个对比层层推进，文章所要告诉读者的道理随之水落石出、水到渠成。有的是把对比融在事情发展的全过程中，如《珍珠鸟》的鸟与人各自的前后变化，两者交融构成了人鸟相处的整个变化过程，从而表达了"信赖"的主题。这样探讨，既丰富了学生关于对比写法的认识，又明晰了不同的对比写法都有其不同的表达意图，进而根据自身表达的需要，自由调遣、选用对比写法。

任务四：抒情写事物。这是落实单元语文要素"写一种事物，表达自己的感情"的主要平台，分三个活动。活动一：随文练写。学习《白鹭》第6~8自然段，让学生分别给这三段话起个标题，通过不同标题的对比，说说哪一个更适合课文的描述，如"水田钓鱼"与"安然垂钓"、"树顶放哨"与"悠然放哨"、"空中低飞"与"翩然低飞"的比较，学生借助课文中的相关语句，明白前者只在陈述一种事实，后者融入了观察者的感受，这就是作者表达感情的方法。这样既完成《白鹭》课后练习，又习得了抒发感情的方法。阅读《落花生》后，随机安排课后"小练笔"，让学生试着从"竹子、梅花、蜜蜂、路灯"中选取一个，与生活中的人联系起来，写一段话。活动二：你言我语。创设班级需要一个共同遵守的规则的生活情境，出示单元口语交际"制定班级公约"的任务要求，按"提出班级建设的目标""分组讨论，形成小组意见""全班表决，形成公约"的顺序展开交流，并写出班级公约。活动三：学写事物。学生自由说出自己喜欢的心爱之物，口头叙说喜欢的理由，如心爱之物的样子、用处、来历、自己和心爱之物之间的故事等，尝试用上本单元学习过的抒发情感的方法，并写成文稿。师生针对习作内容和表达感情的方法进行重点评价，学生自我修正后，办一期"我的心爱之物"习作专栏，贴上习作和图片，与同学分享自己的学习成果，评选出最佳作品。

三、单元任务群中的单篇互补

部编教材中还有一类单元,单元课文间"分之则眉目清楚,合之则互为有用",相同的单元学习目标和重点,在单元的不同课文中的体现也会因文而异、因课有别。就单篇课文看,其对语文要素的落实在角度、层次、方法等方面各有所侧重、细微差别,呈现出不同的目标"个性";就课文间的联系看,几篇课文以不同的内容,从不同的角度,在不同的方面,相互补充,互为协作,呈现出"各美其美,美美与共"的编写样态,共同完成单元语文要素的全面落实。因此,单元任务群阅读不能仅仅满足于共性问题的学习,还要充分利用单元提供的对比素材,让学生在洞察和辨析的思维历程中,把握单篇文本表达的特质,为学生建构多样化的表达融通体系奠基,体现在设计上就是要采取单篇互补的形式进行。

比如三年级上册第七单元的"感受课文生动的语言,积累喜欢的语句","生动的语言"在单元中的三篇精读课文中的体现很不一样。《大自然的声音》这样写风的声音:"当微风拂过,那声音轻轻柔柔的,好像呢喃细语,让人感受到大自然的温柔;当狂风吹起,整座森林都激动起来,合奏出一首雄伟的乐曲,那声音充满力量,令人感受到大自然的威力。"这句话中选择微风和狂风两种形态,采取相同的写法:把风当作人来写,用"呢喃细语""激动"等人的行为,借助作者的视听感觉和内心感受,形象生动地描绘出微风和狂风发出的美妙声响;写水和动物的声音,则用"滴滴答答""叮叮咚咚""淙淙""潺潺""哗哗""叽叽喳喳""唧哩哩唧""哩哩"等拟声词。而且仅是拟声词运用,又分为两种表现形式:一是独立使用,在"滴滴答答……叮叮咚咚……所有的树林,树林里的每片树叶;所有的房子,房子的屋顶和窗户,都发出不同的声音"中,"滴滴答答""叮叮咚咚"等都是单独出现的,表示不同的声音形态;二是连续使用,在"当小雨滴汇聚起来,他们便一起唱着歌:小溪淙淙地流向河流,河流潺潺地流向大海,大海哗哗地汹涌澎湃"中,"淙淙""潺潺""哗哗"三个拟声词连续使用,加上顶真的修辞手法,形象再现了小雨滴汇聚后从小溪变成河流再汇成大海的完整变化过程，而且表现了水流、水形、水声、水势的不同变化，不管怎么变化，水的奔流始终是欢快、喜悦的，作者的愉悦、喜爱之情蕴含其中。《读不完的大书》的生动语言有："小麻雀叽叽喳喳、蹦蹦跳跳的，叫人愉悦。老鹰在高空盘旋，展翅滑翔，突然猛扑而下，给人以雄健勇猛的感觉。蚂蚁搬家，井然有序，当两军对垒时，那勇敢忠贞的精神，真叫人敬佩。"这段话写了小麻雀、老鹰、蚂蚁三种动物，写法上完全一样，都先写动物的行为表现，如"叽叽喳喳、蹦蹦跳跳的""高空盘旋，展翅滑翔，猛扑而下""搬家，井然有序，对垒，勇敢忠贞"，这些词语准确表明不同动物的各自特性，再写作者的感受，分别是"愉悦""雄健勇猛""敬佩"，这三个感受与动物的行为高度吻合。课文最后一个自然段"微风吹来，沙沙的竹叶声，如同温柔的细语。池塘边的棕榈树高大挺拔，大蒲扇似的叶子在风中摇摆，一副超凡脱俗的样子。在秋高气爽的日子里，它倒映在池塘的水中，小鱼在倒影间游玩，又是另一种境界"，也是如此，显然，"看到＋想到"就是这篇课文语言生动的具体形态。《父亲、树林和鸟》的语言生动主要体现在词语使用上。"父亲突然站定，朝幽深的雾蒙蒙的树林，上上下下地望了又望，用鼻子闻了又闻"一句，出现了"雾蒙蒙""上上下下""望了又望""闻了又闻"等不同形式的叠词，而且"幽深""雾蒙蒙"又与"上上下下""望了又望""闻了又闻"构成了语义上的矛盾：既然树林如此"幽深""雾蒙蒙"，什么也看不见、听不见，又有什么可"上上下下""望了又望""闻了又闻"的呢？一联系后文，就发现这看似矛盾的表达，恰恰说明父亲对树情、鸟情的了然于心；"我茫茫然地望着凝神静气的像树一般兀立的父亲"一句，"我"的"茫茫然"反衬父亲的"凝神静气"，加上"像树一般兀立的"比喻，写出父亲的专注；"我只闻到浓浓的苦苦的草木气息，没有闻到什么鸟的气味"，又是两个叠词，以"我"的嗅觉迟钝写出父亲对鸟的熟知与敏感，从而说明父亲是个热爱树林、热爱鸟儿的人。在单元学习任务群设计时，就得从"感受课文生动的语言"着眼，依据每篇课文语言的不同特色，教出生动语言的"这一个"，在互补协作中，实现单元语文要素的课堂落实。

任务一：正确读好课文。三个活动，分别是生字词的认读与书写、课文的正确流利朗读和课文内容的初步了解，完成《大自然的声音》等课文的课后练习。

任务二：初识生动语言。学习重点是《大自然的声音》，安排三个活动。活动一：重点提取。先以大问题统领：自由朗读课文，用笔圈画出课文中描写声音的语句，多读几遍，再想想哪些描写声音的句子你很喜欢？活动二：聚焦风声。先学习"当他翻动树叶，树叶便像歌手一样，唱出各种不同的歌曲。不一样的树叶，有不一样的声音；不一样的季节，有不一样的音乐"，发现这句话中的风看似"无声"，却无处不在，且千变万化。四个"不一样"，自然调动起读者的生活经验，让人联想到风吹过大树叶、阔叶片、小树叶发出的不同声响，联想到轻柔春风、强劲夏风、萧瑟秋风、呼啸寒风吹过树叶的不同声音，生活经验不同，风的声音就有了差异，这样的写法可谓是"无声胜有声"。再学"当微风拂过，那声音轻轻柔柔的，好像呢喃细语，让人感受到大自然的温柔；当狂风吹起，整座森林都激动起来，合奏出一首雄壮的乐曲，那声音充满力量，令人感受到大自然的威力"，逐句理解微风、狂风的语句，抓住"呢喃细语""激动"等词语，结合生活经验，想象微风轻柔、狂风猛烈的样子，比较发现两个句子的共同写法特点，并在朗读中体会这样写的好处。结合课后练习 3 和"阅读链接"《瀑布》，进一步感受生动的语言，加以积累。活动三：聚焦拟声词。学生自读课文第 3、4 自然段，圈画相关拟声词，体会作者借助不同的拟声词表现水的不同形态及其变化，以及不同动物的不同声音，生动表现了大自然的美妙声音。通过对比，学生发现同样是拟写词，用法却不一样：有的单独使用，有的连续使用，有的以排比的方式呈现，表现出丰富多样的语言形态，从而感受语言表达的魅力。朗读、背诵、抄写自己喜欢的描写声音的语句，有助于丰富生动语言的积累。

任务三：再识生动语言。学习重点是《读不完的大书》，安排两个活动。一是教读第 2 自然段，在教师指导下，学生发现本段"看到＋想到"的语言特点，且大都用四字词语，把三种动物并列着写；再把"愉悦""雄健勇猛""敬佩"三个表示感受的词语互为调换，学生进一步发现"想到"的必须与

"看到"的相一致，比如"叽叽喳喳""蹦蹦跳跳"分别从声音和动作两个角度写出了小麻雀的可爱、活泼、机灵的特点，这才让人有"愉悦"之感，而非"雄健勇猛""敬佩"的感觉，又通过朗读再现不同动物给人的感觉。二是自读最后一个自然段，因为此段与第 2 自然段写法一样，学生完全可以迁移阅读方法自学本段，从而进一步感受本课中的生动语言。

任务四：三识生动语言。学习重点是《父亲、树林和鸟》。活动一是发现修饰用词。以课文首句为主线，找出具体表现"父亲一生最喜欢树林和歌唱的鸟"的语句"父亲突然站定，朝幽深的雾蒙蒙的树林，上上下下地望了又望，用鼻子闻了又闻""我茫茫然地望着凝神静气的像树一般兀立的父亲""我只闻到浓浓的苦苦的草木气息，没有闻到什么鸟的气味"等，比较这几个句子，学生就能发现其共同点，就是每句话都使用了修饰词，而且用了两个。活动二是感受修饰词的表达妙处。先以第一句父亲突然站定，朝幽深的雾蒙蒙的树林，上上下下地望了又望，用鼻子闻了又闻"为重点，在理解"幽深""雾蒙蒙"的意思基础上，懂得这两个词是从树林的广阔、所处的位置、观察的时间等角度来写的，此时的树林是难以看清的，再与"上上下下""望了又望""闻了又闻"这些叠词连起来思考，学生就能读懂父亲在看不清树林的情况下，依然可以用望、闻的方式判断树林里是否有鸟，可见其对树林、对鸟的熟悉程度，其喜欢树林、爱鸟的形象就在这些词语中跃然纸上，如果没有了"幽深""雾蒙蒙"，父亲"望""闻"的行为就是怪异的、无法解释的。如此，就能体会到修饰词在表情达意上的作用。活动三是自主感悟。学生同样运用这样的方法自读自悟后两句，进一步形成对运用修饰词表达情感的语言特点。活动四是思辨表达。出示课后练习2，学生自主发表个人看法，并以文中内容支撑自己的看法和观点，从而懂得说话不仅要有条理，而且要有理有据。

任务五：运用语言说写。安排三个活动。一是口语交际"身边的小事"，要求清楚、完整地表达自己或小组的看法，尽量做到有理有据。二是习作"我有一个想法"，既要写明自己的想法是什么，更要交代清楚自己的想法是怎么产生的，为什么会有这样的想法等。三是语文园地的语言积累与运用，如运用"交流平台"提出的"分类摘抄"的方法，再次朗读、回顾三篇课文的生动语言，尝试进行语言的区别和归类，再分门别类地写下来；还有"__得___"的句式仿写、顶真语言特点的发现、古诗《采莲曲》的记背，等等。

四、单元任务群中的单篇递进

现行小学语文统编教材单元编排大多依照课文、口语交际、习作、语文园地的结构顺序，有的还有"快乐读书吧"，这些栏目绝不是各自为政的割裂板块，而是以单元语文要素为线串联起一串串"珍珠"，不同的板块，不同的资源，所承载的语文要素有着不同的要求。因此，单元学习任务群的设计切不可指望一篇课文就将单元语文要素的所有要求一网打尽，而要在单元整合策略下按"教—学—练—用"的顺序进行层层递进、步步深入，在"滚雪球"式的学习活动中逐步达成单元学习任务。这是符合语文学习规律和能力发展规律的，有利于真正实现从知识向能力的转化。

比如统编教材三年级上册第六单元的语文要素是"借助关键语句理解一段话的意思"，与以往的"理解"相比，有了新的提高：一是由句子理解变为一段话理解，二是在阅读方法上开始提出要求，指向的是理解能力培养。众所周知，任何一种方法或能力都不可能一蹴而就，因此，这一单元目标达成绝不可能仅仅靠第一篇课文《富饶的西沙群岛》就能实现，而需要整合《海滨小城》《美丽的小兴安岭》等文本资源，进行整体性架构，为此可在整合策略上作递进式的任务群组合设计。除了生字词学习和课文内容理解等基础性学习任务之外，把单元学习任务分解为感知、解构、运用等多个互为关系、层层递进的学习任务，将单元学习目标浸润在教材编写体系中，为学生构建出一条清晰的单元学习路径。

任务一：感知单元要素。其主要任务为让学生初步了解什么是"关键语句"，以及关键语句与其他语句之间的关联，阅读文本为《富饶的西沙群岛》。

活动一：初识关键语句。第2自然段是典型的因果关系段，整段话由两部分组成，先是颜色奇异，后是形成原因。可让学生阅读这段话，圈画出这段话中表示颜色的语句，并借助品读、想象、图片等方法理解西沙群岛的海面色彩奇异、美丽，还发现这句话中的"西沙群岛一带海水五光十色，瑰丽无比"讲的就是这个意思，教师借机告诉学生像这样能概括其他语句的意思的句子就是关键语句；可用画画的方法，抓住"海底高低不平，有山崖，有峡谷"等词句，理解海水深浅与海面色彩之间的关系，这句话说明了"海水五光十色，瑰丽无比"的原因。可见，这一段话的第一句把整段话的意思都说了，这样的句子就是中心句，中心句是关键语句的一种。活动二：再识关键语句。学生自读第4、5两个自然段，试着找出能够把整话段意思说出来的句子，这样，他们就会找出"鱼成群结队地在珊瑚丛中穿来穿去，好看极了""各种各样的鱼多得数不清""西沙群岛也是鸟的天下"等语句，然后让学生深入阅读，看看这些句子与段落中的其他句子是什么关系，适机出示图片、播放视频、感情朗读等，帮助学生品味语言，感受西沙群岛的丰富资源，进一步强化对中心句、关键语句的认识。活动三：试用关键语句。让学生试着按课文这样，用上中心句，先选择自己喜欢的部分，向别人介绍西沙群岛，再依据图片内容，写几句话，以完成课后两道练习。

　　任务二：解构单元要素。其主要任务是引导学生从构段的角度感知、认识关键语句在表达上的作用，阅读文本是《海滨小城》。活动一：寻找关键语句。学生自读课文第4、5、6三个自然段，分别找出每一段话中的关键语句，并从这句话与其他语句的关系角度，说说为什么它们是关键语句。活动二：体会关键语句。先以"小城里每一个庭院都栽了许多树"一段为例，了解围绕着这一句话分别从树木数量多、叶子香味浓、凤凰花儿美三个方面来写。其间，抓住"热闹""笼罩""红云"等词句，作重点阅读理解和朗读体会，感受语言表达之美，小城景色之美。再迁移这样的阅读方法，学生自主或小组合作阅读"小城的公园更美""小城的街道也美"两个段落，在汇报交流中进一步认识关键语句的作用。在此基础上，整体比较这三段话学生不难发现三段话中的关键语句都出现在段落开头，后面的几句话都是围绕这个句子来说的，这样的句子也叫总起句，这样的构段就是总分结构。活动三：新识关键语句。阅读课文前三个自然段，让学生圈画出每段话的关键语句，学生怎么也找不到。此时，让学生想想每段话写的是什么？他们就能发现，第1自然段写的是海滨的许多景物和多种色彩，第2自然段写的是早晨的朝阳，第3自然段写的是海滩平时是寂静的，船回来就热闹了。有了这样的认识，学生就能从每段话中找出相应的词语或句子，如第1自然段的"浩瀚的大海"，第2自然段的两个"被朝阳镀上了金黄色"，第3自然段的"寂寞"和"喧闹"，这就是这段话中的关键词句，借助这些语句，就能大致了解这段话的意思了。

任务三：运用单元要素。其主要任务是整合前两篇课文储备的经验，组织学生为语段补上关键语句，阅读文本是《美丽的小兴安岭》。这篇课文写作顺序非常鲜明，按春夏秋冬的季节变化顺序展现了小兴安岭的景色诱人、特产丰富，每个季节都非常集中，季节性非常明显，却没有一段使用关键句。为此，可作如下活动设计。活动一：范例阅读。以春天一段为例，让学生找出本段话表现春天的语句，再紧扣"抽出""欣赏"等重点字词加深语意理解，从而明白这段话是从树木抽枝、积雪融化、小溪淙淙、小鹿散步等方面表现了小兴安岭春天的美丽。活动二：自主阅读。学生自由选择其他语段，也像阅读春天一段一样，抓住重点字词加以理解，感受小兴安岭夏天、秋天、冬天的美丽景色。活动三：比较阅读。让学生把春、夏、秋、冬四段话进行比较，说说自己的发现，如每段话尽管景物不同，但都写到了树木；每段话的景物虽然不同，但都是这个季节才有的，也就是说选择的景物都能表现相应季节的特点；四段话虽然都有明确、集中的季节特点和景物特色的鲜明指向，但都没有用一个关键词句概括这个特点。活动四：补关键句。让学生根据自己对语段的理解，给每段话补上一个中心句，并说明理由。这样，学生在补充关键语句的过程中，对关键语句有了更深切的认识，也为围绕一个意思写一段话打下坚实的基础。

任务四：落实单元要素。其主要任务是运用关键语句来写，落实"习作的时候，试着围绕一个意思写"的单元训练目标。活动一：试着练说。利用语文园地的"交流平台"，对关键语句的作用和所处位置再认识；之后完成"词句段运用"第2题"用下面的句子开头，试着说一段话"，学生自由选择

"车站的人可真多……"或"我喜欢夏天的夜晚……"来说。活动二：试着练写。单元习作"这儿真美"要求"写的时候，试着运用从课文中学到的方法，围绕一个意思写"，这是本单元语文要素的再次实践和全面落实，让学生运用单元的学习经验，以总分构段的方式写一处景物或一个地方。

五、单元任务群中的专项任务

单元整合的核心理念，就是要规避资源的零散化、碎片化，旨在让学生架构、统整体系化的资源，促发深度思维的形成。但是，由于一个单元的学习内容较为多样，涉及识字写字、内容理解、语言学习、写法迁移、问题解决、阅读拓展等诸多方面，如此众多的内容在规定的课时内无法做到既全面顾及，又平均用力，总得来一番轻重、深浅的教学取舍。况且，年级不同，需要学习的重点也不一样，因此在单元任务群的整体框架下进行单项任务的聚焦与突进，是很有必要的。

比如一年级下册第二单元围绕"愿望"这一人文主题，安排了《吃水不忘挖井人》《我多想去看看》《一个接一个》《四个太阳》和语文园地。《吃水不忘挖井人》旨在让学生领略伟人风采，体会饮水思源，懂得感恩和珍惜；《我多想去看看》表达了新疆儿童想去北京、北京儿童想去新疆看看的美好心愿；《一个接一个》表达了儿童对快乐的期待；《四个太阳》则表达了儿童美好的心愿，让世界变得更加美好。为此，设计了相应的课后练习，如《我多想去看看》的"以'我多想……'开头，写下自己的愿望，再和同学交流"；《一个接一个》的"想想你有没有和'我'相似的经历，和同学说一说"；《四个太阳》的"说说你会为每个季节画什么颜色的太阳，试着画一画，并说明理由"。而与单元语文要素"找出明显信息，培养阅读理解能力"有关的课后练习却没有一个。除外，四篇课文都安排了朗读课文和词语积累，其中《我多想去看看》还要求"注意读好带感叹号的句子"。在生字学习方面，需要认读57个生字，包含多音字"觉"，会写27个生字，认识"心字底、广字旁、单耳旁、舌字旁、页字旁"5个新偏旁，掌握"横折弯、横折折撇、横撇弯钩"3个新笔画。语文园地二安排了关于含有数量词的词语、带"日""寸"的词语、生活常见的词语，重在激发学生的识字兴趣，建构汉字音、形、义之间的联系，培养学生在生活中识字的意识和能力。

通过以上分析，不难看出，相较而言，在识字写字、课文朗读、内容理解、语言积累四大项任务中，识字写字的分量相对最重，因为有较多的新笔画和新偏旁，学习任务最为艰巨，因此，本单元的学习任务群应当在统筹考虑、全面落实的同时，侧重识字与写字，突出这项任务的教与学，并在课时安排上给予倾斜，甚至可以围绕识字、写字而展开学习任务群的设计。

任务一：归类认识新朋友。分两项活动。活动一：带出新朋友，即由学过的偏旁带出含有这个偏旁的生字。第一步，复习先前认识的"口""木""辶""走""亻"等偏旁，学生读偏旁，知道偏旁与字的关系。第二步，分别出示带有这些偏旁的"生字屋"，如："口"字旁的"吃、叫、告、各、因"；"木"字旁的"村、样"；"亻"字旁的"做、伙、伴"；"辶"字旁的"这、道、送"，学生认读生字、生字组成的新词、生字所在的句子。活动二：认识新偏旁。第一步：出示"忘""想"，学生发现两字都有个"心"，认识"心"字旁及其意思，顺带猜猜"忘"和"想"的意思；从"忘"带出"忙"，从读音和字形上比较异同；给"忘"组词，引出课题"吃水不忘挖井人"，看课文插图中的井，读好"井"；第二步，出示毛主席的图片，简单介绍毛主席，读好这三个生字，认识"席"的"广"字头，读好"广"字，读好长句子"瑞金城外有个村子叫沙洲坝，毛主席在江西领导革命的时候，在那儿住过""毛主席就带领战士和乡亲们挖了一口井"，指导读好轻声词"村子""时候""住过"等；第三步，出示"即、甜、颜"，用字理识法认识这三个字，从中懂得"卩""舌""页"都与身体部位有关，从"页"引出生字"面"，给这些字组词，引出"香甜""颜色"等词语和"金黄的落叶忙着邀请小伙伴，请他们尝尝水果的香甜""春天，春天的太阳该画什么颜色呢？"等句子。在读好这两句话的同时，解决了"尝、香、太、阳、该"等生字的认读。

任务二：随文认识新朋友。分四个活动。

活动一：阅读《吃水不忘挖井人》。第一步，检查生字，熟读课文。在任务一学习中，学生已经认识了本课的 13 个生字，此时自由读课文，意在检查生字识记情况和全文朗读，重点指导读好最后一段话。第二步，品读语句，理解内容。先从课题入手，了解"挖井"和"挖井人"，说说课文题目是从哪里来的，学生就找到了最后一段的关键句"吃水不忘挖井人，时刻想念毛主席"。接着提取信息：课文所说的"挖井人"是谁？用笔圈画出来，并说说是从哪里知道的？学生就很容易从"吃水不忘挖井人，时刻想念毛主席"和"毛主席就带领战士和乡亲们挖了一口井"中找到答案。再联系课文：毛主席为什么要挖井？他们会怎么挖这口井的呢？学生自由交流，根据学生的回答，适时抓住"要到很远的地方去挑"等关键词句，体会当时乡亲们吃水的不易，懂得毛主席带领大家辛辛苦苦地挖井就是为了乡亲们。最后回扣课题：解放以后，乡亲们为什么立石碑，还要写上"吃水不忘挖井人，时刻想念毛主席"这几个字？引导学生从挖井付出的劳动，有井后给乡亲们带来的方便，毛主席做事都是为了老百姓等方面展开，体会蕴含在这句话当中的百姓对主席的感恩、热爱之情。第三步，积累语言，写好生字。读读课后练习 2 中的词语，发现每对词语都是有关联的，如"水井"与"井口"都与"井"有关，一个指事物，一个指这个事物的部位，有了这样的发现，读一读，记一记就容易了。生字书写可分类指导，"吃、叫"一组，"江、没"一组，"主、住"一组，"以"一组，写"没"时注意"横折弯"笔画的重点练习。

活动二：阅读《我多想去看看》。第一步：复习"席"字和"广"字旁，了解"广"单独成字和作为偏旁的不同，写好"广"字；再分别呈现"广场""天安门广场""北京天安门广场"三组词语，先后认读生字"安""京"；出示北京天安门广场图片，学生说说看到的画面，指导书写"北京"。第二步：把这些生字词放回语句，学生读第 1 自然段，认读"告诉""就会""非常""壮观"等生字词，把这段话读正确、读流利，特别注意"弯弯的小路""遥远的北京城""雄伟的天安门"等同类结构的词语。第三步：由于两段话非常相似，可把第 2 自然段作为检验和巩固学生认读生字和语句朗读的极好材料，看看是否读好"宽宽的公路""遥远的新疆""美丽的天山""洁白的雪莲"这些词语，为语言积累做准备。第四步：圈画出文中写有"我多想去看看"的语句后，带着问题思考。第一个问题：第 1 自然段中的"我"是谁？想看什么？你是怎么知道的？学生可以利用课文插图和"走出天山""遥远的北京城"等语句来回答，引进资料认识天山、新疆、雪莲，感受新疆的美丽富饶，利用地图了解新疆与北京的距离，初步了解"弯弯的小路""遥远的北京城"等词表达的意思。第二个问题：新疆距离北京那么遥远，"我"为什么那么想去看看遥远的北京城？当学生回答"雄伟的北京城""广场上的升旗仪式非常壮观"等内容时，可让去过北京、看过天安门升旗仪式的学生说说当时的见闻和感受，再辅之以图片、视频等，让学生理解"雄伟""壮观"的意思，真切地感受天安门广场升旗仪式的隆重、庄严和气势，从心底油然升起身为中国人的自豪与骄傲。问题三："我多想去看看"为什么写了两次？去掉一个可以吗？通过删减比较，体会语句表达的爱国情感，读出感叹句和重复句表达的意思。第五步：引导学生带着同样的问题自己试着阅读第 2 自然段，遇到困难请同学帮助或老师指导，着重读好感叹句和重复句，体会北京孩子对新疆的向往和热爱。第六步：新疆孩子爱北京，北京孩子爱新疆，他们都有自己的愿望。你也有自己的愿望吗？用"我多想……"开头，写下来，再说给同学听。第七步：积累语言，写好生字。出示课后练习 2，学生说这些词语的共同点，再记背下来。指导"多、会、走"三个上下结构的生字书写，从结构比例、书写顺序、关键笔画、田字格中的位置等方面引导学生自主发现，尝试书写。

活动三：阅读《一个接一个》。第一步：板书课题，认读"接"，组词"接力""接着"，初步了解课题的意思。《我多想去看看》中的孩子想去北京、想去新疆，《一个接一个》中的孩子又想干什么呢？读课文，用笔画出相关句子来。学生回答后，把这些句子逐句集中呈现在屏幕上，随着句子的出现，逐步认读句子中的"再""做各种各样""伙伴""也""趣"等生字词；再把这些句子带入每节诗中，把整首诗读正确、读流利。第二步：比较这几个句子，说说这些句子有什么相同？学生会发现这些句子都用上了"唉""啊""呢""哪""呀"等语气词；再读其他句子，又会发现"啦""吗"等语气词。第三步：这些语气词分别表示什么意思呢？"我"和"大人"为什么要用这些语气词呢？学生带着这些问题自由读诗，并说出自己的想法。这样，学生一边读一边了解"我"为什么有时心情失落，有时又很开心，从而体会这些语气词在不同情境下的意思，并通过朗读表达出来。第三步：紧扣最后一句的两个问句，让学生以自己的亲身经历回答诗中的"我"，以完成课后练习。第四步：指导生字书写，依然采取分类的方法："过、这"一组，"伙、伴、样、种"一组，"各"一组，重点指导"过、这"的"横折折撇"的新笔画。

活动四：阅读《四个太阳》。第一步：板书课题，认读"太阳"，指导书写，特别是"阳"的"横撇弯钩"新笔画；学生质疑课题。第二步：出示"绿绿的太阳""金黄的太阳""红红的太阳""彩色的太阳"，学生读，发现词语特点，懂得课题所指，引出"颜色"一词，巩固"颜"的认读，了解"颜色"与"绿绿""金黄""红红""彩色"之间的关系；学生读课文，找出四个词语所在的语句，巩固生字"送"的认读，并给太阳图片找到相应的季节图片，并读好四句话。第三步：分别出示"高山　果园　田野""清凉　香甜　温暖"两组词语，巩固生字"甜"，认读生字"温暖"，感知这些词语的意思及其构词特点，再找到这些词语所在的句子，读通读顺；指导读好"高山、田野、街道、校园"的停顿和长句子。第四步："我"为什么要画这四个太阳呢？读课文，找答案，并用"因为……所以……"来说。在此过程中，了解"到处"除了文中说的四处外，还可能有哪里，结合生活经验畅谈"清凉"感觉；想象秋天果园的果实累累、色彩斑斓；角色代入，如果你是那个被太阳温暖的小朋友，你会说些什么；想象"多彩"的春天，读出"呢""哦"表达的意思。第五步：如果是你，你会为每个季节画什么颜色的太阳，试着画一画，并说明理由。第六步：书写生字，重点指导"因"的笔顺与口字框，"为"的笔顺与两个点，"秋""校"进行田字格的位置、比例的比较，以及撇、捺笔的不同与变化。

任务三：多点认识新朋友。

学习内容主要是语文园地二。活动一：认识数量词。出示"识字加油站"，学生读词语说特点，圈画量词，读准音，"辆""支""棵""架"都可以用加一加的办法来识字；这些量词可以互相调换吗？为什么？再用自己知道的数量词来说一件事物。活动二：分类识记。"字词句运用"中的"找一找，连一连"，比较大小写字母在形状上的不同，有什么好办法记住它们？重点放在形状变化比较大的字母上，如"N"与"n"、"G"与"g"等。观察"字词句运用"中"读一读，想一想"的字，发现"明""星""早""阳"中都有一个"日"字，"日"字加上不同的部件就成了新的字，以"日"组成字跟太阳或时间有关；还可以再举出一些字，如"春""电""旦""时"等来说明；给"寸"字加上偏旁就成了"过""时""对""村"。小结规律：同一个字加上不同的偏旁或部件，就成了不同的字，字的读音、形状、意思都发生了变化，对于这些字可以用加一加的办法来记。活动三：生活中识字。出示"展示台"中的10个词语，借助拼音读准字音，读顺词语。说说这些词语在哪些地方见过，如"减法""计算""算式""排列"在《数学》课本上经常出现；"品德""家庭""姿势""尊重"在《品德与生活》书中或在生活中见过；"经历""预防"在《体育与健康》书中或医院橱窗里读过。通过学习让学生知道，除了语文课文，其他学科的课文，或者日常生活中的许多地方，都能认识新的字，所以，平时要留意观察身边的事物，留心积累汉字和词语。

第七节　语言文字积累与梳理

一、价值定位

"语文课程是一门学习国家通用语言文字运用的综合性、实践性课程。"语言与文字构成语文课程成为独立学科的物质基础，使得"语言运用"成为语文核心素养的内核素养，"文化自信""思维能力""审美创造"必须有机地渗透到"语言运用"之中，而不是凌驾其上、游离其外。因此，语文教学的主要目标是指导学生掌握语言文字知识，发展语言文字表达能力，形成一个以语言文字为主轴、以传授语言文字知识和培养语言文字能力为两翼的"语言文字型"的课程与教学体系。

语言文字积累包括感知语言文字、理解语言文字、巩固语言文字和运用语言文字等类型，不同的类型体现出不同的学习水平。这些类型的积累不仅有语料积累，更有语感、语境、语式、语篇的经验积累，目的是更好地丰富语言积淀、习得语言经验，内化语言图式，提升语言文字表达力。

语言文字梳理指向语言文字的特点与规律，目的在于归类记忆、块状储备、灵活调遣。这是因为一个正常的人，短时间记忆没有意义联结的汉字、符号、数字、图片，所能记住的十分有限，而经过梳理归类后，原来没有关联的知识产生了意义联结，且以组块的方式存在，呈现出语言文字的结构或运用规律，单位时间内记忆的知识就更多；而且，由于"块"的形式整体储存，一旦表达需要，就能在很短的时间内进行合理匹配和灵活调用。语言文字的特点与规律，包括字法、词法、句法和章法，汉语言的构字组词、写段谋篇章的方式虽然丰富多样，但自有其不同的规则。比如字词学习包括正确地读写生字词、掌握字词含义、口头或书面语言正确应用等；句子学习包括内容上理解意思和在形式上掌握常见的句式和句型，能连词成句，连句成段等；篇章知识包括分段、概括段意、概括课文内容和概括中心思想等方面。正因为有一定的规则，因此必须"通过观察、分析、整理，发现汉字的构字组词特点，掌握语言文字运用规范，感受汉字的文化内涵，奠定语文基础"。

语言文字积累与梳理任务群是一切学习任务群的基础，再加上这个任务群的内涵极其丰富，从字、词、句、篇的积累，到语言材料的梳理，最后上升为对汉字和汉语的探究。从学习运用到自觉运用，再到审视和反思，清晰地描绘出汉语学习的路线图，也指明了我们对祖国语言文字所负有的责任。

二、适用内容

1. 识字单元。识字写字是低年级阅读教学的重点，统编教材一、二年级每册教材都安排了一至两个识字单元。"只有当识字对儿童来说变成一种鲜明的、激动人心的生活情景，里面充满了活生生的形象、声音、旋律的时候，阅读与教学的过程才能变得比较轻松。"基于这样的理念，一、二年级识字单元格外重视生字学习的生活化、情境化，突出方法的多样化、系统化，便于学生熟练掌握。这些识字单元，有的突出字形结构、构字特点，有的指向同音字、同义字、形声字，有的介绍新偏旁、新笔画，有的安排独体字、合体字……这样的设计从汉字的特点与规律出发，体现了归类识字的教学理念和优秀传统，易于学生在联想、比较、类推中更多、更快、更好地识字写字，提高学习效率。

2. 语文园地。统编教材中的语文园地一般由"交流平台""识字加油站""字词句运用"或"词句段运用""书写提示""日积月累"等几个栏目组成，这些内容或是引导学生积累语言材料和语言经验，或是引导学生发现汉字的构字组词特点，或是引导学生掌握语言文字运用规范，或是引导学生掌握正确的书写方法，或是引导学生感受汉字的文化内涵，都与语言文字积累与梳理有着密不可分的关系，是进行"语言文字积累与梳理"任务群设计的天然资源。

3. 课文生字及课后语言练习。每篇课文都安排了一定数量的会认、会写的生字词，一般情况下，生字词数量随着年级的升高逐渐变少。同时，有些课后练习也安排了一些语言方面的内容，低年级多以词语或词串为主，如"读一读，记一记""读一读，比一比""读一读，照样子说一说（写一写）"，重在字词材料的积累、词语意思的理解、不同用法的体会、词语运用的模仿等；中年级多以新鲜语言的积累、词句理解方法的掌握、语句情感的体会、重点句段的练写等等；高年级多以语言现象的发现、语言内涵的品味、语言感情色彩的区别、语言表达的仿写、语言文化的感受等等。

三、设计示例

（一）教学内容：统编教材二年级上册语文园地一

（二）文本分析

语文园地一由"识字加油站""字词句运用""书写提示""日积月累""我爱阅读"五个板块组成。

"识字加油站"中的"手套、帽子、登山鞋、运动裤、地图、水壶、帐篷、指南针"都是野外活动必需品，有些学生还比较熟悉，其中的"套、帽、登、鞋、裤、图、壶、帐、篷、指、针"要求会认读，这样的安排意在调用学生的生活经验，渗透生活识字的意识和能力。

"字词句运用"安排两个练习：一是"体会每组加点词的不同意思，选一组演一演"，三组词语分别是"迎上去　追上去""穿衣裳　披红袍""甩甩头　摇摇头"，每组两个动词意思相近，需要借助动作演示加以区别和理解。二是"读一读，用加点的词语说说你的日常生活"，"我的脾气可怪了，有时候我很温和，有时候我却很暴躁"和"平常我在池子里睡觉，在小溪里散步，在江河里奔跑，在海洋里跳舞，唱歌，开大会"两句话都选自单元课文《我是什么》，一方面要认识句子重复出现的词语，另一方面学着这样进行说话练习，这是一道关于语言现象的认识、积累、运用的练习。

"书写提示"要写"作、法、都、别"四个字，它们都是左右结构，但不一样，前两个左窄右宽，后两个左宽右窄。这道题训练学生如何写好不同特点的左右结构的字，还要注意保持正确的坐姿和执笔姿势，养成良好的写字习惯。

"日积月累"安排的是宋代王安石的《梅花》，配图便于帮助学生初步了解这首诗写的是什么，以便更好地记背古诗。

"我爱阅读"的内容是科普类童话作品《企鹅寄冰》，写的是住在南极的企鹅给住在炎热的非洲的狮子大王寄了一块冰，可狮子大王收到的却是一袋水，狮子和企鹅都不知道为什么。通过这样富有情趣的故事，介绍了非洲炎热、南极寒冷的气候特点，以及冰遇热变水、水遇冷变冰的科学常识，告诉学生只有懂得科学知识，了解事物的自然规律，才能把事情办好。

（三）学习任务群设计

1. 学习主题：去探秘，学本领。

2. 学习情境：同学们，到野外游玩需要带什么工具或用具？你能用学过的词语说说郊游见闻或日常生活吗？你会像老师一样教别人写字、背诗吗？你能把他人交办的事做好吗？如果你有这份自信，就到语文园地一中展示你的才华；如果你觉得还不够，就去语文园地一学做事，早日成为会做事的人。

3. 任务与活动。

任务一：这些物，我要带。

活动1：知用途，认读生字。学生先自由说说自己曾去过哪里游玩，跟谁一起去，当时发生了什么有趣、尴尬或印象深刻的事；再创设拟真情境，如果现在我们要去一个以前没有去过的地方观察大自然，你会准备带哪些用具去？为什么？学生说自己的想法的过程中，逐一出现"识字加油站"中的词语，这样学生就能对"手套""地图"等物品的用途有个基本了解，学习的重点就落在了生字的认读上。

活动2：做游戏，巩固生字。学生相互之间以一个出示用具图片，一个准确读出用具名字的游戏方式，检查生字认读情况。还可问学生，除了书上说的这些用具外，你认为还可以带些什么更好？在畅所欲言中，郊游之旅正式开启。

任务二：这些事，我会做。

活动1：动作表演赛。出示"迎上去　追上去""穿衣裳　披红袍""甩甩头　摇摇头"，比赛谁的动作最正确。学生表演后，还要说说每组两个动作的区别，体会动词的意思。

活动2：说话模仿秀。出示："我的脾气可怪了，有时候我很温和，有时候我却很暴躁。"结合课文内容，引导发现"有时候"表示不同的时间，做不同的事，有不同的表现，这句话中的两个"有时候"同时用在"我"的身上，以此说明脾气的"怪"；想想生活中自己或别人有没有不同的时候有不同的表现？再学着这样说一说。再出示："平常我在池子里睡觉，在小溪里散步，在江河里奔跑，在海洋里跳舞，唱歌，开大会。"引导发现句子中的"在"表示不同的地方，做不同事情，有不同表现，四个"在"同样都用于写"我"；学生回忆生活中的所见所闻，用几个"在"来说话。需要注意的是，学生能用三个及以上就可以了，不必硬性规定必须四个"在"。

活动3：书法展示台。出示"书写提示"中的四个字，学生读后，不难发现四个字都是左右结构的字，怎么把这四个字写得正确、工整呢？引导学生自主观察，思考课文把"作、法"和"都、别"分为两个组的原因，进而发现左右结构比例上的不同；再观察左窄右宽的字，右边的哪个笔画超越了竖中线；左宽右窄的字，左边的哪个笔画压在或超过了竖中线。默记好后，先描红，再学写，强调坐姿与握笔姿势。评选最佳书写作品的标准一为左右比例，二是超过中线笔画，三是姿势，最后把好的书写作品挂在教室墙壁上，供同学分享。

活动4：古诗背诵会。学生借助拼音自读《梅花》，再把诗与梅花插图互为对照，试着说说这首诗写了哪些内容，教师在学生阅读困难或理解有误处略作点拨。之后，同桌或小组互背这首诗，再派代表参加班级展示。

任务三：这些错，我能改。

活动1：了解故事意思。学生自主阅读《企鹅寄冰》，借助地球仪、图片或文字等资料，了解非洲、南极的位置与特点，说说这篇童话故事说了什么。

活动2：解释糊涂原因。故事最后写道"企鹅也糊涂了"，看来企鹅寄出的冰，狮子大王收到时为什么却成了水，不仅狮子不知道，连企鹅也感到莫名其妙。可以利用这个结尾，创设现场口语交际情境，让学生化身"知识小精灵"给企鹅和狮子说说其中的原因，从而丰富科学知识。

活动3：如果你是企鹅或狮子，你会用什么办法寄冰能让狮子大王收到？引导学生联系生活经验，说说自己的办法，从中渗透做事不能违背生活规律，违反科学知识的道理。

第八节 实用性阅读与交流

一、价值定位

"实用性阅读与交流"学习任务群重在"实用"。所谓"实用"，意为具有实用价值或能够实际运用，简言之，就是"能用"在实际学习、生活、工作中。在国家劳动和社会保障部提出职业技能的交流表达、数字运算、革新创新、自我提高、与人合作、解决问题、信息处理和外语应用等8种核心能力中，交流表达能力居于首位。可是，我国公民的交流沟通能力并不乐观。

2019年，在澳大利亚南澳大学曾发生过中国留学生在表达爱国情感的时候使用不文明语言的现象；有些学生做了硕士博士，与人沟通交流的能力依然很成问题，沟通交流能力并不因学历升高而提高。

"实用性阅读与交流"包含实用性文本的阅读和实用性的表达交流两个方面，前者是"读"，是输入和内化，后者是"听""说""写"，是输出和外化，但不管是"入"还是"出"，其核心特质是"实用"。从阅读角度看，实用性文本的阅读对象指向实用性文本，而非文学性文本。实用性文本是一种偏向于实际工作所需要用到的文章，为的是阐释事理、传递信息并且表达观点，给人以知识，启发人的思想，多运用抽象思维和各种概念进行分析、判断和推理。实用性文本包括人物传记、新闻、访谈、调查报告、科普文章、说明性文章、应用文等文体，学生通过阅读这一类文章，了解此类文本的内容和文体特征，掌握此类文本的阅读策略，完善个人的阅读经验，全面提高阅读素养。从表达角度看，实用性的交流就是在了解实用性文本的文体特征和写作方法的基础上，根据表达的需要，正确选用适切的实用文体，或传递信息，或表达观点，或鼓动宣传，或交流情感，或表达诉求，或普及科学知识。

当然，活动中的"阅读"不是一次而是多次的，每次都有明确的阅读目标；同样的，活动中的"交流"是多次的，交流的对象、目的不同，交流的内容、形式也有所不同。

二、适用内容

就现行统编小学语文教材而言，"实用性阅读与交流"的适用内容主要包括以下几个方面。

1. 专题单元课文。统编教材从三年级开始，每一个学年都安排一次阅读策略专题单元，三年级是预测，四年级是提问，五年级是提高阅读速度，六年级是阅读要有一定的目的。四年的策略单元互为关系，层层递进，共同为提高小学生应该掌握的基本阅读能力服务。同样的，三至六年级每册一次的习作专题单元，从"观察"到"把一件事写清楚"到"按顺序写景物"再到

"说明文练习"等，也是进行"实用性阅读与交流"学习任务群设计的极好资源。

2. 科学知识类课文。统编小学语文教材中入选了许多科学知识类课文，这些科学知识以不同的文体形式出现，有儿歌《比尾巴》《雪地里的小画家》，有童话《小壁虎借尾巴》《棉花姑娘》，有科学小品文《蟋蟀的住宅》，有说明性文章《纳米技术就在我们身边》《宇宙生命之谜》，有科学实验类文章《风向袋的制作》等等。有些科学知识类课文还以整组单元的形式编排，比如二年级上册第一单元的《小蝌蚪找妈妈》《我是什么》《植物妈妈有办法》，三年级下册第四单元的《花钟》《蜜蜂》《小虾》，四年级上册第三单元的《爬山虎的脚》《蟋蟀的住宅》，四年级下册第二单元的《琥珀》《飞向蓝天的恐龙》《纳米技术就在我们身边》《千年梦圆在今朝》，五年级上册第五单元的《太阳》《松鼠》《鲸》《风向袋的制作》等等，都是以科学知识的阅读与表达为内容的。

3. 新闻传记类课文。统编小学语文教材中的新闻、传媒、传记类课文数量并不太多，主要集中在高年级。六年级上册的《开国大典》是以通讯的形式，记录、再现了1949年10月1日在首都北京举行开国大典的盛况，揭示了中华人民共和国成立的伟大历史意义，表达了中国人民对新中国的期盼与热爱。《青山不老》是一篇采访通讯，作家梁衡用清新的笔触向我们描绘了一位81岁的山野老农，面对自然条件的恶劣和生活条件的艰辛，义无反顾地投身植树造林工作，用15年时间在晋西北奇迹般创造了一片绿洲，造福后人，实现自身的人生价值。六年级下册的《十六年前的回忆》是一篇回忆录，李星华通过亲身经历的几件事，深情回忆了父亲李大钊忠于革命、勇于牺牲的感人事迹和精神品质。《为人民服务》则是一篇演讲稿，是毛泽东主席在张思德同志的追悼会上所做的演讲。这些课文只是分散在不同的单元中，只能作为单篇课文的任务群来处理。

4. 社会交往类文本。教材中出现最多的就是应用文，文体形式还很丰富，如留言条（二年级上册"学写留言条"），日记（三年级上册"写日记"、四年级上册"写观察日记"），书信（四年级上册"写信"），游记（四年级下册"游___"），读后感（五年级下册"写读后感"），倡议书（六年级上册"学写倡议书"），还有推荐（四年级上册"推荐一个地方"、五年级上册"推荐一本书"），介绍（三年级下册"我做了一项小实验""国宝大熊猫"、四年级下册"我的奇思妙想"、五年级上册"介绍一种事物"、五年级下册"中国的世界文化遗产"），梗概（五年级上册"缩写故事"、六年级下册"写作品梗概"）。除外，还有非连续性文本，如五年级的《不可思议的金字塔》、六年级的《故宫博物院》，以及安排在课后练习中的应用文，如一年级下册《动物王国开大会》的"通知"，四年级上册《爬山虎的脚》的"观察记录表"，五年级下册第三单元的"研究报告"。口头语言表达的主要是单元"口语交际"，如一年级"请你帮个忙""打电话"、二年级"推荐一部动画片"、三年级"劝告"、四年级"安慰"、五年级"制定班级公约"、六年级"即兴发言"等。

三、设计示例

（一）教学内容：统编教材五年级上册第五单元

（二）文本分析

本单元是习作专题单元，不管是叶圣陶先生的"说明文以'说明白了'为成功"的人文主题，还是阅读要素"阅读简单的说明性文章，了解基本的说明方法"，或是习作要素"搜集资料，用恰当的说明方法，把某一种事物介绍清楚"，鲜明地指向说明性文章的读与写这一单元根本任务。

从单元课文看，精读课文《太阳》和《松鼠》虽然都是说明性文章，但略有区别：《太阳》是一篇常识性说明文，运用了列数字、举例子、作比较等说明方法介绍了太阳的特点，以及太阳与人类的密切关系，语言简洁，通俗易懂；《松鼠》是一篇文艺性说明文，以形象化描写为手段，采用文学化的语言描绘了松鼠的外形特点和生活习性。两篇习作例文《鲸》和《风向袋的制作》也不一样，《鲸》的写法与《太阳》类似，《风向袋的制作》显示出说明性文章的另一写作特征，即按照实验或制作的过程，分步骤进行介绍，其间也运用列数字等说明方法。这和课标提出的"阅读说明性文章,能抓住要点,了解文章的基本说明方法"的第三学段要求基本一致。如此可以得出这样的结论:一是单元语文要素中的"基本的说明方法"在本单元课文中主要包含列数字、打比方、作比较、分类别、举例子等几种,这些都是"基本"的说明方法,在说明类文章中使用频率很高。至于其他的说明方法:下定义、画图表、作假设等并不需要学生知道;二是"了解基本的说明方法"包括两层意思,一层意思是结合课文具体语句,知道运用了哪些说明方法;另一层意思是体会到使用这一说明方法的好处。三是小学阶段说明性文章表达训练主要包括介绍一种事物和说明做事情的过程两种,从单元习作"介绍一种事物"来看,要求写的时候注意三点:写清楚事物的主要特点;试着用上恰当的说明方法;可以分段介绍事物的不同方面。同时还提供了一张表格用以启发写作思路,其中的"恐龙""菊花""动物的尾巴"等要用第一种写法,而"溜溜球的玩法""涮羊肉""怎样泡酸菜"等就得用第二种写法。

经过上述分析,本单元的阅读目标基本清晰,可将本次习作的目标细化为更准确、更细致的学习目标。

1. 读通读顺课文,理解课文内容。

2. 阅读风格不同的简单说明性文章,了解列数字、作对比等基本的说明方法,体会其用法的好处,感受两种不同的语言风格。

3. 搜集资料,运用不同的说明方法,选用合适的写作思路,把一件事物介绍清楚。

(三)学习任务群设计

1. 学习主题:用恰当的说明方法介绍事物。

2. 学习情境:生活中,到处都能见到各种各样的事物。大到高大挺拔的树木,小到随时要用的笔盒、台灯;草丛跳着的蚂蚱,空中飞舞的蝴蝶,水里游动的鱼儿;看妈妈做一道美食;和同学做一个实验;与同伴玩一项运动……这些在我们的身边随处可见,但其他人不见得看过、玩过、吃过,如果把一些特别的事物、独特的做法写下来,不仅可以看出你的写作功力,还可以把快乐与他人分享,你要做一个这样的人吗?

3. 任务与活动。

任务一：读通读顺课文，理解课文内容。

活动1：检查《太阳》《松鼠》《鲸》《风向袋的制作》的预习情况，学习生字新词。

活动2：读通读顺课文，说说四篇课文分别写了什么。

任务二：了解内容选用的特点

活动1：整体感知。说说这一组单元四篇课文跟其他组单元有什么不同？（如题目、写作对象、文章结构等）

活动2：内容理解。（1）比较阅读《太阳》《鲸》，思考：两篇课文分别从哪些方面介绍太阳和鲸？从中发现说明文在内容选择上的共同特点。（2）阅读《松鼠》，说说这篇课文是不是也是从几个方面来介绍的？

活动3：思路比较。比较《太阳》《松鼠》《鲸》《风向袋的制作》，讨论四篇课文是怎样把一个事物有条理、有顺序地加以介绍的。

活动4：写法总结。交流、讨论说明性文章在内容的选择和结构安排上的写法特征。

任务三：了解基本的说明方法

活动1：了解写法。阅读《太阳》第1至3自然段、《鲸》第1自然段、《风向袋的制作》第4至6自然段，找出相关语句，引导发现共同的说明方法：列数字，作对比等；继续阅读《太阳》《鲸》的其他内容，了解分类别、打比方等说明方法。

活动2：体会好处。凭借具体语句，采用增删比较、联系生活等方法，体会列数字、作比较等基本说明方法的作用。

活动3：小小练笔。概括"初试身手"中的第1道练习提供的材料，或选择自己熟悉的身边事物，试着用列数字、作对比、打比方等方法写一段话。

活动4：比较阅读。指导《松鼠》和《太阳》《鲸》《风向袋的制作》的比较阅读，发现《松鼠》比较少用列数字、分类别、作对比等基本的说明方法，较多运用描写手法，用文学色彩比较浓的语言介绍松鼠，从而发现常识性说明文和文艺性说明在说明方法上的异同点，感受语言表达的不同特点。

活动5：改写练笔。教师提供或学生查找关于白鹭的资料，试着用上基本的说明方法，把本册教材第1篇课文《白鹭》改写成说明文，完成"初试身手"的第2道练习，体会两种风格的语言表达的差异。

任务四："介绍一件事物"的练写和评讲

活动1：开启思路。出示习作中提供的表格，让学生从习作内容和表达思路等角度展开讨论，确定自己写作的对象、内容，并选择相应的习作思路，列出写作提纲。

活动2：搜集资料。根据自己选择的写作对象，独立或在家长帮助下，利用课外书籍或网络搜集相关资料，并进行归类。这个活动放在课外进行。

活动3：拟写草稿。出示写作要求，按照自己确定的写作对象、内容，搜集的资料，运用本单元学习的基本说明方法，独立写成习作草稿。

活动4：评价修正。组织学生从内容选用、材料组织、说明方法等方面互相评点，提出修改建议，再自我修改习作、完善，最后誊写完稿，张挂在班级习作展示栏上，供大家点评。

第九节　文学阅读与创意表达

一、价值定位

文学阅读是一种很古老的精神活动，有文字书写历史的民族，都有自己的文学传统，都创造过自己的文学经典。文学作品因其语言多彩、形象生动和情感浓郁，而给人以美的享受。因此，通过阅读文学作品，提高人们的文学素养，丰富人们的精神生活，是世界各国的通行做法。因此，文学阅读强调个人对文学作品的理解和感受，要求阅读者通过精神世界的感悟和内化去认识生活、认识生命、认识社会。同时，学生要在阅读中交流自己的情感体验和阅读思考，甚至尝试创意表达，进而深刻体会作品中的情感态度和思想内涵。

创意表达就是表达富有创意，有个性，不落俗套，既包括学生运用多种形式、多种媒介呈现个性化的作品内容，又强调学生在写作中表现出来的创新思维，如立意、选材、角度、体裁等方面的新颖性。但是，创意表达最基础、最重要的还是语言，语言新颖是创意表达的关键和难点，语言涉及词语使用、句式选择和修辞手法运用等方面。引导学生对文质兼美的课文进行诵读品味与模仿练习，从中习得言语经验，丰富语言图式，对其形成新颖的语言表达能力大有裨益。

显然，文学阅读与创意表达就是以文学作品为载体，以审美价值为取向的学习活动，其审美对象是文学作品中的情节、语言、形象、情感、意象等，审美方式是基于感性思维的诵读、联想、想象、体验、感悟、欣赏、讲述、评述、创作等语文实践，让学生在感受美、发现美、欣赏美、表现美、创造美的过程中，成为主动的阅读者、积极的分享者、有创意的表达者。

二、适用内容

文学作品历来是语文教材的重头戏，所占比例都是最大的。现行统编小学语文教材也是如此，不仅数量大，而且种类多，适合进行"文学阅读与创意表达"的课文或单元资源非常丰富。

1. 古诗。在诗歌种类的文学作品中，教材中的古诗数量最多，遍布每一册课本。小学教材的第一篇古诗就是一年级上册的汉乐府《江南》，并且随着年级的升高，逐步增加古诗的数量。三年级开始，每册教材都安排两次的《古诗二首》或《古诗三首》。这些古诗，有的是田园诗，如四年级下册的《四时田园杂兴（其二十五）》《宿新市徐公店》《清平乐·村居》；有的是风景诗，如三年级下册的《绝句》《惠崇春江晚景》《三衢道上》；有的是节日诗，如三年级下册的《元日》《清明》《九月九日忆山东兄弟》；有的是送别诗，如二年级《晓出净慈寺送林子方》、四年级《芙蓉楼送辛渐》；有的是咏物诗，如六年级下册的《马诗》《石灰吟》《竹石》；有的是抒情诗，如五年级上册的《枫桥夜泊》《长相思》；有的是边塞诗，如《塞下曲》《出塞》《凉州词》；有的是爱国诗，如五年级下册的《从军行》《秋夜将晓出篱门迎凉有感》

《闻官军收河南河北》。其中，从四年级开始入选宋代诗人辛弃疾的两首词《清平乐·村居》和《西江月·夜行黄沙道中》。

2. 儿歌、儿童诗与现代诗。低年级主要以通俗易懂、耳熟能详的简短儿歌为主。一进入小学语文学习，一翻开语文课本，《上学歌》就映入眼帘，接下来就是《对韵歌》《小小的船》《四季》《影子》《比尾巴》《青蛙写诗》《雪地里的小画家》等等，就连"汉语拼音"学习单元，也编排了《在一起》《洗手歌》《月儿弯弯》《家》等许多儿歌；二年级开始出现了儿童现代诗，如《彩色的梦》《祖先的摇篮》，还有三年级的《听听，秋的声音》《池子与河流》，四年级的《现代诗二首》《延安，我把你追寻》，甚至专门安排了由《短诗三首》《绿》《白桦》《在天晴了的时候》组成的综合性学习单元——"轻叩诗歌大门"。

3. 童话与寓言。主要在中低年级，如一年级的《乌鸦喝水》《小蜗牛》《要下雨了》《小猴子下山》，二年级的《大象的耳朵》《蜘蛛开店》《青蛙卖泥塘》《小毛虫》《寓言二则》等，三年级的《守株待兔》《陶罐和铁罐》《鹿角和鹿腿》《池子与河流》《卖火柴的小女孩》《在牛肚子里旅行》等，四年级的《宝葫芦的秘密（节选）》《巨人的花园》《海的女儿》。有的还以童话单元、寓言单元的形式存在，为童话、寓言的文学阅读与创意表达提供了极好的单元素材。

4. 神话故事与民间故事。虽然低年级也有一些零星的民间故事，如二年级的《寒号鸟》等，神话故事和民间故事主要从三年级开始，如三年级下册的《枣核》《方帽子店》《漏》，四年级上册的《盘古开天地》《精卫填海》《普罗米修斯》《女娲补天》，五年级上册的《猎人海力布》《牛郎织女（一）》《牛郎织女（二）》。这其中的许多课文都安排在神话故事或民间故事单元之中，方便进行文学阅读与创意表达的单元任务群设计。

5. 散文与小说。散文类课文一到六年级都有，如一年级的《雨点儿》《项链》，二年级的《找春天》《我多想去看看》，三年级的《花的学校》《秋天的雨》《美丽的小兴安岭》《燕子》，四年级的《观潮》《走月亮》《乡下人家》《天窗》，五年级的《祖父的园子》《月是故乡明》《威尼斯的小艇》《牧场之国》，六年级的《草原》《丁香结》《北京的春天》《腊八粥》《匆匆》，等等。小说类课文大多选在中高年级，有的单篇出现，如四年级的《小英雄雨来（节选）》《芦花鞋》，五年级的《跳水》《人物描写一组》；有的整组安排，如五年级的《草船借箭》《景阳冈》《猴王出世》《红楼春趣》，六年级的小说单元《桥》《穷人》《金色的鱼钩》等。

6. 文言文。为了继承和发扬中华优秀传统文化，统编小学语文教材一改人教版教材五年级入选文言文的做法，把小古文提前到三年级就开始安排，并且除了三年级上、下册各有一篇（《司马光》《守株待兔》）外，其他册次均入选两篇，如四年级上册的《精卫填海》《王戎不取道旁李》，四年级下册的《囊萤夜读》《铁杵成针》、五年级上册的《古人谈读书》两则，五年级下册的《自相矛盾》《杨氏之子》，六年级上、下册各一篇的《文言文二则》。

三、设计示例

（一）教学内容：统编教材二年级下册第五单元

（二）文本分析

本单元以"办法"为主题，围绕着"根据课文内容，谈谈简单看法"的语文要素安排单元内容。显然，这是二年级上册第三单元"读课文说出自己的感受和想法"的延续与提高，意在增强学生个性阅读、独立思考、有理有据表达的意识和能力。这项训练体现在单元课文和口语交际中。《寓言二则》的"选做"题"生活中有类似'亡羊补牢''揠苗助长'的事例吗？和同学交流"，巧妙地将学生的个人感受和想法融在生活事例的交流之中；《小马过河》的"你同意下面的说法吗？说说你的理由"明确要求读课文谈感受；口语交际"图书借阅公约"进一步强调"主动发表意见"，对如何管理班级的图书角发表自己的看法，这是从课文向生活、从课内向课外的延伸。

再看课后练习。第1题都是朗读，但要求不同。与《寓言二则》常规性要求"朗读课文"不同的是，《画杨桃》"朗读课文"时要"注意对话的语气"，《小马过河》要求"分角色朗读课文，注意读出恰当的语气"，语文园地五"字词句运用"安排"读句子，注意加点的部分，试试怎样读更好"的练习。这里的"分角色朗读""注意语气""试试怎样读更好"的朗读更具针对性和技巧性，隐含着朗读方法元素，且须建立在理解文本内容，体会内心情感的基础上。所以，本单元的朗读训练不仅要按要求读好课文，读出人物语气，还要渗透朗读方法的指导。

除外，还有语言训练题。词语理解、积累方面，《寓言二则》的"说说'亡羊补牢''揠苗助长'的意思"，以词义理解促积累。《画杨桃》的"读一读，记一记"，每组的三个词语都有同一个字，如"靠近 依靠 可靠"，词义相近；语文园地五的"读一读，再选择一两个词语演一演"安排带"笑"字的9个词语；"我的发现"的词语皆由两个近义字组成，独特的构词特点，让学生感受汉语言的丰富有趣，有助于相类词语的块状积累。词语运用方面，《寓言二则》是"读一读，说说每组的两个句子有什么不同"，句子的不同主要体现在有无"赶紧""焦急"这些词语上。"赶紧堵上那个窟窿"，表面上看是说那个养羊人的行动很快，其实告诉我们他已经听取了街坊的劝告，不仅知错，而且就改。"在田边焦急地转来转去"不仅让学生想象到那个种田人在田边转来转去的动作和表情，还体会到他内心巴望禾苗快快长高的心情。这样一比较，学生就会真切体会语言准确表达的重要性。《画杨桃》是"看到'我'画的杨桃，老师和同学们的做法有什么不同？用自己的话说一说"，显然，这是需要一定的语言组织和概括能力的，"用自己的话"和照搬课文语句不一样；即便想照搬也不可能，因为课文描写老师和同学们的不同做法时，在过程叙述中把人物表现和说话糅杂一起，无法原原本本地搬用，必须对某些内容进行概括，或在适当的地方加上一些话来连接。这样的训练能有效促进学生对课文内容和语言的迁移、转换、重组和内化。《小马过河》"试着用上下面的词语，讲讲这个故事"，提供的四组词语分别指向故事中老马让小马做事、小马过河遇到困难和小马尝试过河等内容，是学生讲述故事的重要支架。如此，以四组词语为线索和支点的讲述，有些地方可引用文中的语句，有些地方可用自己的话来讲述，就能较好地完成这道练习。显然，这是《画杨桃》一课"说一说"方法的迁移运用和适度提高。

当然也不能忽略了生字词的学习。三篇单元要认的生字共43个，其中"倒""坊"是多音字，27个左右或左中右结构的字，11个上下结构的字，3个半包围或包围结构的字，2个独体字；语文园地五认读生字9个，分为"厂""穴"两个偏旁的字，识记相对容易些；要写的生字26个，左右、上下结构的字依然居多，分别是11个和10个，半包围或全包围结构的字4个，独体字1个。因此，本单元的生字学习应采用归类识字的方法为宜。

至此，不难确定本单元教学的四大能力学习目标：一是生字词读写；二是阅读感受力；三是课文朗读力；四是语言理解力与表达力。

(三) 学习任务群设计

1. 学习主题：说说谁的做法对。

2. 学习情境：能够做事是一种本领，能够做好一件事是一种能力。有的人做了错事还不知错在哪里，有的人做错了事就马上改正，有的人经过尝试终于做成了事，还有的人自己做错了事还以为是别人的错。本组几篇课文就写了这样的一些人。读了他们的故事，你想对他们说什么呢？你想把事做好吗？那就阅读这一组课文吧，故事中的人和事会告诉你答案的。

3. 任务与活动。

任务一：认读生字，了解故事。

活动1：学习《寓言二则》。(1)板书课题，认读"寓""则"，理解"寓言"与"二则"的意思；发现"寓""则"的字形结构一为上下，一为左右。出现其他13个生字，分别给"寓""则"找相同结构的生字，归类后逐一认读，再跟同学说说自己是怎么认这些生字的；剩下的"圈""疲""截"归为一类，"亡"单独认读。(2)把生字带入课文，读通读顺课文，从课文中找到直接描写《亡羊补牢》和《揠苗助长》题目意思的语句，再读读这些语句，说说两个寓言分别写了什么事，故事的这个人给你留下什么印象。

活动2：学习《画杨桃》。(1)引入课题后，玩"你来找朋友"的游戏，学生归类识字，如整体认读音节"室、而、页、嘻、悦"为一类，同韵母的"靠、倒"为一类、"晌、抢"为一类，同为前鼻韵母的"班、审、诲"为一类，同为单韵母的"哈、肃"为一类，认读生字后，交流识记方法。(2)出示文中写老师的两个长句子:"老师看了看这幅画,走到我的座位坐下来,审视了一下讲桌上的杨桃,然后回到讲桌前,举起我的那页画纸,问大家:'这幅画画得像不像?'""老师让这几个同学回到自己的座位上,然后和颜悦色地说:'大家发现了吗?看的角度不同,杨桃的样子也就不一样。当我们看见别的人把杨桃画成五角星的时候,不要忙着发笑,要看看人家是从什么角度看的。"读好长句,再读全文,说说看了"我"画的杨桃,同学们的态度前后有什么变化。

活动3:学习《小马过河》。(1)学生试着读课文,遇到生字,想想可以用什么办法认读?(2)出示生字,学生互相交流自己是用什么方法读准、识记的。(3)学生用不同的方法,或字形结构,或读音相同等方法,自主进行生字归类,再按不同类别整体认读。(4)说说小马为了过河问过谁?他们怎么教给小马什么办法?学生回答过程中,再重点读一读小马与牛伯伯、松鼠、妈妈的对话。

任务二:读好课文,教给方法。[①]

活动1:朗读课文,读通读顺。生字词的认读就为朗读打下了坚实的基础,此时就可以让学生自由读课文,把课文读通读顺。任务一也渗透了这一活动要求。

活动2:体会心情,读好对话。为了完成后两篇课文"读出对话的语气"的要求,(1)《寓言二则》一课的读通读顺的重点可放在街坊与养羊人的对话、种田人说的话上,在理解"劝""自言自语""一边喘气一边说"等意思的基础上,指导学生把人物对话读好,为后续朗读教学做方法上的先期铺垫和准备。(2)《画杨桃》一课,结合"同学们的态度有什么不同"这一问题,找到两次对话,并投影出示:

---

① 钟亚男. 单元整体教学中的能力进阶 [J]. 小学语文,2021(4):31—34.

> "这幅画画得像不像?"
> "不像!"
> "它像什么?"
> "像五角星!"

> "现在你看看那杨桃，像你平时看到的杨桃吗?"
> "不……像。"
> "那么，像什么呢?"
> "像……五……五角星。"

引导学生仔细比较这两处对话，发现它们大意一样，但内心想法不同。第一个对话有两个感叹号，回答得简单、干脆、坚定，说明同学们嘲笑"我"的画；第二个对话用了三个省略号，说明话说得支支吾吾、吞吞吐吐。为什么同样的内容说得却不一样呢？学生联系课文，就能知道第一个对话他们认为"我"画错了，所以语气中充满了嘲讽和讥笑；第二个是他们坐在了"我"的位置观察后，知道错的是自己，于是内疚惭愧、不好意思。此时，学生不仅认识了感叹号和省略号的表达作用，还能较好地读出对话的语气，完成朗读练习。(3)《小马过河》的朗读，可以让学生用上《画杨桃》的朗读经验和方法，理解人物对话中的问号、感叹、省略号所表达的意思，并读出相应的语气，是不成大问题的，但仅此还不够。这篇课文的人物对话与前一篇的最大不同在于提示语的丰富多样，如小马的"连蹦带跳""吃惊""叹了口气""难为情""低下了头"，老马的"高兴""亲切"，松鼠的"拦住他大叫""认真""又大叫起来"，是帮助学生读出恰当语气的重要抓手。教学时要先引导学生找出这些提示语，结合具体语境理解它们的意思；然后与标点符号相互配合，读出句子的意思和语气，逐句逐个读好句子；分别读好老马与小马、小马与老牛、小马与松鼠的对话；最后分角色朗读课文。通过三篇课文前后勾连、层层递进的朗读训练，学生不仅完成了每篇课文的朗读任务，还懂得了联系语境理解、抓关键的标点符号和人物提示语，是读好对话语气的重要方法。

活动3：经验迁移，自主运用。让学生运用课文中学习到的朗读技巧，自主完成语文园地五中的"读句子，注意加点的部分，试试怎样读更好"中的句子，再自主练读单元内容"我爱阅读"《好天气和坏天气》中的人物对话，比一比谁读得好。

任务三：积累语言，习得经验。

活动1：词义理解。《寓言二则》要求说"亡羊补牢""揠苗助长"的意思，可以结合课文的相关语句，如"他赶紧堵上那个窟窿，把羊圈修得结结实实的。从此，他的羊再也没丢过""就急忙跑到田里，把禾苗一棵一棵往高里拔"来理解。"读一读，说说每组的两个句子有什么不同"也是词语理解，但不可停留于表面的词义解释，而应该在比较中体会词语的背后意思。教学时，先说说"赶紧"和"焦急"的意思，再从这两个词分别想象那个养羊人和种田人是怎样说，怎么做的，接着联系课文内容思考他们为什么要"赶紧"堵窟窿、为什么"焦急"地转来转去，进而体会到有了这两个词，才能表现出养羊人尽快改正错误，种田人巴望禾苗长大的焦虑、迫切心情。

活动2：词串积累。《画杨桃》中的"读一读，记一记"设计了四组词语："靠近　依靠　可靠""抢先　抢救　抢夺""注视　仰视　视而不见""喜悦　愉悦　赏心悦目"。每组的三个词语分别出现了一个同样的字"靠""抢""视""悦"，使得一组的三个词语意思相近，构词特点相似，形成词串，便于整体记忆。类似的词语在语文园地五中的"字词句运用"中也有安排。由于"靠""抢""视""悦"是课文要求认识的字，因此生字学习环节以读准字音、认识字形为主，再结合内容理解，初步了解字义，再适时拓展延伸。如"悦"字从"忄"，与心情有关，课文用词为"和颜悦色"，表示脸色温和慈爱，给人以愉快的感觉，可见"悦"为愉快、开心之意。此时带出"喜悦　愉悦　赏心悦目"，学生发现这些词都有个"悦"字，都表示愉快、开心的意思。如此，意思相近的词语的规律与特点就一目了然了，不仅记背轻松，也懂得如何使用。之后整体出示其他三组词语，强化这一认识。又出示"字词句运用"中带"笑"的9个词语，在尝试表演中感受其细微差别。再引入"我的发现"中的"教诲""寻找"等6个词语，发现每个词语都是由两个意思相近的字组成的。这样，学生认识了含有同样文字的词语意思相近、一个词语由字义相近的文字组成这两种构词方式，促进了同类词语的内化和积累。

活动3：词语运用。《画杨桃》中，虽然要求用自己的话说一说老师和同学们的不同做法，但"自己的话"并不等于不能用课文中的词语，对于二年级学生来说，更应该鼓励学生用上"审视""抢着回答""哈哈大笑""嘻嘻的笑声"等课文语言，把话说得更好，提升语言品质。《小马过河》更要让学生"试着用上下面的词语，讲讲这个故事"，这是一项以学生感兴趣的讲故事方式，渗透语言重组和转换训练。练习时可坚持从易到难、先分后合的原则，先分别用"马棚　愿意　磨坊"等4组词语按课文的顺序，一部分一部分地讲，提醒学生不要遗漏了主要内容，还要用上教材提供的词语；再串连四个部分，引导各个部分之间的过渡，把故事内容讲完整；最后同桌互说互评，推选最佳讲故事小达人。

任务四：说说看法，学会做事。

活动1：结合实例说。《寓言二则》安排的是"选做"题："生活中有类似的'亡羊补牢''揠苗助长'的事例吗？和同学交流。"表面上看，这只是运用生活事例、联系生活经验来交流对"亡羊补牢""揠苗助长"的认识，其实不然，因为只是对这两则寓言说明的道理有所体会还不够，还必须对生活中的一些现象也有自己的认识，才能达成两者的匹配，说出合乎要求的例子。而且，学生在交流这些事例时，也不可避免地会说出自己的感受和想法。学生理解"亡羊补牢"内容后，抓住最后一句"从此，他的羊再也没丢过"展开讨论：那个放羊人的羊为什么再也没丢过？学生自然知道是因为那个人把窟窿堵上了，进而明白丢不丢羊的关键在于堵不堵窟窿，说明堵窟窿是对的，不堵窟窿是错的；至此学生懂得，犯错误不可怕，改了就好。在此基础上，让学生想一想自己有没有犯错就改的事情？当时是怎么想的？学习"揠苗助长"，创设情境：如果你是那个种田人的孩子、邻居或朋友，你看到禾苗都枯死了，想对他说什么？然后交流：你有过这样的经历吗？有什么话想说？

活动2：按照顺序说。教学《画杨桃》，可以借助课后"看到'我'画的杨桃，老师和同学们的做法有什么不同？用自己的话说一说"的练习进行渗透，学生说了老师和同学们的不同做法后，再说说谁的做法好，为什么？指导学生继续运用二年级上册第二单元学过的按"结论—原因"的顺序交流，从而巩固"谈谈简单看法"的方法掌握。

活动3：有理有据说。《小马过河》是落实单元语文要素的主要凭借，设计了练习："你同意下面的说法吗？说说你的理由。"教学重点应放在如何从课文中寻找信息作为依据。具体操作时，可以第一种说法"河水既不像老牛说的那样浅，也不像松鼠说的那样深，所以老牛和松鼠对小马撒谎了"为指导重点，分别找到老牛和松鼠说的话，再想想老牛和松鼠为什么这样说。这样，从课文插图可以知道，老牛个子比小马高，松鼠个子比小马矮，所以老牛说水浅，松鼠说水深，小马觉得不浅也不深；还从课文第4和第5自然段知道，老牛天天在河边吃草，自然了解水有多浅，松鼠的伙伴是掉进河淹死的，当然认为水是深的。可见，老牛和松鼠说的都没错，都没有对小马撒谎。这样一来，学生就懂得如何从课文中找依据，如何把理由说清楚。带着这样的经验，再自由从"小马向很多人请教，是对的"等三个说法中选择一个，学着这样有理有据地说出自己的看法。经过这样的训练，学生在口语交际"图书借阅公约"时，就能对如何管理班级的图书角发表自己的看法，逐步达到"主动发表意见"的要求。

第十节 思辨性阅读与表达

一、价值定位

"思辨"顾名思义就是思考、辨别。思考不可缺少，但辨别不是普通意义上的区别、分辨，而是一种思考后的反思和反思后的思考，其中又包含了接受和批判在内，所以"思辨性"是一种带有审辨、反思、自省、批判的理性思维。

思辨性阅读，就是在阅读文本时，不盲从于文章的内容、材料、观点，具有判断信息可靠性的能力，能分辨文本内容和材料的真伪；能以谨慎、客观、求证的态度阅读，发现文本中存在的问题，提出自己的看法，作出批评甚至是批判。思辨性表达，就是有根据的表达，凭证据说话。观点鲜明、理据有力、层次分明、条理清楚，是思辨性说理能力的主要特征。

思辨性阅读与交流是当下国际母语教育的一大潮流。2016年6月3日，世界教育创新峰会（WISE）与北师大中国教育创新研究院共同发布了研究报告《面向未来：21世纪核心素养教育的全球经验》，以世界24个经济体和5个国际组织公布的21世纪核心素养框架作为分析对象，发现批判性思维作为七大思维之一，被全球各国普通提倡。思辨说理就是一种批判性思维。具有重要国际影响力的国际经济合作与发展组织国际学生评价项目PISA也把批判性思维纳入阅读素养测评框架之中。在阅读素养的定义上，从重"理解"到重"反思"，从提出"阅读参与度"到增加"批判性阅读""批判性表达"，从侧重"低阶阅读"到关注"高阶阅读"；在测评内容的设置上，把"反思与评价"作为重要项目，并把分值占比从2015年的25%提高到2018年的30%，[①]批判性思维培养的倾向极为鲜明。受此影响，国外许多国家也非常重视思辨性阅读与表达。《英国国家课程》规定4级、5级水平在阅读时能"使用推理和演绎"，"寻找并使用观点和信息"来阐述并支持自己的观点。[②] 新加坡2002年制定的《小学华文课程标准》在思维技能目标中提出"能对事物进行简单的分析以辨别正误""根据篇章的内容对事件的发展作合理的推测""能用比较法与分类法组织所提供的材料"，将语言学习和思维方法有机结合。[③]

其实，思辨性学习的提法在我国早已有之，《中庸》就有"博学之，审问之，慎思之，明辨之，笃行之"的说法。《义务教育语文课程标准（2011年版）》也有这一方面的课程内容，如第一学段的"积极参加讨论，敢于发表自己的意见"，第二学段的"关于作品中人物的命运和喜怒哀乐，与他人交流自己的阅读感受"，第三学段中的"在交流和讨论中，敢于提出看法，作出自己的判断"，第四学段的"阅读简单的议论文，区分观点与材料（道理、事实、数据、图表等），发现观点与材料之间的联系，并通过自己的思考，作出判断""写简单的议论文文章，做到观点明确，有理有据""能就适当的话题

---

① 欧阳芬，徐浩. 借鉴PISA 2018阅读素养框架选择阅读教学内容——兼谈统编本初中语文教材［J］. 语文建设. 2018（19）：27—31.
② 吴忠豪. 外国小学语文教学研究［M］. 上海：上海教育出版社，2009. 37.
③ 吴忠豪. 外国小学语文教学研究［M］. 上海：上海教育出版社，2009. 60.

作即席讲话和有准备的主题演讲,有自己的观点,有一定说服力"等。[①] 但由于在我国传统文化中,理性精神先天不足,重感性轻理性、重形象轻抽象、重感悟轻分析、重感觉轻求证的思维方式严重影响着我国的母语教育,体验领会、内省联想、涵泳体悟等被奉为语文学习的"圭臬",为课堂教学广泛运用,而理性思考、逻辑辨析则被斥责为硬生生肢解语言的技术化、工具化手段,长期被无情摒弃。加上长期以来语文教材既缺乏思辨说理的课程内容编排,也少有清晰明确的思辨练习设计,致使理性思维培养严重不足,以至于语文学科要不要理性思维训练的争论愈来愈烈,但在具体的教学中,语言文字的批判性思维还是弱项。久而久之,许多小学语文教师的潜意识里就认定语文是人文学科,与理性无关,语文教学与理性思维培养渐行渐远。

二、适用内容

现行统编语文教材并无专门的思辨性阅读与表达的单元设计,只是在部分课文或教材板块中零零星星地分布。列表如下:

册次	单元	类型	册次	单元	类型
二年级上册	三	语文要素"读课文,说出自己的感受和想法"	五年级上册	八	习作"推荐一本书"
二年级上册	三	课文《曹冲称象》	五年级下册	二	课文《景阳冈》
二年级上册	五	口语交际"商量"	五年级下册	二	语文园地"词句段运用"
二年级下册	五	语文要素"根据课文内容,简单说说看法"	五年级下册	四	课文《琥珀》

[①] 中华人民共和国教育部. 义务教育语文课程标准(2011年版)[M]. 北京:北京师范大学出版社,2012:9—13.

续表

册次	单元	类型	册次	单元	类型
二年级下册	五	课文《小马过河》	六年级上册	二	语文要素"就印象深刻的人物和情节交流感受"
二年级下册	五	课文《一块奶酪》	六年级上册	三	语文园地"词句段运用"
二年级下册	七	写话：养小动物的理由	六年级上册	四	口语交际"请你支持我"
三年级上册	六	课文《父亲、树林和我》	六年级下册	二	口语交际"同读一本书"
三年级下册	一	口语交际"春游去哪儿玩"	六年级下册	五	语文要素"体会用具体事例说明观点的方法"
三年级下册	二	课文《鹿角和鹿腿》	六年级下册	五	课文《两小儿辩日》
四年级上册	一	习作"推荐一个好地方"	六年级下册	五	课文《表里的生物》
四年级上册	七	课文《为中华之崛起而读书》	六年级下册	五	课文《真理诞生于一百个问号之后》
五年级上册	七	课文《忆读书》	六年级下册	五	课文《他们那时候多有趣啊》
五年级上册	八	口语交际"我最喜欢的人物形象"	六年级下册	五	口语交际"辩论"

这些设计呈现出以下特点：

1. 基础性。

主要表现在两个方面：一是"观点"大多都由课文提供，学生重在说清理由。例如三年级上册《父亲、树林和我》的"你同意下面这些对父亲的判断吗？说说你的理由"，并给出五个判断：（1）父亲一生最喜欢树林和鸟。（2）父亲对鸟的习性十分了解。（3）父亲很善于观察。（4）父亲热爱自然。（5）父亲曾经是个猎人。这些判断其实就是不同的结论，数量多，且具多角度、开放性，保证全体学生都有得选择。类似设计教材中比比皆是。二是多说少写。写与说虽然都是表达，但手写的难度远远大过口述。因此，除了习作"推荐一本书""推荐一个好地方"和六年级下册《真理诞生于在一百个问号之后》的"小练笔"等要求形成书面文字外，其他的大都出现"说说理由"这几个字，说明此项目的训练重点在说不在写，这无形降低了说理的难度，凸显说理训练的基础性教学取向，符合小学生的认知特点和学习规律。

2. 渐进性。

从"观点"的形成看，低中年级无需自我概括，只要从提供的多个结论中自择其一就可以了，如"画出课文中提到的两种称象的方法，说说为什么曹冲的办法好"（二年级上册《曹冲称象》），"下面的说法，你赞成哪一种？说说你的理由"（三年级下册《鹿角和鹿腿》）；高年级则开始学习根据自己的想法自主提炼，如"如果有人问你为什么而读书，你的回答是什么？想一想，写下来，注意写清楚理由"（四年级上册《为中华之崛起而读书》），"说说'我'是一个怎样的孩子，再从课文中找出相关的语句印证你的观点"（六年级下册《表里的生物》）等。从"理由"的选取看，主要以课文内容为依据，但高年级又有变化，慢慢从课文内容扩展为：阅读感受，如"你是否赞同作者的这种读书方法？和同学们讨论，说明理由"（五年级上册《忆读书》）；生活事例，如"仿照课文的写法，用几个具体事例说明一个观点，如'有志者事竟成''玩也能玩出名堂'"（六年级下册《真理诞生于一百个问号之后》）；资料辅助，如"既要收集能证明自己观点的材料，也要收集能反驳对方观点的材料""选择的事例要有说服力，可以引用名人名言"（六年级下册口语交际"辩论"）。从说的要求看，从低年级的"简单谈谈看法"，到中年级的"说清楚"，再到高年级的"根据观点对材料进行梳理、归纳"，进行有条理的表达。

3. 开放性。

思辨说理就是要鼓励思想开放，尊重学生的内心想法和切身体验，形成真实而丰富的思维碰撞和思想交锋，因此不限话域和思想就成了关键。为此，教材中话题设置往往具有开放性。比如五年级的《景阳冈》，课后练习提供了"武松真勇敢，'明知山有虎，偏向虎山行'"和"武松很要面子，有些鲁莽，不听别人善意的劝告"两个评价，让学生对此发表看法，并说明理由。从话题的本身来看，这两个评价都没有唯一答案。比如第一个评价，武松确实勇敢，不管是听店家说山上有虎，还是看到树上文字，甚至眼见印信榜文，他的反应一直都是"我也不怕""怕甚么！""且只顾上去，看怎地！"但是，也有胆怯的一面，武松初见榜文之时，也有"欲待发步再回酒店"的举动和"存想了一回"的犹豫。因此，对于"勇敢"的评价，学生既可以赞同，也可以否定，还可以赞同与否定并存。再如第二个评价，课文"喝酒""上冈"部分都有不少武松不听劝告，执意上山的内容，说明他的确鲁莽、好面子，但面对老虎的"一扑""一掀""一剪"，却连续做出"一闪"的动作，以避虎之锋芒，以消虎之锐气，又显得很是聪明。对于"鲁莽"与否的评价，学生同样能从课文中找到依据，发表自己的认识。由此显见，正是思辨话题的开放性，才赋予学生思维的多元性，表达的个体性。

4. 多样性。

一是争辩式。六年级下册口语交际"辩论"，既要证明自己的观点，又要抓住别人讲话中的漏洞进行反驳，争辩性比较强。像三年级上册《父亲、树林和我》的"你同意下面这些对父亲的判断吗？说说你的理由"、五年级上册《忆读书》的"你是否赞同作者的这种读书方法？和同学讨论，说明理由"之类的问题，赞同与不赞同之间也隐含着辩论的诱因，需要学生来一番辨析与争论。二是商讨式。二年级上册口语交际"商量"和三年级下册口语交际"春游去哪儿玩"，要求"用商量的语气，把自己的想法说清楚"或"提出自己的想法和同学讨论"；即便是五年级下册第二单元语文园地"下面的句子描写的都是本单元课文中的人物，读一读，猜猜写的是谁？说说你的理由"这样的练习，也是在学生一次次猜测、验证的轻松氛围中完成的。三是自白式。像二年级上册《一封信》的"露西前后写的两封信，你更喜欢哪一封？为什么?"、四年级上册《为中华之崛起而读书》的"你为什么而读书"等,只要学生各自说出想法与理由,能自圆其说即可,观点之间的碰撞不太明显。

三、设计示例

从当下教材已有的有限资源看,思辨性阅读与表达的任务群难以进行,只能结合课文的学习,借助课文提供的思辨支架,培养学生有理有据、负责任地思考与说话。

方式一:仿用样本支架,做好说前准备。比如五年级上册第八单元的口语交际"我最喜欢的人物形象",要求"将自己喜欢的文学或影视作品中的人物介绍给大家""说清楚你喜欢的人物是谁,出自哪部文学或影视作品,你为什么喜欢这个人物"。并配了一份表格。

人物	出处	喜欢的理由
哪吒	动画片《哪吒闹海》	1. 年纪小但武功高强,能变出三头六臂…… 2. 见义勇为,敢于担当。有一次,他救了被龙王欺负的老百姓……

表中三格分别指向观点、论据、理由,为完成本次口语交际提供了可能。尤其是表格中的"喜欢的理由"一栏,其示范性在于:第一,两个理由都来自《哪吒闹海》这部动画片,来源可靠;第二,两个理由是对人物行为和形象的典型、集中的概括;第三,两个理由分别指向两个不同的方面,使"喜欢的理由"显得更充分,更有说服力;第四,叙述时,两个理由都先说人物特点,再举具体事例;第五,理由中的"1""2"暗示了阐述理由的表达顺序。学着这份表格的样子,学生就能在空格上加以填写,从而为有根据地说理、清楚地表达做好准备。又如六年级上册第三单元语文园地中的"词句段运用":"读下面的例句,注意加点的部分,想一想这样表达有什么好处。选择一个话题,用这种方法说一说。"例子针对"人们认为天体上若有生命存在,至少应有这样几个条件"这个话题,从四个方面来表达观点,并分别用

"一是""二是""三是""四是"有条理地表达；还提供了"竞选班级体育委员""向妈妈请求，每周三放学后踢一会儿足球"两个练习语境，学生就可以学着用这种表达方式说明理由、表达观点。

方式二：活化示范支架，教给说理方法。在所有知识中，关于方法、策略的知识最为重要。二年级下册《小马过河》设计了"你同意下面的说法吗？说说你的理由"的练习，这是小学语文教材中首次明确要求进行说理训练的课文，其难度当然很大，特别需要教师的示范引领。教学时，就得以说理的策略指导为目标，展开分步教学。以课后第一个说法"河水既不像老牛说的那样浅，也不像松鼠说的那样深，所以老牛和松鼠对小马撒谎了"为例。通过课文阅读，学生当然知道这个说法是错的，因为老牛和松鼠说的都是真的，没有对小马撒谎，问题是课文结尾说"河水既不像老牛说的那样浅，也不像松鼠说的那样深"，小马的发现与老牛和松鼠说的不一样，不一样不就说谎了吗？看来，解决两者之间的"矛盾"才是说好理由的关键所在。教学可做如下示范。第一步：找出老牛和松鼠说的话，"水很浅，刚没过小腿，能蹚过去"和"深得很哩！昨天，我的一个伙伴就是掉在这条河里淹死的"。第二步，弄懂老牛和松鼠说的是真话的原因。从"老牛在河边吃草""从树上跳下一只松鼠"可以知道老牛和松鼠天天生活在河边，了解、熟悉河水情况；从"刚没过小腿"和"我的一个伙伴就是掉在这条河里淹死的"可以看出老牛和松鼠或亲自走过或亲眼见过，不可能有假。第三步，搞清河水"深""浅"和"不深不浅"的原因。课文设计了三幅插图，第一幅的老牛与小马，牛高马矮；第二幅的松鼠与小马，小马高松鼠矮小；第三幅的老牛、小马、松鼠，牛最高，松鼠最矮，小马居中，不高不矮。形象生动、对比强烈的三幅图直观地回答了同一条河老牛说浅、松鼠说深、小马说不深不浅的原因在于身高的差异。第四步，用"首先……接着……然后……"或"第一、第二、第三"的顺序把这些理由说明白。第五步，回顾学习过程，总结说理由的步骤与方法。至此，学生对如何说理自然心中有数，学着这样一步一步地练习，就能较好地完成本次训练任务。长此以往，说理能力就会得到不断提高。

方式三：生成导图支架，优化说理思维。逻辑性、思辨性强的人，从观点的形成到论据的选用再到表达的有序流畅都会有自我省察、反思、调整和完善能力。借助提纲、列表、鱼骨图等导图支架，就能将看不见摸不着的思维变得看得见、摸得到。比如六年级下册《真理诞生于一百个问号之后》，文题就是作者的观点，证明这一论点的关键在于说明"真理"与"问号"的因果关系，没有问号就没有真理诞生，突出真理是在问号产生之后。为此，作者叶永烈在事例选择和论证展开两方面做了精心安排。从事例选择上说，选用了盐酸会使花瓣变红、南美洲东海岸与非洲西海岸相互吻合、睡时眼珠转动与做梦有关等三个与科学知识有关生活小事，但又有区别。国别上，一为英国，一为德国，一为美国，分布较广；职业上，波义耳是科学家，魏格纳是气象学家，阿瑟林斯基是睡眠研究专家，具广泛性；性质上，海岸吻合、睡觉眼动是发现，制成石蕊试纸是发明，性质不同，如此就为观点的成立作了多方面、多角度、多层次的有力证明。从论证方法上看，三个事例每一个都是按照"发现现象—产生问题—反复试验—得出结论"的顺序写的；而且，试验过程写得少，通常只用一两句话进行概括描述，引起的思考与结论用墨多，从而更好地为印证论点服务。同时，还用"无独有偶""更有趣的是"等为三个事例作过渡。教学时，以课后练习"为了证明自己的观点，作者列举了哪几个事例？每个事例是按怎样的顺序来介绍的？"为思考题，借助图表帮助学生梳理课文内容，形成如下提纲：

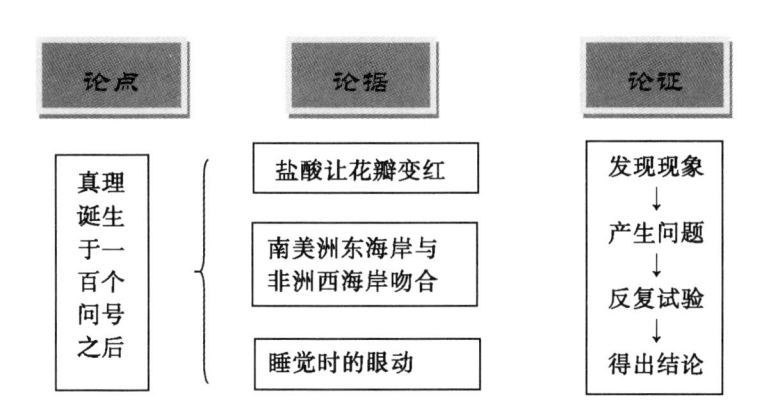

论点	论据	论证
真理诞生于一百个问号之后	盐酸让花瓣变红 南美洲东海岸与非洲西海岸吻合 睡觉时的眼动	发现现象 ↓ 产生问题 ↓ 反复试验 ↓ 得出结论

之后，利用这份提纲信息展开深入阅读。一是发现三个论据的异同点，并讨论为什么如此选择事例材料；二是比较三个事例的论证过程，讨论为什么问题产生和结论得出用笔较多，从而理解作者的思维过程，明晰观点与事例材料一致性的作用。在此基础上，指导完成"仿照课文的写法，用几个具体事例说明一个观点，如'有志者事竟成''玩也能玩出名堂'"的课堂小练笔。

方式四：细化问题支架，发展说理能力。许多课文只是在课后练习中以问题的形式呈现说理训练要求，因此，如何把这一大问题细化成易操作的小问题，直接关系到说理的进程与效果。比如六年级下册第五单元《两小儿辩日》安排了这样一道练习："在《两小儿辩日》中，两个小孩的观点分别是什么？他们是怎么说明自己的观点的？"两个小孩的观点既明确清晰，又针锋相对，围绕着太阳到底什么时候与人的距离近展开争论，学生不难明白，这不是教学的重点。题中的第二问"他们是怎么说明自己的观点的？"才是关键，涉及用何事例和如何说理两方面内容。因此，不妨采用列表格的方法，通过问题细化，把思维过程条理化、外显化。

人物	观点	事理	事实依据	说理方法
小儿一	日始出时去人近，而日中时远。	远者小，近者大。	日初出大如车盖，及日中则如盘盂。	1. 事例：生活常理＋自然现象 2. 语言：先叙后问＋比喻说法 3. 情绪：态度坚决＋语气自信
小儿二	日初出远，而日中时近。	远者凉，近者热。	日初出沧沧凉凉，及其日中如探汤。	

本文两小儿的说理，重在"辩"而非一般的"说"，他们一方面要证明自己的观点，另一方面还要辩驳对方的观点，是融"立"与"驳"为一体的"辩斗"。这就必须理由充足、言辞有力、情感充沛，三者缺一不可。"理由充足"方面，课文写得明明白白，学生理解不难，但需透过文字表层概括出这些理由源于生活常理和自然现象；"言辞贴切"和"情感充沛"不好把握，要结合"此不为远者小而近者大乎？"等具体语句来理解、体会。这样把"怎么

说明自己的观点"细化为事例、语言、情绪三个内容，不仅有助于学生理解课文内容，完成课后问题，还能让他们从中学到如何表达自己观点的说理方法，从而提高说理能力，收到一石多鸟的教学效果。

第十一节 整本书阅读

一、价值定位

近年来，整本书阅读很热。其实，整本书阅读并不是什么新生事物，古代蒙学读物大多是整本的书，如《三字经》《百家姓》《千字文》《弟子规》《幼学琼林》等，我国在私塾、官学、书院等教育教学模式下的各种阅读，读的基本上都是整本书，科举时代更是将"四书""五经"作为经典教材。近现代，许多有识之士也提倡整本书阅读。1920年，胡适认为"与其读王安石的《读孟尝君传》，不如看《史记》的《四公子列传》；与其读苏轼的《范增论》，不如看《史记》的《项羽本纪》"，遂为中学生阅读列出"中学国故丛书"目录；1922年，他为学生开列"一个最低限度的国学书目"，主张用看书代替讲读，且要看整本原著。1923年4月，梁启超推荐了整本书阅读的书目《国学入门书要目》，并形成《要籍解题及其读法》的上课讲义。1931年，夏丏尊在《关于国文的学习》中提出"整册的书的阅读"，并为中学生的读书范围分出三大类别。1941年，叶圣陶在《论中学国文课程标准的修订》中提出："把整本书作主体，把单篇短章作辅佐"，这是叶老第一次明确提出要读整本书。与此相呼应，我国语文教学大纲或课标也有整本书阅读的要求。1923年，《初级中学国语课程纲要》认为国语教育的内容不仅包括"取材偏重近代名著"的"精读选文"，也包括"略读整本的名著"。2001年和2011年版《义务教育语文课程标准》更是明确提出："多读书，好读书，读好书，读整本的书"。

整本书阅读的"热"也带来了从思想到实践的"乱"。温儒敏指出，"教材指定的很多书目，学生都不感兴趣"，因为是经典，有时代的隔膜。一线名师推荐的阅读书目往往是个人的"自以为"，少有"共识"书目。"指定阅读的'规定动作'太多，太烦琐，又要记笔记，又要写心得，又要小组讨论，又要朗读，又要演出什么的"，学生厌烦。在笔者看来，小学阶段的整本书阅读无需那么复杂，只要做到三点足矣：一是喜欢读。喜欢来自兴趣，兴趣是第一位的，有兴趣就会自己主动去读，就会利用一切时间、想尽一切办法去读。二是持久读。因为喜欢读，就能在书中得到或多或少的收获和惊喜，就会觉得读书是一件很美好、很幸福的事，从而产生成就感和自信心，也就有了持久阅读的动力。三是有质量地读。书读到了一定的层次，就不能只是草草翻翻，匆匆而过，要通过阅读，读出意义，读出自我，实现有质量的阅读。"三读"密切关联，喜欢读是持久读的基础和前提，持久读是有质量读的充分保证。为了实现"三读"，要容许学生自由选择阅读书籍，甚至是闲书；指导不必过多过细，要求不必过高过杂，只要在学生有困难的时候略作点拨、稍加提示，指引一些方法，即可。一切以不败坏学生的阅读兴味为目的。

整本书阅读主要分为启动推荐课、阅读推进课、交流分享课三种课型，每种课的定位不同。如果把整本书阅读比作一场马拉松比赛，或是一次长途旅行，那么，启动课就是提供"动力引擎"，既备足"装备"和"工具"，又点爆"燃料"和"油库"，让学生兴趣浓浓、信心满满是重点；推进课就是旅途上的一个"智慧驿站"，或补充能量、加油助威，或调整速度、改进方案，或解决疑难，增强期待，为的是更好地"整装"再出发；分享课就是做"微信美图"，发"赛程微博"，晒"奖牌名次"，把个人的阅读收获变成集体共享的丰富多彩的阅读智慧，目的在于让人看到更好的"我"。

二、适用内容

1. 课程标准"整本书阅读"及"附录2"提到或推荐的书目。如革命传统作品《小英雄雨来》《雷锋的故事》《可爱的中国》《小兵张嘎》《闪闪的红星》；儿童文学作品《爱的教育》《稻草人》《宝葫芦的秘密》《寄小读者》，《安徒生童话》《格林童话》，中国古今寓言、《伊索寓言》，成语故事、神话故事、民间故事、中外历史故事、中外童谣、儿童诗歌等；散文《繁星·春水》

《可爱的中国》等；科普科幻作品《十万个为什么》《海底两万里》；长篇名著《水浒传》《童年》等等。

2. 语文教材"快乐读书吧"的规定书目。如二年级《孤独的小螃蟹》《小鲤鱼跳龙门》《一只想飞的猫》《"歪脑袋"木头桩》《小狗的小房子》《神笔马良》《七色花》《大头儿子和小头爸爸》《愿望的实现》《一起长大的玩具》等童话；三年级的《安徒生童话》《稻草人》《格林童话》《中国古代寓言》《伊索寓言》《克雷洛夫寓言》等童话和寓言；四年级的《中国古代神话》《希腊神话故事》《世界神话传说》《十万个为什么》《看看我们的地球》《灰尘的旅行》《人类起源的演化过程》等神话故事和科普读物；五年级的《中国民间故事》《列那狐的故事》《非洲民间故事》《欧洲民间故事》《西游记》《三国演义》《水浒传》《红楼梦》等民间故事和古典名著；六年级的《童年》《爱的教育》《小英雄雨来》《鲁滨孙漂流记》《骑鹅旅行记》《汤姆·索亚历险记》《爱丽丝漫游奇境》等儿童小说和成长类外国名著。

3. 教材中与节选课文有关的书。主要有单篇小说，如节选了《少年闰土》的鲁迅中篇小说《故乡》；长篇著作，如节选了《火烧云》《祖父的园子》的《呼兰河传》、节选了《他像一棵挺脱的树》的《骆驼祥子》、节选了《清贫》的《可爱的中国》等；作品集或系列故事集，如节选了《好的故事》的鲁迅散文集《野草》、节选了《刷子李》的冯骥才短篇小说集《俗世奇人》、节选了《盼》的铁凝短篇小说集《夜路》等。

4. 课后"阅读链接""资料袋"中的书。《穷人》课后"资料袋"中提到列夫·托尔斯泰的《战争与和平》《安娜·卡列尼娜》《复活》、奥地利作家茨威格的传记作品《三作家》；《好的故事》课后"阅读链接"中提到冯雪峰的《论〈野草〉》、李何林的《鲁迅〈野草〉注解》等。

5. 课标附录建议的补充书目。如弘扬中华优秀传统文化、革命文化、社会主义先进文化的图画书、桥梁书、较厚的书；各类历史、文化读物，介绍自然科学与社会科学常识的普及性读物；学生自主选择并相互推荐自己喜欢的、文质兼美的优秀作品。

三、设计示例

（一）教学内容：三年级《稻草人》

（二）文本分析

三年级上册第三单元"快乐读书吧"安排了"在那奇妙的王国里"为主题的整体书阅读，推荐的书目有《安徒生童话》、叶圣陶先生的《稻草人》、《格林童话》。其所在单元语文要素为"感受童话丰富的想象""试着自己编童话，写童话"，四篇课文《卖火柴的小女孩》《那一定会很好》《在牛肚子里旅行》《一块奶酪》全是童话作品，单元习作"我来编童话"。很显然，这是一个童话单元，也是统编小学语文教材首次提出从"感受童话丰富的想象"的角度阅读童话，这一阅读角度自然符合童话的文体特征，也是阅读童话的基本选择。因此，把从单元课文中学习到的童话阅读方法迁移到整本书阅读中去，是指导单元整本书阅读需要注意的。

叶圣陶先生的《稻草人》是中国现代首部专为儿童而写的童话集，首次出版于1923年，以其中的一篇《稻草人》为全集的名称。本书精选《小白船》《稻草人》《画眉》《一粒种子》等31篇童话作品，其中多篇入选过中小学语文教材，影响了一代又一代少年儿童。在这部书中，作者采用了拟人的手法，真实地描写了20世纪20年代中国农村风雨飘摇的人间百态，展现了当时劳动人民的苦难。也因此，学生阅读这本书会存在着一定的阅读难度。

（三）学习任务群设计

1. 启动推荐课。

任务一：激发兴趣。

活动1：认识稻草人。分别出示《绿野仙踪》《哈尔的移动城堡》《海贼王》中的稻草人图片，让学生看图片猜猜这是哪本书中的人物；学生猜后，公布答案。

活动2：认识《稻草人》。（1）出示《稻草人》的封面，介绍这本书及其作者叶圣陶。（2）学生看封面上的稻草人，用自己的话说说稻草人的样子。

任务二：指导阅读。

活动1：阅读《稻草人》。以"大家说得对不对呢？"为问题，学生找到目录中的《稻草人》，阅读这篇童话，找出文中介绍稻草人样子的语句；把找到的语句与自己猜的作比较，说说自己猜得如何？从这段话中你读出了一个怎样的稻草人？

活动2：了解"稻草人"。（1）带着"除了介绍稻草人的外形，这篇童话还写了稻草人的什么特点？"这一问题阅读，画出相关语句；读读画出的语句，交流两个问题：一是这是个怎样的稻草人？二是这段话是怎么写稻草人尽心尽责的特点的？（2）夜晚的稻草人看到了哪些不为人知的事？这些内容的描写哪些是你没有想到的？学生围绕这个问题作重点阅读，展开讨论；指导学生试着选择一件事画出稻草人的心理变化图，说明这样画的理由；在此基础上，交流这是一个什么样的稻草人？

活动3：说说心里话。（1）读到这里，你的心情如何？你最想说的话是什么？引导学生体会老妇人、渔妇、被迫投河的弱女子等下层人民的不幸。（2）你觉得这节课的阅读愉快吗？还有哪些收获？

任务三：导引阅读。

（1）利用目录，选择自己喜欢的篇目阅读；（2）重点阅读《画眉》和《一粒种子》，了解童话故事内容，说说哪些地方的想象很丰富。

2. 阅读推进课。

任务一：自由交流。学生交流已读过的篇目，说说这些童话的主要故事，谈谈自己的感受；说出自己的阅读疑惑或困难。

任务二：重点交流。

活动1：指名自主说情节。指名学生说说阅读《一粒种子》《画眉》两篇童话故事的内容。

活动2：根据提示说情节。根据学生说的情况，适时出示提示，帮助其说得更清楚、更完整。比如《一粒种子》的提示："这粒种子遇到了哪些人？受到了怎样的对待？结果怎么样？"《画眉》的提示："画眉曾经为哪些人歌唱过？它的心理发生过什么变化？"

任务三：深入交流。

活动1：品读语言。这两篇童话有很多描写细腻、充满想象力的语段，找出来读一读，说说哪些地方想象丰富？读了这样的文字，你有什么想法？

活动2：讲述故事。选择一个故事，用自己喜欢的方式讲给同桌或小组同学听；再推举出讲得最好的一个作为代表，参加全班交流。

活动3：解决疑难。（1）根据学生提出的阅读困惑，比如《画眉》的"一开始画眉'始终不明白自己唱的有什么意义和趣味'，后来'它知道什么是歌唱的意义和趣味'，为什么会有这样的变化？画眉歌唱的意义和趣味是什么？"《一粒种子》的"国王、富翁、商人、士兵付出了很多心血都无法让种子发芽，可一个农夫却做到了，这是为什么？"（2）针对不同问题提示不同的解决办法。比如第一个问题，可以让学生学着启动推荐课的方法，找到相关语句，用画情节画或心情变化图的方法来解决；品读最后一段中的重点语句，从"工厂里的工人，田地上的农夫，织布的女人，奔跑的车夫，掉了牙的老牛，皮包骨的瘦马，场上表演的猴子，空中传信的鸽子"的表现，感受画眉歌唱的意义。而对第二个问题，可提醒学生从国王、富翁、商人、士兵、农夫为什么要种这粒种子的角度思考，找到相关语句，比较一下不同，就能找到答案。（3）总结后续深入阅读可用的方法，如比较阅读、画思维导图、梳理情节等等。

任务四：任务安排。

让学生继续阅读《稻草人》这本书中的其他未读过的篇目，并用上学过的方法来阅读；读过整本书后，想想自己最喜欢的篇目有哪些，为什么喜欢它；把自己喜欢的童话说给家人听。

3. 分享交流课。

任务一：猜一猜，连一连。

活动1：教师或学生说出故事内容，猜童话名字，看谁猜得又快又对。

活动2：出示典型语段、关键人物、主要事件，把相应的内容连起来。

任务二：想一想，说一说。

活动1：说说自己最喜欢的段落，说明理由，并读给大家听。

活动2：说说哪些故事内容让你感到意外，为什么会感到意外？

活动3：如果你是故事中的某一人物，你会怎么做、怎么说？

任务三：议一议，聊一聊。

活动1：读了这本书，你有哪些收获？有什么成功的阅读经验跟大家分享？还有哪些问题还需要继续阅读来解决？

活动2：接下来，你还想继续阅读的童话书是什么？说说原因。

第十二节 跨学科学习

一、价值定位

跨学科学习并非语文学科独有。在素养导向的教育背景下，跨学科学习成了一种必然，是素养时代学科学习的重要路径，是任何一门学科都要努力追求的。只不过，语文学科姓"语"，语文学科的跨学科学习自然也离不开"语"，从语文出发，以语文落脚，以"提高语言文字运用"为归宿，即以"语文课程"为基点。这是其一。其二，以统整融合为方式。一个"跨"字，非常形象地表明了跨学科学习的内在核心和实现逻辑。"跨"就是"跨界"，就是脚踩两个或多个领域，把这个学科与那个学科作无缝链接，进而达到1+1＞2的效果。当然，不同的学科毕竟各有不同的特性，决定了这种链接不可随心所欲、机械拼凑，"乱点鸳鸯谱"，而是有着明确的教学意图和清晰的学习目的，关键在于"融合点"的精心选择。其三，以实际生活为蓝本。语文的外延是生活，在所有学科中，语文与现实生活的联系最为紧密，语文在人们的学习、工作、生活中运用无处不在，无所不有，广阔的生活蕴藏着丰富的语文学习资源，利用这些资源实现语文与生活的联结与融通，是跨学科学习的重要途径。因此，跨学科学习绝不应该是两个或三个学科的简单叠加，而要以生活为媒介，找准彼此之间的交融点。

二、适用内容

1. 综合性学习单元。现行统编教材在三到六年级下册教材中分别安排了一次综合性学习单元。例如三年级的"中华传统节日",为了完成"收集传统节日的资料,交流节日的风俗习惯,写一写过节的过程"单元目标,教材在《古诗三首》后让学生收集中华传统节日资料;《纸的发明》后又让学生商量讨论,为成果展示活动做准备;学完《赵州桥》和《一幅名扬中外的画》就开展"展示活动成果"和"写一写过节的过程"的活动。四年级聚焦现代诗,通过《短诗三首》《绿》《白桦》《在天晴了的时候》四篇课文的学习后,要求学生"根据需要收集资料,初步学习整理资料的方法",并"合作编小诗集,举办诗歌朗诵会",从而完成"轻叩诗歌大门"的综合性学习。五年级则以"遨游汉字王国"为专题,借助"汉字真有趣"和"我爱你,汉字"两部分内容的阅读,感受汉字的特点与情趣,了解汉字字体的历史演变,并在采取查找图书、网络搜索、请教别人和社会调查等方式,收集资料,开展简单的研究,学习撰写简单的研究报告。六年级安排了两次综合性学习。第一次主题为"奋斗的历程",是在学习红色经典课文《十六年前的回忆》《为人民服务》《董存瑞舍身炸暗堡》之后进行的,让学生通过教材提供的"阅读材料",收集、整理中华儿女为了国家富强和民族振兴舍生忘死、不懈奋斗的人与事,"开展阅读分享会""制作小诗集""写一写自己的心愿",弘扬革命文化,继承革命精神,深受爱国教育。第二次针对学生即将离开小学校园,进入初中学习的特殊时段,以"难忘小学生活"为综合性学习主题,用"回忆往事"和"依依惜别"两大板块,让学生运用学过的方法收集、整理小学生活的故事、资料,制作"成长记录册";以举办毕业联欢会和写信为主要内容,策划简单的校园活动,学写策划书。这四个单元就是专门为跨学科学习设计的,是开展跨学科学习任务群设计的天然资源。

2. 主题单元。统编小学语文教材的主题单元不多,六年级上册第八单元可以算是一个。从单元导读页看,鲁迅的头像和简介,"有的人活着,他已经死了;有的人死了,他还活着"的人物评价,暗示着这是一个专门介绍鲁迅的主题单元；从单元课文看，两篇精读课文《少年闰土》《好的故事》都是鲁迅的作品，两篇略读课文《我的伯父鲁迅先生》和《有的人——纪念鲁迅先生有感》是纪念鲁迅的文章，语文园地选择鲁迅的名言为"日积月累"内容，更是指向鲜明。因此，学习本单元课文后，也可以开展以"走近鲁迅"为专题的跨学科学习活动，引导学生制订"走近鲁迅"活动计划书，收集鲁迅的文章、他人对鲁迅的评价、关于鲁迅的故事和鲁迅的诗文与书法等资料，了解鲁迅的其他成就，谈谈自己对鲁迅的认识，编写鲁迅作品评价集，制作鲁迅故事手抄报等等。

3. 部分课后"阅读链接"或语文园地内容。对于有跨学科学习意识的教师，能善于发现、挖掘教材中不为人知、易被忽视的点滴资源，并加以充分利用。比如学习《两小儿辩日》，可以让学生课后查找关于太阳的科学研究资料，替孔子回答两小儿的问题。利用《真理诞生于一百个问号之后》的"阅读链接"《詹天佑》一文，资料收集和整理，探讨开凿隧道的现代工程技术，感受我国隧道、桥梁工程所取得的惊人成就，感知"基建狂魔"的强大实力。学习六年级下册第七单元的语文园地，从"词句段运用"关于与戏曲有关的词语，结合课文《京剧戏谈》等，拓展进行一次京剧、闽剧等戏种中关于"行头"或"道具"的专题研究，形成简单的研究报告；从"玩具小台灯制作说明书"，引出一个玩具制作的手工实践活动，学生独立或合作动手制作一个玩具或模型，再与同学分享制作过程和内心感受。

三、设计示例

（一）教学内容：六年级下册《综合性学习：难忘小学生活》

（二）文本分析

小学六年，是每个人人生起步的重要起点和难忘时光。在小学校园生活即将结束之际，开展一系列有意义的活动，能把师生情、同学情以及对母校的感激之情表达出来，并成为一生永久珍藏的美好回忆。这是本次跨学科学习的目标之一。

"难忘小学生活"分成"回忆往事"和"依依惜别"两大板块，每个板块均由"活动建议"和"阅读材料"组成。"活动建议"是重点，意在为学生顺利开展相关学习活动提供思路、方案、程序和方法，甚至是样本，是教师进行活动指导的重要凭借和可靠参考。"阅读材料"选入一些与学习活动有关的文章或语言样本，可以激起学生对六年小学生活的回忆，激发对老师、同学和学校的感情，同时在写讲演稿、给母校老师写信、临别赠言等方面得到借鉴和启发。值得注意的是，"阅读材料"提供的也只是范例，学生阅读时包括但不限于这些材料，教师或学生可以作相应的材料搜集和补充，以便于活动的开展。

不管是"回忆往事"还是"依依惜别"，都会涉及语文课程以外的一些科学知识。比如制作成长纪念册，要让纪念册有创意、有个性，除了内容因素外，还得关注版面排列、封面设计、插花图案、文字创编等，没有一定美术学科基础是难以完成的。"毕业联欢会"的开展更与美术、舞蹈、音乐、主持、表演等多学科紧密相关，还需要较强的统筹协调、分工合作、沟通交际能力，是一个人能力素养的综合表现。由于这是小学阶段的最后一次跨学科学习，所以本次活动既是小学阶段跨学科学习水平的终结性检验，又是学生语文综合能力的再次提升。

值得注意的是，跨学科学习实践性强，要以学生自己的活动为主。好在学生从三年级开始，至今经历过了四次专门的跨学科学习，他们具备了任务驱动、活动贯穿始终的综合性学习基础。因此，本次活动应调动学生已有的学习经验，开展自主、合作、探究活动，特别要指导学生抓好策划、活动、交流、评价等环节。为了便于开展活动，教学时，可适当调整课时，把几节语文课连在一起，像收集个人和集体成长的资料、为老师、同学写毕业赠言、毕业联欢会节目排练等活动，可利用课外时间进行。

（三）学习任务群设计

1. 学习主题：制"册"办"会"表深情。

2. 学习情境：六年小学生活，说长不长，说短不短。六年里，有美好的回忆，有难忘的故事，有精彩的瞬间，也有委屈的泪水，内心的遗憾，失败的背影……如今，这一切都成了往事，成了记忆。把这些点点滴滴都凝固在成长纪念册里，往事就成了永久的图片与文字；让我们来一场毕业联欢会，给老师、同学写封信，再现美好时光，表达感恩之情。

3. 任务与活动。

任务一：制作成长记录册。

活动1：分享成长档案。（1）阅读"阅读材料"。学生自主阅读《老师领进门》《作文上的红双圈》两篇文章，说说课文写了什么事，作者为什么要写这些事，从而对什么事才是难忘、印象深刻的有个初步的了解。（2）写明个人成长纪录。利用教材提供的"成长树"，或者自制表格、坐标图等思维导图，按发生的先后顺序，使用关键词，在相应的时间点上分别写出印象最深的人、事或物，如果有照片，还可以贴在相应位置上。（3）明确班级成长记录。师生讨论交流，共同梳理出六年来班级发生的关键事件、重点人物、集体活动、班级发生的精彩故事等，也用思维导图的方式一一标注、写明，并贴上相关照片。

活动2：回忆难忘瞬间。（1）与小组同学分享自己的难忘瞬间。（2）小组派代表向全班分享令人难忘的人、事、物。（3）收集、记录个人或集体难忘的故事或材料，为纪念文册的制作做准备。

活动3：制作纪念文册。（1）了解程序。学生阅读《如何制作成长纪念册》，了解纪念册的"编年体""栏目式"等多种编制思路，学习成长纪念册的基本制作程序和方法。（2）整理材料。把已经收集和记录的个人成长材料或集体成长材料作分门别类的整理，为制作纪念册做好先期准备。（3）构思设计。根据已有材料，统筹考虑纪念册的板块分布、内容安排、栏目设置、材料选用，以及封面、扉页、正文、封底等部分的文字、图案设计、编排等，还可以画出纪念册的草图。（4）动手制作。个人或与同学合作，按照原定计划或草图，制作一本具有个人个性和风格的成长纪念册。（5）分享交流。举办成长纪念册分享会，学生互相观赏，交流分享，鼓励赞赏。

任务二：举办毕业联欢会。

活动1：确定主题、形式。（1）阅读"毕业联欢会活动策划书"，了解举办毕业联欢会所需要的基本元素。（2）小组讨论。组内同学自主讨论，之后商定出一个毕业联欢会的主题和形式。（3）班级交流。各小组代表汇报本组商定的毕业联欢会的主题和形式，并说明理由。（4）共同确定。比较各小组汇报的主题和形式，择其优点和特色，在整合、优化的基础，最终确定本次毕业联欢会的主题和形式。

活动2：安排节目与人员。（1）重点聚焦"毕业联欢会活动策划书"中的"节目单"，参考班级特点和学生特长，商讨、草拟出一份节目清单。（2）采取个人申报、同学推荐、商量确定相结合的方式，从节目统筹、节目表演、会场布置、道具准备、主持与串词撰写、秩序维护、场地清洁、活动报道等方面进行人员分工。（3）根据讨论结果，撰写"毕业联欢会活动策划书"分发给相关人员，以明确各自身负的工作和任务。

活动3：撰写主持词，设计邀请函。（1）负责串词和邀请函撰写的同学在计划时间内拿出草稿，由相关同学进行审定，在听取老师意见的基础上，负责撰写的同学作进一步的修订、完善。（2）写好的串词交给联欢会主持人，由他们熟悉、背记和练习。（3）相关同学负责给学校、老师、家长等分发邀请函。

活动4：排练节目，正式表演。（1）各节目负责人利用课余时间进行节目准备和练习，并根据具体情况进行背景音乐、伴舞动作等方面的选择和变换。（2）在节目准备的基础上，进行若干次节目排练，重点细化、优化节目质量，并根据排练情况和效果，及时调整舞台布景、演出顺序、舞美伴奏、主持串词等。（3）全班同学按照原定的人员分工，各负其责，各司其职，举办好毕业联欢会。

任务三：种下一棵心愿树。

活动1：写一封信给老师、同学或未来的自己。（1）学生自由选择写信对象，给他或她写一封信。（2）把写好的信以合适的方式送给或寄给对方。

活动2：举办毕业赠言朗诵会。（1）阅读《毕业赠言》，交流阅读感受，了解毕业赠言在语言、情感、形式上的特点。（2）学生确定赠言对方，并由此自主撰写毕业赠言。（3）举办赠言朗诵会。学生朗诵毕业赠言，与同学分享内心愿望，并把设计好的赠言送给对方。

第四章 学业质量

第一节 课程价值

与国外母语课程标准不同的是，不论是1923年的《新学制课程标准纲要小学国语课程纲要》、1929年的《小学课程暂行标准小学国语》、1932年的《小学课程标准国语》，还是《义务教育语文课程标准（2011年版）》，近百年我国几十部教学大纲或课程标准从未把学业质量标准写入其中。2022年版新课标改变了这延续百年的传统做法，吸取了国外母语课程标准的有益经验，增加了"学业质量"，对于实现"教、学、评"的统一提供了有力保障，意味着语文课程从此突出模糊不明、笼统玄妙的重围，拥有了质量水平评价标准。

一、树立新的课程质量观

质量评价是基础教育课程改革的有机组成部分，如何认识、看待和评价学业质量，很大程度上决定着课程改革的成败。这是因为，有什么样的课程质量观，就有什么样的课程目标和内容；有什么样的课程目标和内容，就有什么样的教学理念和课堂行为。我国历年颁布的教学大纲或课程标准，体现了不同时期的课程质量观。梳理21世纪三份国家义务教育语文课程标准，可以窥见语文课程理念的变化发展，鲜明地感受到核心素养时代语文课程质量观的惊艳诞生。列表如下。

呈现板块	2001年实验稿 评价建议	2011年版 评价建议	2022年版 学业质量
总体表述	为了考查学生达到学习目标的程度，……从而有效促进学生的发展。	应准确反映学生的学习水平和学习状况，全面落实语文课程目标。	是学生完成课程阶段性学习后的学业成就，表现反映核心素养要求；为核心素养评价提供基本依据。
评价内容	识字与写字；阅读；写作；口语交际；综合性学习。	识字与写字；阅读；写作；口语交际；综合性学习。	日常生活、文学体验、跨学科学习中的识字与写字、阅读与鉴赏、表达与交流、梳理与探究。
具体示例（以识字为例）	考查学生认清字形、读准字音、掌握汉字基本意义的情况，以及在具体语言环境中运用汉字的能力，借助字典、词典等工具书识字的能力。	考查学生认清字形、读准字音、掌握汉字基本意义的情况，以及在具体语言环境中运用汉字的能力，借助字典、词典等工具书查检字词的能力。	留心公共场所等真实场景中的文字，尝试认识标牌、图示、简单的说明性文字中的常用汉字；借助汉语拼音认读汉字，借助学过的偏旁部首推测字音字义，愿意向他人说出自己的猜想；遇到不认识的字，主动向他人请教。喜欢识字，有意识地梳理在日常生活中学习的汉字、词语，并尝试进行分类；愿意整理自己的学习成果，并向他人展示。

稍加比较不难发现，其一，2022年版课标不像实验稿和2011年版课标那样，把质量要求和评价方式糅杂在"评价建议"中，而是增设"学业质量"分别呈现，凸显了学业质量标准的重要性。其二，"总体表述"是质量评价指导思想的体现，实验稿和2011年版课标的质量评价指向"学习目标"或"课

程目标",2022年版课标则以"核心素养"为评价核心,折射出质量观的差异。其三,从评价内容看,实验稿和2011年版课标都是"识字与写字""阅读""写作""口语交际""综合性学习"的单项知识、技能的考查和评价,2022年版课标却是"日常生活""文学体验""跨学科学习"三类学习情境中的"识字与写字""阅读与鉴赏""表达与交流""梳理与探究"的综合表。其四,"识字"为例的具体示例显示,实验稿和2011年版课标重在评价汉字的音、形、义及其运用能力,以及借助工具书学习字词能力,2022年版课标更强调在具体真实的生活环境中识字,更强调请教别人、猜测字义、分类梳理等自主识字能力,更强调"愿意""喜欢""主动""展示"的学习体验,素养导向的评价指向非常鲜明。

诸多差异的背后,反映的是不同的课程质量观。一种是布鲁姆教育目标分类框架下的语文能力评价,认为评价就是知识点、能力点检测,需要依据不同知识类型,运用"双向细目表",按识记、理解、应用、分析、综合、评价等层次,确定测评的重点和难点,安排内容比例,分配分值比重。这是以学科知识点为纲,以识记、理解和应用为水平评价的质量观,更多指向碎片化知识和孤立技能的习得与熟练程度,意在了解教师的教学现状和学生的知识掌握情况,对于学生作为人的整体素养发展状况关注不够。一种是核心素养导向的课程质量观,强调"以核心素养及其表现水平为主要维度,结合课程内容,对学生学业成就表现特征进行整体刻画"。一个"学业成就",意为这是学生必须达到、应该体现且能体现的语文核心素养水平;一个"表现特征",表明学生学习过程中的行为表现具有鲜明特征,不仅"看得见",而且"测得来";一个"整体刻画",是对学生学业质量表现状况的综合衡量,而不是知识点的学习状况,更不是考试分数。一句话,"学业质量"其实是学科核心素养及其水平的细化与具体化,改变了过去单纯看知识、技能的掌握程度的片面做法,更加关注育人目的和素养培养要求,强调学习方式和育人模式的根本转型,将大大推动我国基础教育课程改革。

二、形成学业评价的基本框架

语文独立设科的百余年间，课程学业评价体系建设一直是语文教育界的重大研究命题，但主要集中在评价体系构建的原则、方法、制度等方面，结果不尽如人意，致使语文课程学业评价体系长期悬而未决。《国家中长期教育改革和发展规划纲要（2010－2020）》正式发布后，语文课程学业质量评价再次被提到议事日程，且受到更大程度的关注，学界呼吁不断，一线充满期待。可是十多年过去了，学业质量评价"只听楼梯响，不见人下来"，一直没有一个较为规范的体系，致使语文教学出现了许多难以解决的现实问题。2022年版课标"学业质量"的设立，标志着质量评价框架的初步形成，为有效落实"以促进学生核心素养发展为目的""综合构建素养型课程目标体系"的课程理念搭建平台，提供支撑。

目标上，指向核心素养的综合评价，反映核心素养的学段要求。

内容上，"按照日常生活、文学体验、跨学科学习三类语言文字运用情境，整合识字与写字、阅读与鉴赏、表达与交流、梳理与探究等语文实践活动"。也就是说，不管哪一类语言文字运用情境，都需要综合考查学生识字与写字、阅读与鉴赏、表达与交流、梳理与探究四个方面的素养水平，涵盖整个义务教育阶段语文课程目标和内容。更重要的是，每个方面的考查都关注到语文课程的知识、技能、情意的综合水平。以第二学段的跨学科学习内容为例，要求"乐于观察、提问、交流，能参与简单的活动策划、组织工作；能根据不同学习活动主题搜集、整理信息和资料，提出自己感兴趣的问题；能用照片、图表、视频、文字等展示学习成果，并与他人分享"，其中"乐于""参与""分享"指向学生的心理情绪和情感体验；"策划""组织""搜集""整理""展示"考查学生策略性知识、程序性知识的生活化、情境化应用水平，反映学生问题处理、动作操作、协同合作等多方面的综合能力。如此融知识、技能和情感于一体的统整式评价，真实体现正确价值观、必备品格和关键能力的达成情况。

结构上，"学业质量"按照义务教育四个学段的课程内容，确定了不同学段的不同质量标准，以体现"学生在完成课程阶段性学习后的学业成就"，呈现出纵横融合的特点。从横向看，每个学段都是日常生活、文学体验、跨学科学习三类学业质量评价。从纵向看，三类学业质量标准又因学段不同而显现差异。比如"跨学科学习"，从第一学段"喜欢观察、提问""能用自己喜欢的方式呈现学习所得"的兴趣激发，到第二学段"乐于观察、提问、交流""提出自己感兴趣的问题""能用照片、图表、视频、文字等展示学习成果，并与他人分享"的方法习得，又到第三学段的"能利用多种渠道获取资料""探索解决问题的方法""写简单的研究报告""发表自己的观点"的问题解决，再到第四学段的"能广泛收集信息，关注信息的权威性和科学性；能运用实证性材料对相关问题作出合理的解释与推断"的科学意识，形成了学段衔接、层层递进、螺旋上升的纵向评价结构。如此有纵有横，让学业质量评价既有学段性，又有渐进性，共同构成义务教育阶段跨学科学习的学业质量评价框架。

方式上，又有过程性评价和终结性评价之分，包括课堂教学评价、作业评价、学业水平考试评价等。具体操作时，可以根据不同的评价需要，灵活采取试卷命题、书写展示、调查报告、观察记录、成果展示等纸笔形式，还可以设计综合的学习任务，运用诵读、演讲、读书交流、戏剧表演、调查访谈等丰富多样的非纸笔形式。形式的多样，手段的灵活，过程的展开，评价主体的多元，评价工具的丰富，确保学业水平测评的真实度、可信度。

三、建立素养立意的等级评价机制

关于"质量"的解释，《现代汉语词典》有两个义项，其中就有"产品或工作的优劣程度"，可见，差异是质量的本质特征，因此质量区分自然成为评价的应有之义。可是，核心素养是人身上具备的可以真实而持续地表现出来、行动出来的素质，是在真实情境中解决复杂问题的高级能力与人性能力，说得通俗一点，就是一个人学了知识、技能后能干什么、会干什么，在短时间内恐怕难以清晰评判。尤其是语文学科人文气息浓厚，存在着情感、态度、价值观、过程方法之类的内隐性目标，要想分出个子丑寅卯来，还真有点"难以上青天"，这或许是语文教学长期以来"模模糊糊一大片"的一个原因吧。因此，建立一套符合语文课程特性、合理区分"干得如何"的等级评价机制，虽然重要，却很困难。2022年版课标除了像识字、写字等可以量化的课程内容外，大都采取定性的评价方式，主要借鉴认知目标分类和阅读能力层次理论，使用不同的行为动词反映不同学段、不同课程内容的"具体表现特征"，使原本看不清、道不明的学业质量水平，变得可观察、可衡量、可评判、可描述，为语文核心素养提供了一个真实有效的落地支持。

一是大量使用"能"字，形成了"能……"的表述方式，在"学业质量描述"的四个学段中总共出现了111次。"能"是描述结果目标的行为动词，也就是说"能……"刻画的是结果，不是过程，含有能够、应该、必须之义，是一种肯定性、刚性化的价值判定，不可更改，不容调整，规定了质量达成的基本标准。二是大量使用表现不同学业成就水平的行为动词。分两种情况，一种是评价内容相同，行为动词不同，比如"认识""讲述""解决"三个行为动词，都用以技能类学业质量的评价，但又分属了解、应用和创新三个不同层级，区分技能类学业质量的不同等级水平。另一种是评价内容不同，行为动词不同。比如评价语文知识方面的学业水平，用的是"认识""辨识""发现""梳理"等行为动词；评价听、说、读、写、思等学科技能水平的，用"搜集""复述""概括""策划"等行为动词；评价学习体验、价值认同方面的质量表现，用"乐于""愿意""喜欢"等行为动词。丰富多样、各具功能的行为动词的使用，让学业质量的"表现特征"具有了等级属性，从而实现分级评价机制的初步建立。

当然，2022年版课标的"学业质量"是按学段而非年级，且多用定性而非定量的方式进行描述和刻画的。由于定性化的行为动词含义难以准确界定，使得水平评价缺乏精细的区分度，让人对不同年级学生的学业质量程度无法作出精确的评判，无疑存在着一定的局限性。如何制定出适合语文核心素养导向、定性与定量相结合的学业评价机制，需要继续深入探讨。

第二节 基本认识

一、构成元素

学业质量是"对学生语文学业成就具体表现特征的整体刻画",是核心素养及其水平的细化与具体化,突出体现在三个构成元素上。

1. 关键要素。"要素"指的是构成事物必不可少的因素,"关键要素"指的是体现某一质量特征的重要元素。学业质量中的关键要素主要包括:

一是指定的课程内容与能力,即考查评价项目。比如,"喜欢识字,有意识地梳理在日常生活中学习的汉字、词语,并尝试进行分类"中,"汉字"和"词语"是具体的课程内容,隐藏其间的识字方法、分类梳理方法则是相应的语文能力;"喜欢读古诗,能熟读成诵;喜欢阅读故事,并与他人讨论"中的"古诗"和"故事"是课程内容,能读以及读的兴趣、良好正确的习惯与方法则是相应的语文能力。

二是特定的知识背景与情境,即在什么情况下评价。比如,"留心公共场所等真实社会场景中的文字,尝试认识标牌、图示、简单的说明性文字中的常用汉字"中的"公共场所""标牌、图示、简单的说明性文字"强调汉字考查评价的真实性和社会化,指向汉字的实际运用能力;"愿意和同学交流朗读体验,能简单评价他人的朗读"中的"同学""他人",规定了朗读能力评价的主要对象。

三是限定的学习方式与条件,即以什么方式评价。比如,"注意用语气、语调和节奏表现对文本的理解和感受"中,"语气、语调和节奏"是评价朗读水平的三个着眼点;"参加文学体验活动,能表达自己的体验、感受和发现,愿意用文字、图画等方式记录见闻、想法"中的"文字、图画",是"表达""记录"水平的主要方式。

2. 典型表征。学业质量的表现特征具有鲜明、显著的典型特性,甚至是唯一性。这里包含两种情况:

一是不同的学习内容有不同的表现特征。识字与写字，表现特征为"认读""字形辨析""正确书写"。阅读与鉴赏，表现特征是"简单推测""解释作品中的人物行为""讲述主要内容""记录阅读感受"；表达与交流，表现特征是"讨论""倾听""转述""说清楚""写清楚"；梳理与探究，表现特征则变成"搜集、整理信息""记录探究的过程与方法""写简单的研究报告""撰写活动计划、实施方案或活动总结"。

二是不同的学业质量水平有不同的表现特征。仅以"阅读与鉴赏"中的信息提取与使用为例，第一学段"能根据提示提取文本中的显性信息，通过关键词句说出事物的特点，作简单推测"；第二学段"能提取主要信息，借助阅读经验和生活经验预测情节发展"；第三学段"能获取主要内容，用朗读、复述等自己擅长的方式呈现对作品内容的理解"；第四学段"能把握主要内容，并通过朗读、概括、讲述等方式，表达对作品的理解"。从提取显性信息作简单推断，到提取主要信息作情节预测，再到获取主要内容加以朗读、复述，最后到把握主要内容进行概括、讲述，要求的提升呈现出不同的学业质量水平的各自特征。

3. 水平等级。除了如"累计认识1600个左右常用汉字，能正确书写800个左右常用汉字"等少量的定量描述外，"学业质量"还采取分级描述的方法，借助定性化的行为动词进行六个等级的质量水平描述。

一是识记，即对已有知识、信息的记忆，行为动词包括"认识、积累、记录、整理"等。比如，"尝试认识标牌、图示、简单的说明性文字中的常用汉字""注意积累和梳理语言材料"等。

二是领会，即用自己的语言解释信息，把握知识材料意义，行为动词常常是"了解、理解、感受、体会"。比如，"在阅读、参观、访问过程中，结合具体内容或时代背景丰富对作品内涵的理解"等。

三是应用，即强调把知识运用到新的情境中，解决实际问题，行为动词是"运用、把握、概括、复述"。比如，"愿意向他人讲述读过的故事，乐于向他人展示自己的作品""把握对话的主要内容并简要转述"等。

四是分析，即对整体知识进行合理分解，发现部分之间的联系与区别，加深对内容结构、语言组织的认识，多用"猜测、比较、判断"等行为动词。比如，"能提取主要信息，借助阅读经验和生活经验预测情节发展""能根据积累的知识和经验初步判断信息真伪"。

五是评价，即根据一定标准，对文本的材料、内容、人物、语言等方面做出价值判断，行为动词为"交流感受""说说好处"。比如，"愿意和同学交流朗读体验，能简单评价他人的朗读""能借助与文本相关的材料，结合作品关键语句评价文本中的主要事物和人物，提出自己的观点和看法"等。

六是创新，即将知识的各部分重新整合，形成一个新的整体，体现创新意识和创造能力，行为动词为"创造、归纳、提出、形成"等，如"能根据活动需要，结合自己的知识积累和生活经验提出要探究、解决的问题"等，指向信息的统整、聚合，以深化阅读理解和问题解决。

二、主要特性

1. 全纳性。全纳教育兴起于20世纪90年代，它强调所有人受教育的基本权利，认为每个人都有其独特的个性、兴趣、能力和学习需要，教育就是要容纳全体儿童并满足他们的教育需求，保证全员性参与。学业质量涵盖了义务教育阶段各个年级，面向所有学生，是全员性在学业评价中的具体化。此外，全纳性还表现为质量评价的全面性。在2022年版课标的整体框架中，课程目标指向"教什么"，课程内容侧重"学什么"，学业质量则关注"评什么"，三者彼此联系，全面反映学生的语文综合能力和核心素养。如此整合了知识目标、思维目标、技能目标和情感态度价值观目标的学业质量标准可以有效防止教学的窄化和片面化，保证整体育人效果。

2. 进阶性。2022年版课标在"学业质量内涵"中指出："四个学段的语文课程学业质量标准相互衔接，体现学生核心素养发展的进阶。"这种进阶性表现在两个方面：

一是不同学段有不同的学业质量标准。比如，"梳理与探究"在第一学段重在兴趣培养，提出"有好奇心和求知欲""喜欢观察、提问"等要求；第二学段重在渗透学习方法，要求"能根据不同学习活动主题搜集、整理信息和资料""能用照片、图表、视频、文字等展示学习成果"；第三学段重在尝试解决问题，包括"记录探究的过程及结论，写简单的研究报告""撰写活动计划、实施方案或活动总结"等；第四学段重在涵育科学意识，如"能广泛搜集信息，关注信息的权威性和科学性；能运用实证性材料对相关问题作出合理的解释与推断"等。四个学段环环相扣，循序渐进，螺旋上升。

二是不同学段的学业质量评价重点各有侧重。虽然所有学段的学业质量都包括"识字与写字""阅读与鉴赏""表达与交流""梳理与探究"四个方面，且都由5个自然段组成，但每个学段的评价重点还是各有侧重，如第一学段以"识字与写字"和"阅读与鉴赏"为重点，突出基础性；第二学段以"阅读与鉴赏"和"表达与交流"为重点，突出承接性；第三学段以"表达与交流"和"梳理与探究"为重点，突出综合性等。这种侧重从每个学段不同课程内容所用的描述篇幅可以明显看出。这样的进阶设计符合能力发展的基本规律，体现了语文课程中核心素养的建构、形成与发展的过程。

3. 关联性。语文学业质量标准是以核心素养为主要维度，决定了质量指标必须从整体上呼应"正确价值观""必备品格"和"关键能力"。

在"正确价值观"方面，要求学生"感受汉字和汉语的魅力""能主动阅读体现社会主义先进文化、革命文化、中华优秀传统文化的作品，在阅读、参观、访问过程中，结合具体内容或时代背景丰富对作品内涵的理解"，显然是从识字、阅读、生活实践等不同方面深化"文化自信"。

在"必备品格"方面，要求学生"与人讨论交流，注意倾听，主动用礼貌用语回应""乐于表达自己的想法，遵守规则，主动合作，积极参与讨论""能利用掌握的多种证据判断信息的真实性与可信度"等，以期让学生养成懂礼貌、会合作、能辨析的优良品质。

在"关键能力"方面，要求学生"能通过诵读、改写、表演等方式，表达自己对感人情境和形象的理解与审美体验""能发现不同类型文本的结构方式和语言特点，感受作品内容、表现形式上的不同，积极向他人推荐，并有条理地说明推荐理由，在文学体验活动中涵养健康向上的审美情趣"等，这是从语言、思维、审美等多个维度做出评价。

同时，这种关联还表现在与学段要求的互为呼应上。以第二学段的"识字与写字"为例，"能借助汉字拼音、工具书，在阅读中主动识字"的学业质量描述对应的是"养成主动识字的习惯""有初步的独立识字能力""能用音序检字法和部首检字法查字典、词典"的学段要求；"能根据具体语境辨析多音多义的读音和字义，辨识、纠正常见的错别字"的学业质量描述对应的是"能感知常用汉字形、音、义之间的联系"的学段要求；"能使用硬笔规范、端正、整洁地书写 1600 个左右常用汉字"的学业质量描述对应的是"能用硬笔熟练地书写正楷字，做到规范、端正、整洁""其中 1600 个左右会写"的学段要求；"能把具有相同或相似特征的汉字进行分类""感受汉字和汉语的魅力"的学业质量描述对应的是"初步建立汉字与生活中事物、行为的联系，初步感受汉字的文化内涵"学段要求。如此呼应与关联，进一步确保学段要求落到实处。

4. 可操作性。2022 年版课标中的学业质量描述大量使用行为动词，具有较强的可操作性。

一是实践化。核心素养是人具备的可以真实而持续地表现出来、行动出来的素质，远非"坐而论道"式的记忆、背诵、理解所能形成，唯有反复实践才能逐步得以建构和发展。这就决定了学业质量必须建立在动态的实践基础上，以做中学、用中学、创中学为重点，改变以静态的知识技能掌握为质量标准的传统做法。于是，2022 年版课标中的学业质量描述多用"推测""讲述""续写""描述""记录""介绍""撰写"等操作性非常强烈的词语，其实践化、应用化追求极为鲜明。

二是情境化。核心素养同样还是学生在真实情境中解决复杂问题的高级能力，是一种"带得走"的能力。因此，情境化不仅成了语文课程学习的必然要求，而且是检验学生学业质量的重要指标。于是，学业质量设计了活动情境，如"文学体验活动""班级活动""读书交流活动""跨学科学习活动""校园、社会活动"等，甚至还明确规定了具体的学习情境，如"学校、社区组织的朗诵会、故事会、课本剧表演等""与人讨论交流""与他人分享""借助上下文语境"等，凸显了真实情境、问题解决的质量评价新样态。

三是综合化。科技发展日新月异，网络新媒体的迅速普及，让人们生活、学习、工作方式不断改变，2022年版课标与时俱进，格外重视课程综合和跨学科学习，注重培养真实情境中解决问题的综合能力，并在学业质量评价中做出规划。比如"能选择自己感兴趣的角度主动搜集信息，尝试用流程图和文字记录学习活动的主要过程，并向他人展示学习成果"就需要学生具备内容与主题的选择、信息搜集与处理、图文结合的记录方法等多方面的知识和能力；"能围绕学习活动展开调查，从多方面获取活动各阶段的材料，并用多种方式有条理地记录学习活动过程，表达参与活动的感受"就需要学生经历社会调查、材料搜集、成果呈现等过程，体现了沟通合作、信息整合、语言表达等综合能力。

第三节 行为动词

一、用法分类

"行为动词"顾名思义就是表示具体动作或行为的词语，具有具体明确、可观察、可测量的优点。学业质量描述中的行为动词因使用对象的不同分为知识性目标行为动词、技能性目标行为动词和体验性目标行为动词三类，共同指向语文核心素养，体现语文课程的素养导向。

1. 知识性目标行为动词。

这是关于语文知识的识记、积累的行为动词，大多用在基础性的静态知识方面。分为两类：一是了解，如"尝试认识标牌、图示、简单的说明性文字中的汉字"中的"认识"，"辨识、纠正常见的错别字"中的"辨识"，"在社会生活中发现自己不认识的字"中的"发现"，以知道、明白为标志。二是积累，"注意积累和梳理语言材料"中的"积累、梳理"，"在学习中，能发现富有生命力的词句和段落，自觉记录、整理"中的"记录、整理"，指向知识的分类、记忆的评价。

2. 技能性目标行为动词。

就是与已有技能建立联系，以表现听说读写思等能力表现水平的行为动词。分为三个层次。一是理解，即描述知识对象的特征和由来，阐述此对象与相关对象之间的区别与联系，如"借助阅读经验和生活经验预测情节发展"中的"预测"，"能结合关键词句解释作品中人物的行为"中的"解释"等，都以"理解"为基础。二是应用，就是在新的、不同的、现实的情境中有效地使用知识，如"能根据表达需要，准确使用常用的标点符号"中的"准确使用"，"能借助与文本相关的材料，结合作品关键语句评价文本中的主要事件和人物，提出自己的观点或看法"中的"评价、提出"，都属于应用范畴。三是创新，即将知识的各部分重新整合，形成一个新的整体，体现创新意识和创造能力，如"能用准确的语言清楚地介绍、说明事物或程序，运用文本主要信息解决现实生活中的简单问题"中的"解决"，"能积极参与活动的策划与组织工作，围绕学习活动搜集材料，提供简单的活动设计方案"中的"策划、组织、提供"等，无不指向语文综合能力。

3. 体验性目标行为动词。

情感态度与价值观是核心素养的重要组成部分，也是学生学习态度和潜能的体现，往往隐含于学习活动之中。一是经历和感知，如"留心公共场所等真实社会场景中的文字"的"留心"，"能根据字形推断字音字义，并借助语境和工具书验证自己的推断"的"推断"，体现内在的学习体验。二是关注与思考，如"乐于在班级活动中交流展示"的"乐于"，"喜爱阅读童话、寓言、神话等"的"喜爱"，"愿意整理自己的学习成果，并向他人展示"的"愿意"等，表现的是学生对学科知识和学习活动的情绪体验和喜好程度。三是领悟与升华，如"在文学体验活动中涵养健康向上的审美情趣"中的"涵养"，"参加文学体验活动，能够围绕发现的问题，搜集资料、整理相关的观点和看法，结合学习积累和经验，初步形成自己的理解和认识"的"形成"等，表现的是思想认识、价值观念层面的学习目标。

二、价值认识

1. 指向"能够……"的结果水平。

学业质量体现的是学段结束时学生核心素养必须达到、应该体现且能体现的水平，这个"必须达到、应该体现且能体现的水平"就靠不同的行为动词来表现。比如"能用文字、结构图等方式梳理作品的行文思路"，行为动词是"梳理"，意味着第三学段的学生必须能够使用文字、结构图等方式"梳理"散文、小说、诗歌等文学作品的行文思路，能不能够梳理就成了评判学业质量达标与否的标准。有了"能够……"的行为动词，就能区分出相同内容不同学段的学业程度，以小学阶段的"口述"为例，第一学段"能借助关键词句复述自己读过的故事或其他内容"，第二学段"能向他人讲述主要内容"，第三学段"能借助与文本相关的材料，结合作品关键语句评价文本中的主要事件和人物，提出自己的观点和看法"，"复述""讲述""评价"的行为动词变化，既表明"口述"能力水平的学段差异，又呈现循序渐进、螺旋上升的整体要求。

2. 凸显"基于……"的特征表现。

学业质量标准重在对学业成就具体表现特征的整体刻画，因此，"具体表现特征"成了判断的关键。从学业质量评价内容看，分为学生在日常生活、文学体验和跨学科学习中的识字与写字、阅读与鉴赏、表达与交流、梳理与探究的能力水平，知识性质、内容指向、学习方式的差异，决定了学业成就表现特征的千差万别，需要依靠不同的行为动词来外显、来分辨。比如，静态的语文知识，只有基于"辨识""积累""梳理"的外化表现，才能变隐为显、化幽为明。像读、说、写之类操作性很强的课程内容，适合"说出""展示""复述""书写"等，让人一听就明、一看就知。而体验性学习内容，更多是"心"的感受，"情"的熏陶，"意"的生发，"不见其增"却"日有所长"，"愿意""乐于""涵养"等行为动词能准确反映其内隐性特征。这种"基于……"的特征表现，让人对不同类型的学习内容及其质量要求心知肚明，进而开发出富有针对性的有效评价工具。

3. 表明"通过……"的呈现方式。

学业质量的最大价值就在于以学业质量标准评价学生的学段学习水平，行为动词无疑提供了易于操作的抓手，通过这些行为动词，就能正确选定考查评价的方式与手段。比如"看图说话，能描述一幅图画的主要内容，说出多幅图画之间的内容关联"，"描述""说出"既是看图说话水平的呈现方式，也是选用"口头讲述"这一评价方式的依据来源；"在活动中积累素材，写简单的记实作文，内容具体、感情真实"，"写"是记实作文的呈现方式，也是考查评价的必然选择；"能诵读学过的优秀诗文，尝试用不同的语气、语调表达自己的理解和感受"，"诵读"是表达阅读感受的呈现方式，决定了声情并茂地朗读是评判学生诵读水平的最佳手段。当然，对于"愿意""乐于""涵养"之类的行为动词，则需要设计综合性学习任务、观察日常行为，了解学生在学习活动和语言实践中的表现，方能判断其学业质量的达成情况和等级水平。

4. 内含"为了……"的实现路径。

表面上看，行为动词只是刻画了学段学业质量的结果水平，但这些结果水平需要经过长时间的练习，通过一定的学习程序、步骤和策略才能逐步形成，可见，行为动词的背后隐藏着目标达成的实践路径。比如，为了让第三学段的学生阅读散文、小说、诗歌等文学作品"能发现不同类型文本的结构方式和语言特点，感受作品内容、表现形式上的不同，积极向他人推荐，并有条理地说明推荐理由"，平常教学过程中就得进行相应的阅读训练，如发挥统编教材人文主题与语文要素双线并进的优势，在单元统整阅读中发现不同文体谋篇布局和语言表达的异同；单篇阅读时，引进主题相同文体不同的文章，在互文阅读对比中发现结构方式或语言表达的相同点和不同点；借助复习练习课，梳理、巩固不同文体作品的结构方式和语言特点，等等。至于作品推荐，可在中年级相关训练的基础上，利用高年级单元习作"推荐一本书""推荐一个好地方"和口语交际"我最喜欢的人物形象"等练习，学习如何有理有据地推荐。

第四节 教学应用

一、备课：改变思路，彰显专业理性

长久以来，备课首先想的是"教什么"，确定的路径分为参考教学指导用书、依照单元语文要素、分析教材自主选定等。但不管哪一种，"教什么"基本上是人为设定的，即教师自己的设想或选择，依靠的是教师个体的教学经验或专业判断，教师的个人经验或专业判断一旦不准确，"教什么"就会出现偏差甚至错误，教学也会脱离正确的轨道，低效甚至无效也就在所难免了。"学业质量"的出现，势必改变这样一种专业含金量不足的备课思路，从此"教什么"的确定依据不再是教师人为的主观设想，而是学业质量的客观描述。

比如统编小学语文教科书五年级下册第七单元的《威尼斯的小艇》是一篇老课文，以往基本上是这样备课的：分析课文内容，理解单元语文要素"体会静态描写和动态描写的表达效果"，了解课后练习，进而确定教学目标为：（1）认识7个会认的字，会写15个生字；（2）朗读课文，体会作家笔下威尼斯的动、静之美，体会表达效果；（3）了解小艇和威尼斯的关系，感受威尼斯的异域风光和美丽风情。显然，对"教什么"的确定起决定作用的是教师个人，而且确定的教学目标只有一个个学习内容，缺乏学习达成标准，以及标准达成的具体策略，以此为目标导引的教学只能行进在无法预知学习结果的道路上，难以衡量，难以评判，教学效果存疑。如果改为基于学业质量的备课思路，将出现一番新的面貌。

第一步：寻找依据。本文教学主要完成生字新词、阅读理解、语言品读三个学习内容，分别从"学业质量描述"的第三学段中找到相对应的质量要求。如针对生字新词的有"能独立识字，能借助工具书准确理解不同语境中汉字的意思"，要求独立运用学过的识字方法，自主掌握生字的音、形、义。评价阅读理解的有"在阅读过程中能获取主要内容，用朗读、复述等自己擅长的方式呈现对作品内容的理解；能用文字、结构图等方式梳理作品的行文思路"，重在从语言概括、朗读或复述、文章结构梳理等方面评价学生的理解能力；指向语言品读的有"能品味作品中重要的语句和富有表现力的语言，注意词语的感情色彩，通过圈点、批注等多种方法记录自己的阅读感受和体验，并主动与他人分享；通过诵读、改写、表演等方式，表达自己对感人情境和形象的理解与审美体验"，要求学生能够做到聚焦"重要语句"，留下"记录"痕迹，外显"体验"成果。

第二步：分析预估。对照学业质量标准，分析三个教学任务，对本文的教学成果作出预估。生字新词方面，要求会认的 7 个生字，形声字就有 6 个，其中"哗"既是形声字又是多音字；要求会写的 15 个生字，上下结构的 4 个，左右结构的 8 个，半包围结构的 3 个，可运用归类法独立识字或写字。阅读理解方面，《威尼斯的小艇》是一篇散文，语言优美，形散神聚，复述、改写的方法不合适，可用语言概括或画思维导图梳理全文，进而认识散文的篇章结构特点。语言品读方面，课文多个语段或静态描写，或动态描写，或动静结合，有些语句还用上比喻的修辞手法，决定了要让学生体会其表达效果，有感情朗读、圈点、批注是首选；认识小艇的特点和船夫的驾驶技术，则用图片、画画、动作演示等更为合适。这样一分析，我们对本文教什么、教到什么程度、如何评估是否达到这一程度就了然于心，清晰而具体。

第三步：确定目标。至此，可确定如下学习目标：（1）独立运用形声字识字法独立认读"艄"等 7 个生字，用结构归类法正确书写"尼"等 15 个生字。（2）朗读课文，画思维导图梳理全文内容，借助画画、图片、表演等理解小艇的特点、船夫的驾驶技术。（3）在诵读、圈点、批注、有感情地朗读等语言品读中，体会比喻修辞和动、静态描写的表达效果，感受威尼斯的美丽风光。

二、定位：适切合理，契合学科逻辑

现实中，教学失位、越位的情况普遍存在，有人甚至认为教得深、学得多才是深度学习，学业质量对于扭转这一错误认识，避免教学要求的随意拔高，减轻学生不必要的学习负担，很有好处。比如教学统编教材二年级下册《大象的耳朵》，一教师指导学生完成课后"画出课文中大象的话，说说大象的想法是怎么改变的"的说话练习，出现两个问题：一是有些学生说大象的耳朵开始是耷拉着的，后来竖起来了，再后来又耷拉下来，不仅简单，而且没有说清耳朵变化的原因；二是少数同学直接用课文中的话来说原因，啰唆冗长不说，文本语言和学生语言的衔接也不通畅。执教者很困惑，明明按照练习要求，先"画出课文中大象的话"，理解内容后再说话，怎么就说得不达标呢？执教者引导学生从大象的三句话中知道了大象想法的改变，以及大象把耳朵从耷拉到竖起再到耷拉的变化过程，又从小兔子、小羊等小动物的话语中，明白了大象先把耳朵竖起来、再把耳朵放下来的原因，只是为说话练习准备了故事内容方面的材料。而口述类练习的难点还在于语言叙述，即用什么样的语言把故事内容连起来，需要提供图文、表格、提纲、词语等语言讲述支点，这在第一学段学业质量中写得清清楚楚："能借助关键词句复述自己读过的故事或其他内容，尝试对阅读内容提出问题"。这位教师显然没有这么做，无形中提高了说话难度，影响了练习任务的顺利完成。可以引导学生随着阅读理解过程，逐一画出"都要说他的耳朵""吵得他又头痛，又心烦""虫子飞不进去了"等重点语句，或者分别概括出"听了小动物们的议论，心里很不安"和"竖起耳朵很烦恼，放下耳朵很平静"等语句，有了这些"关键词句"，有质量地完成"大象的想法是怎么改变的"说话练习就有了保证。

由此可见，行为动词明示必须达到的质量水平，对确定教学的预期结果无疑具有规约和指导作用，这就成了教师准确把握知识深度和难度、精准制订教学目标的重要依据。比如统编教材五年级下册《金字塔》由散文短篇《金字塔夕照》和非连续性文本《不可思议的金字塔》组成，根据单元语文要素"搜集资料，介绍一个地方"和课文导语"默读下面两篇课文，说说你对金字塔有了哪些了解？两篇短文用了不同的方式写金字塔，你更喜欢哪一种？说说你的理由"，考虑到有关金字塔的信息主要出现在《不可思议的金字塔》中，因此全文教学重点应该放在非连续性文本的信息搜集与处理、有理有据的表达上。但仅此不够，这两个教学内容到底要教到何种程度，需要进一步的探讨，这就得借助第三学段的学业质量了。从"能概括说明性文字的主要内容和简单的非连续性文本的关键信息，初步判断内容或信息的合理性"的描述看，信息搜集与处理的要求等级为"概括"；从"能发现不同类型文本的结构方式和语言特点，感受作品内容、表现形式上的不同，积极向他人推荐，并有条理地说明推荐理由"的描述看，"推荐"理由主要为结构方式、语言特点，语言叙述的要求是"有条理"。明确了教学内容和预期结果，可确定如下教学目标：（1）默读课文，利用文中的文字、图画等推论金字塔的主要特点和形成原因，并用简短的语言加以概括，从中感受金字塔的雄伟与神秘，认识古埃及文明成果。（2）借助表格、思维导图等，对比两篇短文的结构方式和语言特点，再有理有据地分点叙述，推荐你喜欢的短文。这样以"学业质量"行为动词为指导，把教学的预期结果以及结果实现方式具体化、显性化，让教学目标制订更加精准和专业。

三、设计：以终为始，展示逆向思维

有效的教学必须清楚地解决四个基本问题：学习者的特点是什么？教学的目标是什么？教学资源和教学策略是什么？怎样评价和修改？因此，课程开发与实施一般要包含"确定教学目标—选择学习经验—组织学习经验—评价教育计划"四个基本环节[①]。基于这一课程原理最具代表性的设计模式主要有两种：一是基于行为主义理论的"迪克-凯瑞模式"，该模式从确定教学目标开始，到终结性评价结束，组成一个由"确定教学目标、选用教学方法、开展教学评价"的完整的教学系统开发过程。教学目标确定主要是通过对社会需要、学科特点和学习者特点分析得出。二是基于认知主义理论的"史密斯-雷根模式"，该模式包括分析、策略和评价三个阶段，分析阶段重在进行

---

① 拉尔夫·泰勒. 课程与教学的基本原理［M］. 罗康，张阅，译. 北京：中国轻工业出版社，2014：1-2.

学习环境、学习者、学习任务的分析，制订初步的设计栏目；策略阶段则进行组织策略、传递策略和管理策略的分析，设计教学过程；评价阶段主要是进行形成性评价，对设想的教学过程予以修正。① 两种设计模式有一定的相同之处，比如教学目标确定都建立在学科内容和学习者特点的分析之上；都把评价作为教学的最后环节，这与我们深受影响并沿用至今的"组织教学、复习旧知、讲授新课、巩固练习、布置作业"的凯洛夫教学模式差异明显。但是，在教学目标制订的方法上，这几种模式大同小异，都是基于教师经验判断的个人设定，存在着一定的"目标风险"。

以学业质量为导向，构建素养型的课堂教学形态，需要我们在设计思维上做必要的调整，即变正向思维为逆向思维，采取逆向的设计模式。逆向教学是于20世纪90年代末期，由两位美国的教育学家提出的一个如何进行教学设计的理论，其思路与传统的教学设计思路相反，提出了一个"确定预期结果—明确适合的评估证据—设计学习体验和教学"的教学设计三步框架，其最大特点是，在设定教学目标之时，就把教学必须达到的结果，以及如何评估学习成果作为重要内容来考虑，而不是在一篇课文或一个单元学习即将结束时才构建评估，然后在此基础上设计具体的课堂教学活动。② 也就是说，在开始设计一个单元或课程的时候，就要通过评估证据将内容标准或学习目标具体化。这其实是一种"结果导向、以终为始"的设计模式。借鉴逆向设计理论，我们可以把教学设计分为"预期结果—体验学习—量规评估"三个阶段。

"预期结果"阶段，要考虑的问题主要有：学生在课堂上到底要学什么？要学到什么程度？需要达到怎样的学习结果？学完之后能做什么？需要哪些证据或方法能够证明学生的理解和掌握程度？据此，教师需要查看课程标准中与此相关的学业质量描述，分析教学内容所反映的学业质量水平以及表现

---

① 徐英俊. 教学设计 [M]. 北京：教育科学出版社，2001：54.
② 格兰特·威金斯，杰伊·麦克泰格. 追求理解的教学设计（第二版）[M]. 闫寒冰，宋雪莲，赖平，译. 上海：华东师范大学出版社，2021：20.

特征。这是从收集评估证据的角度，而不是简单地根据教学内容或学习活动来确定预期结果，思考学习目标的。学业质量的等级区别，自然赋予确定预期结果以相对明晰的水平标准描述。上述《威尼斯的小艇》一课即是如此。

"体验学习"阶段，要考虑几个关键问题：学生学习本课内容的认知起点在哪里？有效展开学习并获得预期结果需要哪些知识或技能？可能遇到什么困难或问题，需要教师提供什么样的学习支架或动力支持？学生哪些活动可以使学生获得所需知识和技能？哪些材料和资源是合适的？以什么样的方式开展教学才是最恰当的？[1] 以此设计学习情境，开发教学资源，选择教学策略，提供认知工具等。比如《威尼斯的小艇》，根据学生已有归类识字和写字的经验，让学生自主调动这些经验独立识字、写字，是自然而然的事；威尼斯的小艇与独木舟、月牙的相似性，需要借助课文插图、独木舟和月牙的图片来帮助，从中认识小艇又长又窄又深、两头翘起、轻快灵活等特点，并体会比喻写法和静态描写的好处；船夫的驾驶技术特别好，学生未曾见识，必须在品味精彩词句的同时，借助"挤""平稳""左拐右拐""急转弯"的动作演示和视频播放等加深体验，体会动态描写的表达效果；最后一段威尼斯夜晚的静谧、和谐和美好，可以创设圈点、批注、想象、朗读的学习活动情境来落实。

"量规评估"阶段，要考虑的主要问题是：怎么知道学生是否达到预期结果？如何证明学生达到了预期的学习成果？用以证明的测评工具是什么？学生如何反馈和自评自己的学习？通常可通过小测验、学习笔记、考试、问题、作业、观察、朗读、日志等多种证据进行量规评估。像《威尼斯的小艇》，测评工具有：用认读与听写作业，验证生字新词掌握情况；用个人朗读，观察学生在语气、语调和节奏表达阅读理解的表现水平；用批注展示和想象描述，检查语言品读和理解；用基于"阅读链接"的互文阅读，考查学生体会动态和静态描写的表达效果情况。同时，还要准确把握测评时机，比如认读与听

---

[1] 格兰特·威金斯，杰伊·麦克泰格. 追求理解的教学设计（第二版）[M]. 闫寒冰，宋雪莲，赖平，译. 上海：华东师范大学出版社，2021：19.

写作业多用于学习完成阶段；朗读、批注展示与想象描述要结合课文学习使用，也可在学习结束阶段独立进行；"阅读链接"的互文对比练习主要用于阅读拓展阶段。这样安排，可确保实证评价贯穿于课文阅读的全过程。

精读课文如此，略读课文是否也可以这样以终为始，结果导向，逆向设计，采用"预期结果—体验学习—量规评估"的教学设计模式呢？答案显然是肯定的。

《故宫博物院》是统编小学语文教科书六年级上册的一篇略读课文，也是由一篇说明文、一则历史故事、一份网站通告和一张故宫博物院平面示意图等4份材料组成的非连续性文本。一位教师曾确定了这样的教学目标：①能根据"计划一日游"和"讲解一两个景点"的阅读任务，自主选择材料及阅读方法，画一张故宫参观路线图。②能根据"带嘉宾参观校园"的接待任务，整体规划阅读任务，并分步完成。显然，这是教师基于单元语文要素"根据阅读目的，选用恰当的阅读方法"和课前导读"下面提供了两个任务，和同学交流：你会怎样根据不同的任务阅读以下材料"确定的，其中，目标①是教材规定，必须完成。目标②则是教师自定，可校园是学生学习、活动的场所，学生再熟悉不过了，不必阅读"校园"材料就能介绍，更谈不上需要安排什么"整体规划阅读任务"了；况且略读课通常只安排一个课时，完成课文规定的学习任务都捉襟见肘，哪有多余时间再完成额外的学习内容？因此，这一目标的设定存在教师想当然的成分，是"我以为"的经验判断与个人选择，缺乏理据。如何确定本文的教学目标呢？我认为不妨参照2022年版课标中第三学段的学业质量标准。

一方面是材料选取，"能概括说明性文字的主要内容或简单的非连续性文本的关键信息，初步判断内容或信息的合理性"，这就要求学生能从众多材料中选取合适、恰当的正确信息，像"计划一日游"以及"材料二"中的太和门失火、临时修补的故事就与此无关，不必选用；另一方面是语言表达，"能发现富有表现力的词句和段落……并尝试在自己的表达交流中运用"是语言材料的要求，"能用准确的语言清楚地介绍、说明事物或程序，运用文本主要信息解决现实生活中的简单问题"是表达条理的要求，"能根据对象和场合，作简单的发言"是交际对象的要求,"能用多种媒介方式表达交流"是交流方式的要求。因此,我们可确定如下教学目标:①能根据家人的爱好和需求,选择合适的阅读材料,确定主要观赏景点,设计"故宫一日游"游览线路,并说明理由。②能根据景点的不同特征和家人的喜好,采用合适的方式和语言,有条理地向家人讲解一两个景点,让他们不虚此行。上述目标中,家人喜好与景点选择、讲解方式的关联度,游览线路与景点选择、故宫地形、参观线路规定的匹配度,讲解语言、讲解方式对于讲解效果的达成度,点明了教学的预期结果。以这样的预期结果为指导,教师再继续考虑学生在完成景点选择、线路规划、讲解方式等方面可能存在的困难和问题、需要采用哪些合适的解决策略帮助学生抵达学习目标,以及如何知道学生是否达到预期结果、要用什么样的测评工具检验学生是否达到了预期结果……这样逆向设计就让整个教学目标明确、路径清晰、效果能测可见。

四、实施:以学定教,展开真实学习

了解学生的真实状态和学习基础,摸清学生的"最近发展区",让其"跳一跳,摘果子",历来是语文教学的一个基本原则。所以,助学、促学,是教学的根本出发点。虽然我们一再强调"以学定教",但实际课堂中"重教轻学"的现象依然普遍存在,比如,教学研究上过于关注"如何教",忽视研究"如何学";又如,教学实施上只是注重教学方法的选择、教学环节的完整和教学过程的流畅,忽视学生的知识起点、学习需要和课堂生成,导致学生一直处于被动学习的状态,"少慢差费"的教学困境难以得到根本性扭转。可见,仅从教法改善的角度改善学法是不够的。学业质量的出现为"以学定教"提供了坚实的学理依据。

统编小学语文教科书二年级下册《我是一只小虫子》中有16个生字,有的教师采取逐字认读字音、识记字形的方法,导致学生学得疲惫,教学效果并不理想。2022年版课标对第一学段"识字与写字"提出"喜欢识字,有意识地梳理在日常生活中学习的汉字、词语,并尝试进行分类"的评价标准,

梳理分类符合汉字特点，便于知识结构化，可以有效化解生字多、识字难的矛盾，减轻识字学习负担。因此，教师可以创设生字学习的真实情境，引导学生自主学习生字，运用梳理归类的方法，体会不同的归类方法：如按复韵母归类（茸、醒、晃、撞），按单韵母归类（兔、贪、婶），按翘舌音归类（茸、屎、婶），按部首分类（"屁、尿、屎""昏、晃""费、贪""股、脾"），按声调归类（股、醒、兔、屎、婶）等。在汇报交流时，教师可以提示学生不仅要说出归类方法，而且要说明归类理由，从中明白同类字的含义。如此以学定教，学生学习时就会兴趣盎然，识字速度也将有所提高，学习效率势必增强。

又如，叠词的了解与运用是统编小学语文教科书一年级下册《荷叶圆圆》课后的练习要求，传统教学常常会把"圆圆的""绿绿的"改为"圆的""绿的"，让学生进行比较，进而体会不同。但是，如果依据2022年版课标第一学段的学业质量描述，"在阅读过程中能根据提示提取文本的显性信息，通过关键词句说出事物的特点，作简单推断"应是更重要的学习任务以及评价方向，因此教学环节应当有所转变。首先，让学生边读边找出叠词"圆圆的""绿绿的"，引导学生理解词语意思，懂得两个叠词分别表示荷叶的形状和颜色的特点。其次，将"圆圆的""绿绿的"改为"圆的""绿的"，当学生发现"圆的""绿的"也能说明荷叶的特点时，就会产生"既然如此为什么要用叠词"的疑问，产生学习动机。此时，教师就可以顺势让学生体会两者的不同，感受"圆圆的""绿绿的"不仅写出了形状和颜色，而且表现出荷叶的美感，表达了作者的喜欢和喜悦之情，从中初步感受到叠词的表达作用。再次，让学生用上两个叠词，从形状、姿色、美感三个方面说说荷叶的特点，并借助朗读加深体会。如此教学就做到了学为指引、以学定教，从而实现课程目标向核心素养的有效转化。

五、评价：即时进行，促进教学优化

学业质量的增加，就是为了学段学习效果的检测。由于行为动词与学习水平成对应关系，不同知识领域、不同程度的行为动词描述的学生学习应当达到的水平也不同，所以行为动词理所当然成为检查、测评、评判教与学的活动效果如何的主要依据。例如，统编教材四年级下册《"诺曼底号"遇难记》的"哈尔威船长站在指挥台上，大声吼道：'全体安静，注意听命令！把救生艇放下去。妇女先走，其他乘客跟上，船员断后。必须把六十人救出去！'"一位教师是这样教学的：

师：自由读读哈尔威船长的话，说说你读出了一个怎样的船长？

生：船上一共有六十一人，哈尔威船长却命令必须把六十人救出去，他把自己给忘了，我读出了一位舍己救人的船长。

生：是一个把自己的生死置之度外，有忘我精神的船长。

师：是的，在生与死的严峻考验面前，哈尔威船长把生的希望留给了别人，把死亡留给了自己。还从这段话中读到了什么？

生：我觉得这个船长很有绅士风度。

师：为什么这么说？

生：因为在那样紧张、危急的情况下，他依然没有忘记让"妇女先走"。

师：你能读出与众不同的发现，真好。作为一船之长，他的职责就是保证船上所有人的安全，在危难之时他想到要把船上所有人救出去，这是一位忠于职守、尽职尽责的船长。他还让妇女先走，很有绅士风度。让我们一起读出自己的感动。（指名读，生齐读）

如何评判这一部分的学习成效？我们不妨看一看第二学段关于人物评价的学业质量标准："能结合关键词句解释作品中人物的行为，从某个角度分析和评价人物"，行为动词分别是"解释"和"分析和评价"。所谓"解释"，就是恰如其分地运用理论和图示，有见地、合理地说明事件、行为和观点。[1] 所谓"分析和评价"，就是深入事物内部，发现整体与部分、部分与部分的关系，并据此对文本的材料、内容、人物、语言等方面做出价值判断。从这些

---

[1] 格兰特·威金斯，杰伊·麦克泰格. 追求理解的教学设计[M]. 闫寒冰，宋雪莲，赖平，译，上海：华东师范大学出版社. 2021：95.

行为动词可以看出，认识人物行为和形象不是目的，习得评价人物的方法才是根本。可上述教学片段中，学生得出船长"舍己救人""把自己的生死置之度外，有忘我精神""很有绅士风度"的结论，并不完全建立在解释、分析的基础上，而是直接下结论，省略了得出结论的思维过程。教师可引导学生抓住几个切入点展开解释和分析：一是哈尔威船长的说话顺序，四句话条理清楚，逻辑严密，不可调换，说明这是个遇事不慌、临危不乱的船长；二是六十人与六十一人的数字矛盾，明白这或许是船长把自己给忘了，但如果联系文末的"犹如铁铸，纹丝不动"和"黑色的雕像徐徐沉进大海"，还能读出他是一个决心与船共存亡的船长；三是"船员断后"的同时，船长又发出"把克莱芒救出去"的命令，还是孩子的见习水手克莱芒成为船员中第一个获救的人，在绅士风度的背后，闪耀着扶贫救弱、善良大爱的人性光辉。这样一变，教学指向发生变化，学习效果也不一样。

除了课堂即时评价外，一个学期、一个学年的终结性评价也非常重要。长期以来，人们非常看重学生的考试成绩，把分数看作评判学生语文素养的唯一依据。分数虽然可以在一定程度上反映学生的学习状况，但难以全面衡量学生的综合素养。在素养导向的教育背景下，多元评价、综合考量将成为必然趋势。2022年版课标提出要以学业质量为依据，形成过程性评价和终结性评价相结合的学习评价体系，科学测评学生的认知水平、价值判断能力、思维能力、实践能力等，全面反映学生核心素养的发展状况。可见，学业质量从形式上分层，从内容上强调综合，这是学习水平评价和对考试分数进行意义解释的重要依据，也是客观反映教与学的状况并寻找改进之策的"回音壁"和"折射镜"，旨在让质量评价发挥改进课堂、促学优教的应有作用。

比如，某地进行的四年级上学期语文质量测评，让学生对短文《渡河少年》中的"落满彩霞的河水被孩子的臂膀切割成一块块五彩的锦缎，那手中的花格子衬衣活像五彩的花瓣，黄黄的书包真像花瓣中的花蕊"一句话发表看法，说说这样写的好处。结果，许多学生只能给出"这句话采用了比喻的修辞手法，使语句表达非常生动、形象"的答案。这样的体会浮于文字表层，与2022年版课标第二学段学业质量描述中的"能结合关键词句解释作品中人物的行为，从某个角度分析和评价人物""能结合上下文语境，说出关键语句、标点符号、图表在表达中的作用"的要求相去甚远。显然，这是因为学生并没有很好地掌握文学作品的鉴赏方法，自然也与教师未进行有针对性的方法指导有关。根据考试反映出的问题，教师在四年级下学期的教学中就要有意识地强化比喻句的教学，除了引导学生抓住比喻中的关键词，结合具体语境，联系生活经验，仔细描述自己的阅读感受，教师还要启发学生进一步发现，喻体是品读比喻修辞手法表达之妙的极好切入点，由此可从人物形象、遣词造句、情感表达、情境渲染等一个方面或多个方面加深体会，从而习得语言品味的技巧，提高语言感受力和表达力。如此，考试不仅发挥了评价功能，而且发挥了改善教与学的作用，真正成为学生能力发展、素养培育的助推器和催化剂。

六、命题：规范行为，优化评价质量

就其本质而言，测评是人类社会测度、甄别人的素质的活动，有其特殊的评价功能，在促进基础教学发展、调节人才培养规格方面有一定的积极作用。因此，考试成了古今中外通用的水平评价手段。也因此，命题的指向与标准、技术与工具，测评的形式与方法，兹事体大，若有不当，不仅影响测评的效度和信度，更让一线教师无所适从，进而影响课堂教学的走向。[①] 理论上说，作为学科教学"宪法"的课程标准，是所有教学活动和行为的依据和规约，试题研制当然也是如此。但现实是，不少教师罔顾课程标准，阅读题不考阅读力，淡化梯度要求等现象普遍存在，而且监测部门级别越低情况越甚，教师自制的模拟题尤为如此。某地四年级语文试卷出现了关于垃圾分类的非连续性文本阅读题，试题本身颇具时代感，切合当下社会新风尚，但是，这不是中年级的学习内容，学业质量也只在第三学段提出非连续性文本阅读

---

① 董蓓菲. 小学语文测验原理及实施方法［M］. 济南：山东教育出版社，1997：2—3.

的评价要求。记叙文《一个卖热狗的小贩》写了一个热情大方、善良慈爱、信任他人的小贩形象，一个教师选用这篇短文作为六年级阅读力测试素材，给文中的一段话出了这样一道题：

当我写下这篇文字时，佩特罗斯的照片就放在我的桌面上：一顶蓝黄相间的遮阳伞下，一位五十多岁、长着络腮胡子的男人站在热狗车旁；他拿着我赠他的T恤衫，略带羞涩地微笑着，眼神中透出和善的光芒。

这段话主要描写小贩佩特罗斯的（   ）

A. 动作　　　B. 语言　　　C. 外貌　　　D. 心理

此题考查的是"了解、知道"这一阅读能力最低层级。但是，这段话中的外貌描写语言生动，人物形象鲜明，更重要的是，写的是照片中的人物形象。稍有文学常识的人都知道，这样的写作视角定有深意，这说明，此处外貌描写并不简单，暗含着"我"对这个小贩，以及对他身上散发着的人性品格的呼唤与怀想。如此含有深刻内涵的关键语句，竟然只考写法名称，实在可惜。究其因，课程标准缺乏评价依据，命题者自以为是症结所在。如果有了学业质量，就能凭借第三学段中的"能借助与文本相关的材料，结合作品关键语句评价文本中的主要事物和人物，提出自己的观点或看法"的质量标准，确定这一外貌描写的考评点：一是抓住关键语句"略带羞涩地微笑着，眼神中透出和善的光芒"，体会人物品质的品读力；二是透过"当我写下这篇文字时，照片就放在我的桌面"，体会蕴含其中丰富情感的感悟力。如此一来，就要改客观选择题为主观问答题：你认为这段话哪些词句最为关键，为什么？写出你的体会和感受。这样一改，就变"选"为"品"，学生就能从重点语言的巧妙使用、感情色彩、表达效果等多角度自主回答，考查的不仅是外貌描写知识，更是对人物写法和语言表达的发现力、感悟力、鉴赏力，实现质量评价的科学化、规范化。

试题命制的乱象还表现在无视课标提出的学段目标要求。某地四年级试卷出现了一道非连续性文本阅读题，殊不知这是学业质量第三学段的考查内容，显然"超纲"了。有人给短文《绳子那头》中的一段话"父亲艰难地爬着，他的双手有些发抖，等到他踩到空调外机上，他的身体全部进入我的视野，我蓦地发现，这么多年，我都没有如此近距离地观察过他。他的皮肤黝黑，长年累月，恶毒的太阳光已经侵蚀了他健康的皮肤，深深的皱纹刻入他的额头，两鬓也白了，他已然没有了年轻时的活力，可是他才四十多岁，岁月啊，你过早地催老了我的父亲！"出了一道选择题，让六年级学生从四个选项中选出正确的一项，这是把动作描写、神态描写的知识作为评价重点。可是，第三学段学业质量却要求"能品味作品中重要的语句和富有表现力的语言，注意词语的感情色彩，通过圈点、批注等多种方法记录自己的阅读感受和体验，并主动与他人分享"，"品味""记录""分享"指向的是语文能力和核心素养，绝不是简单的选择题能够考查出来的。如果将题目改为"画出这段话中你认为最精彩的词句，想想它们精彩在哪里，把你的感受写下来"就不一样了，变"选"为"品"的结果是，学生能从语言的遣词造句、感情色彩、表达特色等角度做出批注，写下感受，不仅考查品味语言方法，更是语言的发现力、感悟力、鉴赏力，语文核心素养的考试导向非常鲜明。

不仅如此，"学业质量"对丰富评价方式也好处多多。我们知道，中国是世界上最早采取考试作为评价教学效果手段的国家，在古代的学校中就建立了学生定期考试制度，并在实践中创造了许多考试方法，如商朝的问讯、操作、表演，汉朝的口试、策试、射策。直到科举制度施行，考试方式才从以面试为主转变为以笔试为主，一直流传至今。核心素养导向下的语文质量评价，由于学业质量的作用，非纸笔考试将大有作为。这是因为，"学业质量"虽有不少适合笔试的评价项目，也有许多纸笔考试无力承担的评测要求，像"乐于""愿意""喜欢"的内隐性、体验类学习结果，"朗读""复述""讲述"的口头表达能力，"能围绕学习活动展开调查，用文字、图表、图画、照片等形式呈现学习成果"的跨学科操作水平，纸笔测试无能为力，只能借助非纸笔考试。在具体做法上，非纸笔考试方式灵活而多样，可单项测评，也可设计成综合性学习任务；可分散，可集中，还可分散与集中相结合。比如"注意用语气、语调和节奏表现对文本的理解和感受"，一次检测不一定能客观、准确地评价学生的朗读水平，与其一次性集中考查，不如先分解为平时的课文朗读，再在期中或期末集中测评。每测评一次，学生都能及时了解自己的朗读情况，并从进步中获取信心，从落后中寻找差距。平时成绩与期中、期末成绩的综合，就是学生朗读水平真实水平的反映。如此，考试不仅发挥了评价功能，也成了学生能力发展、素养培育的助推器和催化剂。

第五节　评价示例

一、文本简析

"前事不忘，后事之师。"一个民族不应该忘记历史，更不应该忘记英雄。"五月的鲜花开遍了原野，鲜花掩盖着志士的鲜血……"，当这优美、激越的旋律响起时，你是否想过，今天的幸福生活由谁开创？你可曾记得，在那个战火纷飞的年代，革命先烈们抛头颅、洒热血，只为救民族于危亡，救人民于水火？

小学语文统编教材六年级上册第二单元以"重温革命岁月"为人文主题，安排了《七律·长征》《狼牙山五壮士》《开国大典》《灯光》《我的战友邱少云》等5篇红色革命经典课文。红军战士不畏千难万险，跨过了万水千山，英勇豪迈；狼牙山五壮士不惧牺牲，唱响了气吞山河的壮歌，震天动地；开国大典的庄严时刻，成千上万的群众欢呼雀跃，热血沸腾；郝副营长舍己为人，为了孩子的明天在危急时刻挺身而出，感人肺腑；中国人民志愿军战士邱少云为了取得战斗的胜利，趴在烈火堆里，任凭烈火烧身纹丝不动，直至壮烈牺牲。这几个故事发生的时代并不一样，有的是二万五千里长征时期，有的是抗日战争时期，有的是解放战争时期，有的是新中国成立时期，有的是抗美援朝时期，虽然时期不同，题材、体裁不一，但都属于文学类作品，每篇作品的字里行间都饱含着强烈的民族精神和爱国热情，是在语文教学中进行爱国主义教育的极好凭借。通过感受中国近代史上中华儿女奋力抗争、为革命胜利前仆后继的一幕幕感人画面，学生能受到爱国主义的熏陶感染，增强历史责任感与使命感。

除人文教育内容外，单元语文要素为"了解文章是怎样点面结合写场面的""尝试运用点面结合的写法记一次活动",《狼牙山五壮士》《开国大典》等课文运用了点面结合的写法,单元习作"多彩的活动"要求写清活动的过程,重点突出,点面结合,还要写出活动的体会和收获。显然,"点面结合写法"的习得与运用是本单元的语文训练项目,也是单元学习任务群的核心知识。由此可以推断,本单元适合定位为"文学阅读与创意表达"学习任务群。

另外,本单元要求会写的生字 32 个,词语 40 个;口语交际"演讲",演讲稿"观点要鲜明""选择合适的材料说明观点,如,列举有代表性的事例,引用名言警句""要有感染力,可以引用生动的故事",演讲时要做到"语气、语调适当,姿态大方""利用停顿、重复或者辅以动作强调要点,增强表现力";了解"重复"的写法,体会其在语言表达中的作用;学会用多种方式丰富"说"的描写;掌握硬笔书法的要领,提高书写水平;读背、积累"鞠躬尽瘁,死而后已"等 4 句表现英雄行为或人物品质的名言等。

二、样式示例

题1. 在下面的竖式信笺中书写《七律·长征》或《菩萨蛮·大柏地》,注意行款整齐、正确,布局合理。

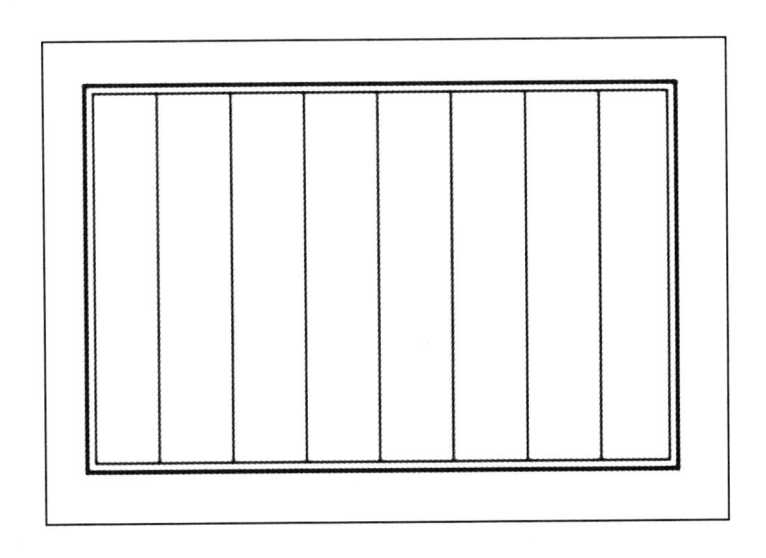

题2. 革命传统经典语段朗诵。要求：

（1）互读《七律·长征》，或其他课文的节选。

（2）请从对这首诗或这段话的理解、朗读要领（重音、节奏、停顿、语速、语气、手势、情感等）角度，给同学作出评价，为同学提出朗诵建议。

题3. "那些年·那些人·那些事"主题展之前期准备。

学校将举办大型红色经典主题展，准备设"心中的英雄""动人的故事""难忘的瞬间""珍贵的史料"等几个展板，请完成以下任务。

（1）选择其中一个主题，选用课文内容或其他相关资料，访谈相关人士，准备并完成展板内容。

（2）为自己选择的主题展板作整体设计，完成展板布置。

题4. "那些年·那些人·那些事"主题展之现场活动。

（1）学校将于9月30日在大礼堂举办"那些年·那些人·那些事"主题展，请以少先队名义写一封邀请函，邀请全校师生、家长代表前来观展。

（2）如果你担任现场解说员，请选择一个主题，用单元课文内容或课外材料，撰写一段文字，介绍心中的一位英雄、尘封的一段往事、惊心动魄的一个场景。

（3）试着以解读员的身份，给大家作介绍。

（4）活动结束，用点面结合的写法写一篇习作或报道稿。

三、命制分析

题1为文字书写题，评价的是"识字与写字"能力，对应内容为语文园地中的"书写提示"。从书写内容看，《七律·长征》或《菩萨蛮·大柏地》，前者是单元课文，后者是"阅读链接"内容，可以检测学生背诵、积累情况；从书写形式看，用竖式信笺书写是我国传统的书写形式，以此考查学生对我国书写传统的认知，暗含着中华优秀传统文化和语文审美的熏陶与滋养；从书写要求看，观察学生对"注意行款整齐、正确，布局合理"的实际掌握，落实第三学段学业质量提出的"能用硬笔规范、端正、整洁地书写2500个左右常用汉字"。

题2是文本朗读题,评价的是"阅读与鉴赏"能力。第三学段的朗读水平必须达到"借助语气语调、重音节奏等传递汉语声韵之美,在反复朗读中加深对文本内容的理解"的要求,所以朗读内容由学生自由选择,采用互听互评的方式,评价朗读者对文本的理解,以及运用重音、节奏、停顿、语速、语气、手势、情感等表达自己的理解和情感的熟练程度。

题3是信息整理题,评价的是"梳理与探究"能力。"能积极参与活动的策划与组织工作,围绕学习活动搜集资料,提供简单的活动设计方案""积极参加跨学科学习活动,能利用多种信息渠道获取资料,在简单的调查、访谈等活动中记录真实生活;能根据活动需要,结合自己的知识积累和生活经验提出要探究、解决的主要问题。"这是第三学段"梳理与探究"的学业质量等级水平要求。此项测评采用的是真实情境,学生要根据"大型红色经典主题展"的需要,结合自身经验和能力,自主选择一个展板,从展板内容的前期设想,到资料的收集、整理与加工,再到展板的设计与布置,需要几个同学通力合作,一条龙完成,这对学生的语文综合能力提出极高的挑战。

题4是语言表达题,评价的是"表达与交流"能力。设计邀请函和写活动报道,分别对应第三学段学业质量中的"能写读书笔记、常用应用文"和"在活动中积累素材,写简单的记实作文,内容具体、感情真实",其中"点面结合"写活动场景,检测"了解文章是怎样点面结合写场面的""尝试运用点面结合的写法记一次活动"的单元训练重点;撰写解说词,对应"参加文学体验活动,能够围绕发现的问题,搜集资料、整理相关的观点与看法,结合学习积累和经验,初步形成自己的理解与认识;能主动梳理、记录可供借鉴的语言运用实例,比较其异同,积极运用于不同类型的写作实践中";化身解说员现场介绍展板内容,对应"能根据对象和场合,作简单的发言""能用多种媒介方式表达交流",以此从多个方面评判学生的单元学习的阶段性水平。

第五章　语文实践

说到语文实践，大家一点也不觉得陌生。《义务教育语文课程标准（2011年版）》就明确定位"语文课程是一门学习语言文字运用的综合性、实践性课程"，并多次提到了"语文实践"，如"教学中努力体现语文课程的实践性和综合性""重视培养学生的创新精神和实践能力""善于通过专题学习等方式，沟通课堂内外，沟通听说读写，增加学生语文实践的机会"等等。2022年版语文课程标准提到"语文实践"，而且出现的次数大大增加，显然是将其作为"活动标准"来定义，并从构建实践型的育人方式的高度来审视。

第一节　验证性实践

回顾以往的语文课堂实践，不难发现，很多语文课堂虽然教学过程也有语言实践的环节安排，却并未成为教学的载体和刚需，这样的课堂不是主要由学的活动构成，而是教师的反复追问和学生的被动回答，是内容的堆积、问题的罗列、形式的呈现、概念的演绎和结论的传递，甚至就是由一个个题目和一个个答案组成的。在这样的课堂中，语文实践沦为语文学习活动的点缀、装饰、插曲，而不是支点、必需、主角。这是一种以理解、识记、抄背为主要形式、"坐而论道"的认知型实践，是对语文知识的反复性验证，缺少增值、创生的教学品质，难以推动语文课堂形态的变革，自然也难以发展学生的语文核心素养。具体表现为以下几种形态。

一、任性实践

任性就是任着性子，爱怎么样就怎么样，无拘无束，丝毫不受限制。单元训练要求是这样，教学偏偏不这样，教师偏颇的主观能动性大大地制约了教学目标的达成。统编教材三年级上册第六单元《海滨小城》有这么一段话：

小城里每一个庭院都栽了很多树。有桉树、椰子树、橄榄树、凤凰树，还有别的许多亚热带树木。初夏，桉树叶子散发出来的香味，飘得满街满院都是。凤凰树开了花，开得那么热闹，小城好像笼罩在一片片红云中。

有人如此教学：（1）让学生说说这段话有几句，每一句话分别说什么。学生读后说是 4 句话，第 1 句写小城的庭院栽了很多树，第 2 句写具体栽了哪些树，第 3 句写桉树的香味，第 4 句写凤凰树开出了红色的花。（2）讨论第 2、3、4 句为什么要写这些内容。经过交流，学生回答说第 2 句写种了什么树说明小城的庭院栽了许多树；第 3 句写桉树的香味飘得满街满院都是，说明小城的庭院栽了许多树；第 4 句写凤凰树的花开得很热闹，就是开得多，也说明小城的庭院栽了许多树。（3）教师总结：对，这段话每一句话都在写小城的庭院栽了许多树，所以第 1 句就是这段话的中心句，它讲的就是这段话的主要意思，抓住这个关键语句就能理解这段话的意思。之所以这样设计，是因为执教者认为句子有三种基本形态，分别是：什么是什么；什么有什么；什么怎么样。三年级学生阅读一段话必须得先弄懂每句话的意思，然后才能知道一段话中哪一句是关键语句。

稍加分析这一认识和设计，就能发现这样的教学简直是"一反常态"。本单元语文要素为"借助关键语句理解一段话的意思"，这是段意理解的首次训练，重要性不言而喻。这个语文要素包含两方面：一是"关键语句"，二是"一段话的意思"，它们的关系是"关键语句"是"一段话的意思"的基础和前提，也就是说找到了"关键语句"就能知道"一段话的意思"，而不是了解了每句话的意思就能知道"关键语句"，也不是了解了"一段话的意思"就能知道它的"关键语句"。上述教学恰恰就是从理解每句话的意思入手，找到哪句话是"关键语句",与语文要素的要求背道而驰,这样既不能落实单元训练目标,又浪费了学习时间。另一方面,了解一句话的意思早在一年级就开始学习了,三年级学生对于一般形式的句意了解不是难点,何必花费那么多的时间和精力去一句话一句话地了解呢?再说,《海滨小城》是本单元的第三篇课文,通过前一篇课文《富饶的西沙群岛》的学习,学生对借助中心句、总起句等关键语句理解一段话的意思有了初步的认识,再教《海滨小城》就要迁移这一学习经验和方法,而不是从头再来。正确的做法应该是:(1)自读,运用已有经验,找到这段话中的关键语句(中心句、总起句),即语段的首句"小城里每一个庭院都栽了很多树",从中了解这段话主要讲什么意思,这是第一层次的理解。(2)再读,说说这段话围绕着总起句写了哪几方面的内容,学生从第2、3、4这三句话中懂得分别从树、味、花三个方面来写的。(3)细读,思考三句话是怎么写树、味、花来说明"庭院栽了很多树",引导学生抓住每句话的写法,如用"有……还有……"把树木的具体罗列和笼统概括结合在一起,直接点明"栽了许多树";用"满街满院"写桉树的香味多而浓,侧面说明"栽了许多树";用"热闹""红云""笼罩"等词语,比喻、拟人结合,形象再现凤凰花开得热烈、繁茂、富有生机的景象,进一步说明"栽了许多树"。这是第二层次的理解。(4)美读。理解每句话时,可借助想象、图片、朗读等方法帮助理解,体会作者蕴藏在字里行间的对小城的热爱和赞美之情,并带着自己的体会读出这种情感。这是第三层次的理解。如此教学,才是真正意义上的"借助关键语句理解一段话的意思",单元语文要素才能真正落到实处。

二、随性实践

这里所说的"随性",意为依随自己的心情,按照自己所思所想而教学。从课文内容或教学提示上说,必须进行的语言实践,但执行起来就变为可有可无,教学中想起来就让学生实践,想不起来就草草而过,把教学目标弃之脑后。

比如五年级下册《景阳冈》课后有这样一道练习："对课文中的武松，人们有不同的评价。你有什么看法？说说你的理由。"题目提供了"武松真勇敢，'明知山有虎，偏向虎山行'"和"武松很要面子，有些鲁莽，不听别人善意的劝告"两种评价。这是一道思辨性练习，意在检验学生对课文内容的深层理解，人物形象的多元认识，培养学生坚持个人观点、敢于独立思考、有理有据表达的学科品质和语文素养。但是这类练习并不受人待见。一方面，思辨性阅读长期以来为人们所忽视，语文教学把重点放在内容理解、知识传授上，验证式阅读、体验性阅读大量存在，论证式阅读、探究性阅读严重缺乏，许多教师对这样的理性思维阅读不了解、不习惯甚至是不接受。另一方面，语文命题大都以静态的知识记忆、概念运用和语言复制为重点，辩论、辨析方面的试题少之又少，甚至完全不见，考试是指挥棒，考才教，不考就不教。正因如此，不少教师见到这类题目，常常以课堂时间不够为借口，不给学生展开辩论的机会；好一点的把它作为家庭作业，利用课外时间自己去想想，至少多少学生去完成就不管不顾了。

语文虽然是人文学科，固然需要感性思维和形象思维，但也不能缺失理性思维和辩证思维，这也是 2022 年版语文课程标准着力要改变的一点。学完《景阳冈》，可以把这道题作为思维拓展的重要素材，让学生畅所欲言，发表自己的看法。如此，学生就可能有多种观点。观点一：赞同"武松真勇敢"的看法，理由非常充分，比如武松上得山冈来，看到印信榜文，"方知端的有虎"，却说道："怕甚么！且只顾上去，看怎地！"一副豪迈之气；老虎突然蹿出，"一惊"后的武松冷静应对，"三闪"避过老虎的"扑""掀""剪"的锋芒，继而反守为攻，硬是凭着过人的气力和胆识，徒手空拳打死了凶猛的老虎，成了流传千古的佳话。观点二：赞同"武松很要面子，有些鲁莽"的评价，支持这一评价的依据也很有力，比如知道冈上真的有虎时，"欲待发步再回酒店里来，寻思道：'我回去时，须吃他耻笑，不是好汉，难以转去'"，这就是爱面子的典型表现；景阳冈恶虎伤人，过冈还得择时结伴而行，可武松却不顾店家再三劝阻，执意前往，这种行为就非常鲁莽。观点三：既赞同"武松真勇敢"，也赞同"武松很鲁莽"，且从文中分别找出相关证据佐证自己

223

的观点。从这三个观点的反面看，还会有"不赞同勇敢""不赞同鲁莽"两种看法，甚至还能跳出练习中的两种评价，以文中内容为据作出"武松很细致""武松小心眼""武松有心机"之类的学生个性评价。这种思辨性学习活动，尽管只是"点"的探讨，但因思维碰撞、答案开放、个性彰显而深受学生喜欢，并且伴随思辨过程，学生对武松的形象认知更丰满、更多元。长期这样做，可以大大激发学生的学习主动性，让语文课堂真正焕发出生命的活力。

当然，对于敢于尝试的教师来说，还可以把这道练习作为一项学习任务来使用。具体说，就是导入课题时先呈现这道题目，让学生带着"你赞同哪个观点"或"你有什么看法"的问题阅读课文，并随着阅读的进程，形成自己的认识和观点，并寻求、搜集、整理支撑自己观点的相关内容，这样的教学就更具挑战性，更富思维含金量，更有语文实践的学科特性。

三、硬性实践

统编教材使用以来，许多教师是重视语文要素的教学的。但是，由于理解不到位，认识不准确，为"要素"而"要素"的语文要素硬着陆的现象比比皆是，成为阻碍语文要素落实的一大障碍。

比如四年级下册《黄继光》写1952年10月的上甘岭战役中，为夺下被敌人占领的597.9高地，黄继光冒着枪林弹雨执行爆破任务，他将生死置之度外，用自己的胸膛堵住了敌人的枪口，为夺取战斗的胜利付出了年轻的生命。文中多次写到了黄继光的语言和动作，语言描写有"参谋长，请把这个任务交给我吧！""让祖国人民听我们胜利的消息吧！"，动作描写有"他用尽全身的力气，更加顽强地向前爬，还有二十米，十米……近了，更近了""啊！黄继光突然站起来了！在暴风雨一样的子弹中站起来了！他举起右臂，手雷在探照灯的光亮中闪闪发光""营参谋长正在着急，只见黄继光又站起来了！他张开双臂，向喷射着火舌的火力点猛扑上去，用自己的胸膛堵住了敌人的枪口"。这些语言和动作描写表现了黄继光英勇无畏、舍生忘死的精神品质。教学这篇课文，这些重点语句是非教不可的。

一位教师让学生边读边画出描写黄继光的语言和动作的句子,并在句子边写上自己的感受。汇报交流时,有学生从"参谋长,请把这个任务交给我吧!"中读出了黄继光是主动请战,对胜利充满了信心;有学生从"他张开双臂,向喷射着火舌的火力点猛扑上去,用自己的胸膛堵住了敌人的枪口"中读出了黄继光为了革命胜利,宁愿牺牲自己的伟大精神;有学生从"他用尽全身的力气,更加顽强地向前爬"读到黄继光即使在受伤严重的情况下,依然没有放弃自己的任务……对于这样的回答,教师一一肯定。从表面上看,学生的回答自然是正确的,但是这样的结论仅仅停留于认识的表层,是学生依据已有阅读经验作出的自然反应,并非透过文字走进人物心里,真切感受人物品质。从单元语文要素"从人物的语言、动作等描写中感受人物的品质"来看,这是一个训练学生阅读方法的要素,不仅要知道感受到什么品质,而且要懂得这个品质是如何通过人物的语言和动作感受到的,用一句通俗的话说就是,要知其然,更要知其所以然。因此,当学生作出回答,教师不能满足于正确答案,作简单粗暴的处理,而应该适时追问:你是怎么读出来的?以展示思维过程,触摸语言温度。以"啊!黄继光突然站起来了!在暴风雨一样的子弹中站起来了!他举起右臂,手雷在探照灯的光亮中闪闪发光"为例,不仅圈画出"站""举"等动词,作出"黄继光英勇顽强,不怕牺牲"之类的回答,还要引导学生抓住"暴风雨"这个比喻,体会当时子弹的密集、猛烈,在这样的情况下站起来,意味着牺牲,意味着死亡,明知如此,黄继光依然毫不犹豫地这么做;思考为什么出现两个"站起来",两句话的相同点和不同点,作者如此强调的目的是什么;品读语气词"啊"和三个"!",体会词语和标点表达的惊叹、赞美之情,以此衬托黄继光的英雄壮举;文章特意突出"闪闪发光"这个细节,凸显了黄继光不论什么情况,都要完成任务的决心和勇气,如"闪闪发光"的手雷一样。如此以动作、语言为感受人物的突破口,借助结合语境、语言比较、品读想象、背景知识、情感朗读等多种策略,让学生从文字表层走进语言内层,发现表达秘密,感受语言内涵,从而感受人物形象。这样的"感受人物品质"才是我们追求的语文要素软着陆,学生才能在真实的阅读体验和问题解决中,获得语文能力的提升。

四、柔性实践

"柔"并不是"温柔""温顺"之意,而是"柔软""柔弱"。课文明明要求必须完成的,教师却熟视无睹,不予理睬,假装看不见;或者看见了,也知道了,但是行动起来就"高高举起,轻轻放下",能做到什么程度就做到什么程度,缺乏语文训练意识和目标达成意识,致使练习设置和语言训练成了看似有实则无的摆设和空架子。

四年级下册有篇课文叫《挑山工》,写的是作家冯骥才登泰山的一次亲身经历,通过目睹耳闻,从挑山工身上获得了生活启示。这是一篇略读课文,要求:"默读课文,说说挑山工是怎样登山的。作者说'这位山民的几句朴素的话,似乎包蕴着意味深长的哲理',找出这几句话读一读,联系上下文说说其中包含着怎样的哲理。"这道思考练习就是为了落实单元要素"从人物的语言、动作等描写中感受人物的品质"而设计的。这个问题包括两个教学重点:一是"挑山工是怎样登山的"指向挑山工的动作表现;二是"这位山民的几句朴素的话"涉及挑山工的人物语言。

一位教师教学人物动作时,把挑山工"折尺形"登山作为研究的重点,先出示相关语句:"登山的时候,他们一只胳膊搭在扁担上,另一只胳膊随着步子有节奏地一甩一甩,使身体保持平衡。他们走的路线是折尺形的,从台阶的左侧起步,斜行向上,登上七八级,到了台的右侧,就转过身子,反方向斜行,到了左侧再转回来。每转一次身,扁担换一次肩。这样曲折向上登,才能使挂在扁担前头的东西不碰在台阶上,还可以省些力气。担了重物,如果照一般登山的人那样直往上走,膝头会受不住的。但是路线曲折,就会使路程加长。挑山工走的路程大约比游人多一倍。"学生边读边圈画出描写挑山工登山的动作词,如"搭""垂""一甩一甩""登上""转过""斜行""转身""换"等等,理解挑山工登山的艰难,他们走的路程比游人多一倍。找出动词,用动作演示帮助理解,看起来是语言实践,但光是动作演示其实难以体会登山的艰难,更难以明白为什么走的路程比游人多一倍。因为这些动作词表示的意思并不难，倒是挑山工频繁地"转身""换肩"所表现出的辛劳和耐心才是关键。因此，可以让学生根据文中描述，画出挑山工"折尺形"路线图，"走的路程比游人多一倍"就一目了然了。再用路线图，并结合泰山路况的介绍，以及"扁担两头的绳子挂着沉甸甸的货物"的交代，既理解一次次"转身""换肩"的原因，以及在陡峭的山路上"转身""换肩"所付出的心力和代价，又能体会挑山工吃苦耐劳、辛苦劳动的个性品质，从而为领会挑山工话中的含义做好准备。

例如，挑山工说的话："我们哪里有近道，还不是和你们走的同一条道？你们肩膀上没有挑子，是走得快，可是一路上东看西看，玩玩闹闹，总得停下来嘛！我们跟你们不一样，不像你们那么随便，高兴怎么就怎么。一步踩不实不行，更不能耽误工夫。我们得一个劲儿往前走。别看我们慢，走长了就跑到你们前边去了。"教学时，这位教师让学生读句子，找出游人和挑山工走路的不同语句，比较两者的不同，再说说从这句话中体会到了什么。这样的处理并未抓住语言训练的核心点，挑山工的这段话蕴含着做事要脚踏实地，朝着目标心无旁骛地勇往直前的道理。这个道理虽然也隐藏在游人与挑山工的行走方式的比较中，但更表现在"一步踩不实不行""一个劲儿往前走"里，因此在引导比较之后，还得深入探讨如果挑山工"踩不实"会有什么后果？不"一个劲儿往前走"会怎样？从而理解这段话的表层意思："踩得实"才能保证把货物挑到目的地；"一个劲儿往前走"才能尽快完成挑送货物的任务；再从"踩不实不行"引申出"脚踏实地"，把"一个劲儿往前走"概括为"永往直前""坚持不懈"，把挑山工"挑货物上山"作为一项工作、一个任务，学生就理解了这段话的内层意义：做什么事都不能三心二意，只有脚踏实地，坚持不懈，才能做得最好；最后学生联系生活，举我们身边的例子，说说他们是如何做事的，结果怎么样，在自由分享中实现文本与生活的勾连，思想认识与为人处世的融通，真正从心里深处体悟这段话的哲理内涵。

五、泛性实践

就是面面俱到，泛泛而学，并无重点聚焦、焦点挖掘和关键突破点，看似课文都教了，学生学了很多，实则什么都是蜻蜓点水，浅尝辄止，没有得到实质性的收获和提高。

比如四年级上册《为中华之崛起而读书》一文按一定顺序写了周恩来少年时代的三件事：先是在修身课上，少年周恩来在全班同学面前表明自己要"为中华之崛起而读书"的心愿；接着写十二岁的周恩来刚到奉天，就听伯父叹着气说"中华不振"，这使他疑惑不解；最后写周恩来在被外国人占据的地方亲眼目睹了一位中国妇女受到洋人的欺侮，而围观的中国人都敢怒不敢言，这使他真正体会到伯父说的话的含义，由此立下了"为中华之崛起而读书"的远大志向。学习这篇文章，首要任务是"关注主要人物和事件，学习把握文章的主要内容"，完成这一学习任务的前提是弄清每一件事的主要人物和事件，先用语言概括提炼，再连起来说一说；一件一件分别说清楚后，再把三件事连在一起说完整。由于每件事概括的方法差不多，因此可选择其中一件作重点指导，其他两件事由学生学着完成，"导""扶"结合，实现学法迁移。可是一教师教学这篇课文，通读全文，划分三件事的段落起止后，让学生简单说说每件事写了谁、做了什么，连起来一说就算是"学习把握课文的主要内容"。从时间上说，前后不过几分钟；从过程上说，并没有经历充分、完整的训练，不少学生依然不会概括多件事的文章的主要内容。

如果我们改变思路，抓住第一件事做具体指导，情况就完全不同。出示包括"时间""地点""主要人物""主要事件"的表格，学生读第一件事，完成表格填写。时间"新学年开始"，地点"修身课上"，学生没有疑义；后面两项就不同了：主要人物很多，同学却只写"少年周恩来"，主要事件就写"周恩来和同学们回答魏校长的问题"，反映出学生对这部分内容的阅读理解处于粗略的状态。此时就用一些问题引导学生进行精细和深入的阅读，比如"周恩来的回答与其他同学有什么不同？""'为中华之崛起而读书'出现了几次？有什么不同?"等。第一个问题让学生知道其他同学是为个人、家人而读书，少年周恩来则为国家、民族而读书，要在"主要事件"一栏要写上周恩来回答的话；第二个问题就引出了魏校长，他两次听到"为中华之崛起而读书"的态度、表现是不一样的，从开始的震惊、怀疑，到后来的惊喜、赞叹，以此衬托周恩来的远大理想，因此，"主要人物"要加上"魏校长"，"主要事件"要加上"得到赞叹"。就这样，随着阅读进程不断展开，阅读理解的不断深入，学生对"主要人物"和"主要事件"提炼越来越准确、完整，此时就能概括出"新学年开始，在修身课上，少年周恩来用'为中华之崛起而读书'回答魏校长为什么读书的问题，得到了魏校长的连声赞叹。"如此把"学习把握课文的主要内容"与内容理解、语言品读整合起来，省时又高效。之后，学生也用这一方法，边阅读边填写、补充、完善表格，既理解了故事内容，又完成了课文主要内容的把握，可谓是一箭双雕、一举多得。

六、浅性实践

满足于学生的粗浅认识，停留于学生的表层理解，是阅读教学的常见现象。之所以如此，是因为有些教师对具体的知识点、能力点的达成标准缺乏认识和了解，以至于只要学生能够正确回答，就可以了，没有在语言质量和阅读品质上有严格的要求和准确的把控。

比如二年级下册的《一匹出色的马》是一篇充满亲情和温暖的回忆性小散文，记叙了郊游归来时，妹妹要求父母抱，爸爸给了她"一匹出色的马"，让她快乐回家的故事，表现了童年的美好生活。课后练习"读句子，边读边想象画面，再把句子抄写下来"，训练学生想象画面的能力。二年级学生想象画面的基本要求是做到文字描述的景物不缺漏且形成关联、文字中的静止事物要动起来、活起来。比如"河水碧绿碧绿的，微风吹过，泛起层层波纹""路的一边是田野，葱葱绿绿的，非常可爱，像一片柔软的绿毯"两句，"河水""微风""波纹"相关联，"田野""绿毯"相呼应，这是想象画面必须出现的景物；"碧绿碧绿""葱葱绿绿"点明河水和田野的颜色，展示了春天满眼翠绿,生机勃勃的景象;"泛起""像一片"写出了河水的动感和田野的辽阔,就成为想象画面的具体事物形态,景物、形态及其两者的结合,才是想象这两句话的关键。但是,许多教师并不了解这样的要求,他们让学生读句子,说说你脑海里出现了什么样的画面,学生说"河水很绿很绿,非常美,我很喜欢",教师肯定;学生说"田野又大又绿,像一片柔软的绿毯",教师也认可。其实,两个学生或遗漏了句子重要的景物"微风""波纹",光剩下却孤零零的河水的绿;或照搬原句中的文字,并没有展开想象,显然是不符合"读句子,想象画面"的基本要求的。如果教师在学生想象未展开、不丰富的时候,能够适时抓"点"作精准的点拨和细致的引导,比如从"河水碧绿碧绿"想到了什么?从"泛起层层波纹"看到了什么?"柔软的绿毯"让你想到了生活中的什么事?学生就会受到启发,在原来说的基础上有所提高。低年级坚持这么做,日久天长,学生就会慢慢懂得读句子想象画面可以从哪些文字入手,抓住哪些景物或事物作为展开想象、丰满画面的思维支点,不知不觉中掌握了想象的方法,到了中高年级,随着思维能力的提高,语言积累的丰富,就能想得更丰富,说得更细致。

第二节 建构型实践

当代建构主义知识观认为,知识不可能以实体的形式存在于个体之外,尽管通过语言赋予了知识一定的外在形式,并且获得了较为普通的认同,但这并不意味着学习者对这种知识有同样的理解。真正的理解只能由学习者自身基于自己的经验背景而建构起来,取决于特定情境下的学习活动过程。否则,就不叫理解,而是叫死记硬背或生吞活剥,是被动的复制式的学习。被动的复制式的学习充其量只是量的增添和叠加,而非质的突进与蜕变,自然无益于学生语文核心素养的形成与发展。

一、问题探究

2022年版课标在关于语文实践的具体描述时，多次使用了"探究""探索""研究"等字眼，甚至还把"探究"和"梳理"合为"梳理与探究"，与"识字与写字""阅读与鉴赏""表达与交流"一起，共同作为各个学段的课程内容和实践活动。与传统以来大家非常熟悉的问题理解不同，问题探究重在"探"与"究"。之所以需要探究，当然是问题具有一定的挑战性，不"探"不"究"无法获得问题的真正解决，只有展开深度的学习和探讨，才能不断深化阅读思维，优化能力发展。而这一切都有赖于能引发学生积极思考、讨论、理解的"优质问题串"。

《扁鹊治病》是小学语文统编教材四年级上册《寓言两则》中的一篇。本文取材于战国时名医扁鹊的传说故事，主要写扁鹊三番五次指出蔡桓侯的病情，劝他赶快治病，可蔡桓侯坚信自己没有病，不听劝告，最终延误病情，病入膏肓，无药可治，小病酿成大祸。教学这篇课文主要完成两个任务：一是利用时间的词语，按时间先后顺序简要复述；二是从蔡桓侯的悲惨结局中懂得故事告诉人们的道理，为了完成这两个任务，教师提出一个主要问题："对蔡桓侯的病情，扁鹊说了几次，每一次有什么不一样？蔡桓侯又有怎样的反应？"学生围绕这一思考题，不费吹灰之力就从文中找到扁鹊说的四句话和描写蔡桓侯表现的语句，分别进行比较，从扁鹊的四句话中发现蔡桓侯的病情越来越重，由皮肤表面到了皮肉之间又到了肠胃里最后发展到了骨髓，治疗方法从热敷到扎针又到汤药最后无治；而蔡桓侯对扁鹊的态度从讥笑到不快又到冷淡最后是疑惑，一方面是病情越来越重，扁鹊的心情越来越着急，另一方面蔡桓侯始终不相信，两者形成了鲜明的对比。借助这样的比较阅读，学生不仅理解了故事的道理，而且也较好地进行故事复述。这样的学习终究因为没有激起学生的探究欲望而波澜不兴，高潮不显，难以获得豁然开朗、恍然大悟的兴奋感和成就感。

其实，由于这篇课文通俗易懂，对于四年级学生来说，完成复述故事和感悟道理的任务难度不会太大，倒是有个问题一直想不明白：为什么蔡桓侯一次又一次不相信扁鹊？难道扁鹊只是浪得虚名，压根儿就没有"妙手回春"的本事？这是来自学生的真实想法，学生当然乐意探讨。这个问题的解决得先从"扁鹊到底有没真本事"入手，答案可从多个方面来回答，如课文中的扁鹊的病情分析、不治还会加深的专业提醒、只"望"就能准确诊断、蔡桓侯的"病死"结果与扁鹊的"只能等死"预测高度吻合；如扁鹊说话中热敷、扎针、汤药等医学用语；如"有一天""过了十天""十天后""又过了十天""五天之后"等词，说明蔡桓侯病情发展极快，正如扁鹊预料的那样；如"扁鹊早知道蔡桓侯要来请他，几天前就跑到秦国去"的先知先觉；如扁鹊让虢国太子"起死回生"等课外资料。开放、多元的学习方式，还原出一个医术精湛、医德高尚的名医的鲜活形象，排除了蔡桓侯的死与扁鹊有关的可能性。在此基础上，继续探究"蔡桓侯遇到了这样一个神医，为什么却不相信他"，这样，不仅懂得故事道理，更受到强烈的心理触动：做人万不可盲目自信、刚愎自用、固执己见，否则结果可能非常可怕。蔡桓侯的故事让学生想到了自己，想到了生活，在文本阅读中读出了教训、读出了启示，这才是有意义的阅读。

二、思维进阶

思路决定出路，这是我们耳熟能详的一句话。人和人最大的不同在于，思维境界的不同。这也造成了为什么有人能把边缘项目做大，赚得盆满钵满；有人立于峰顶浪尖，却把一手好牌打烂，究其根本，思维是一大原因。同样一个问题，有人看山就是山，有人看山不是山，有人看山还是山，"看"到的不同，折射出思维程度的差异。近年来，学习进阶成为教育界普遍关注的话题，所谓"学习进阶"，指的是学生连贯且逐渐深入的思维方式。有关研究表明，学生的思维从自然状态向高层次发展并非呈简单的线性增长，而是一系列复杂程度逐次增加的类似螺旋式的过程。在一过程中，学生思维水平不断发展，学习能力也就水涨船高。

《画杨桃》是统编教材二年级下册的一篇精读课文，主要讲图画课上练习画杨桃时发生的事情。"我"根据自己看到的，把杨桃画成像个五角星的样子，同学们觉得好笑。老师却通过这件事，启发同学们懂得了看问题或做事情的时候，不能凭空想象，要坚持科学的思想方法，一切从客观存在的实际出发，实事求是，不要轻下结论。其中课文有这样一个对话：

　　于是，老师请这几个同学轮流坐到我的座位上。他对第一个坐下的同学说："现在你看看那杨桃，像你平时看到的杨桃吗？"

　　"不……像。"

　　"那么，像什么呢？"

　　"像……五……五角星。"

　　"好，下一个。"

　　对话中的省略号，表现了同学说话时的吞吞吐吐、犹犹豫豫、底气不足，跟先前嘲讽"我"时的自信、肯定、狂妄形成鲜明对比，反映出他们内心的自责、后悔和羞愧，总而言之，这些同学认识到自己错了。课文学到这里，班上的学生也觉得文中的这些同学确实错了，理解了课文内容，又读出人物对话的语气，教师很满意，这一环节的教学可以完美收官了。其实，并非如此，因为文中的这些同学到底错在哪里并没有真正搞清楚。回到故事前面部分，"老师举起'我'的那页画纸，问大家：'这幅画画得像不像？''不像！''它像什么？''像五角星！'"这段对话中，大家的回答到底对不对？当然是对的，因为从他们坐的位置看，杨桃就不是"我"画的五角星那个样子呀。现在问题来了，既然他们说的是对的，为什么后来又吞吞吐吐地说"不……像……""像……五……五角星"呢？这是阅读的难点，也是从另一个角度说明做事要实事求是的故事道理。因此，学生分角色读好人物对话后，作如下教学设计：（1）来个追问：这几个同学为什么这回觉得自己不对了呢？引导联系"老师请这几个同学轮流坐到我的座位上"一句，特别是"我的座位"这几个字，从而发现看杨桃的位置变了，之前他们是在自己的位置，现在却坐到了"我"的位置。（2）反向思维：现在这几个同学再回到自己的位置上看杨桃，看到的还是五角星吗？学生就会知道不可能是五角星了，因为位置换了,看的角度也不一样了。(3)引发讨论:他们在自己的位置上看到的不是五角星,所以说才说"我"画的不像杨桃,他们有没有说错?学生在懂得大家没有说错的同时,又产生了一个"没有说错,为什么说话吞吞吐吐"的心理疑惑。(4)深化认识:他们都没有说错话,却认为自己真的错了,他们到底错在哪里?借此阅读老师对同学们"和颜悦色"说的一大段话,理解"当我们看见别人把杨桃画成五角星的时候,不要忙着发笑,要看看人家是从什么角度看的"这句话的意思,进而明白同学们说的话没有错,错就错在不站在他人角度,只站在自己的角度,想当然地乱下结论。这样的阅读理解才是辩证、客观的,不再陷入"同学说的话是错的"的认识误区,学生获得的认知才是全面、完整的。

三、"明""暗"融通

我国古代的语文教育重视对文章的整体把握,主张反复吟咏,潜心涵泳,以求明达文意,即所谓的"暗中摸索"。针对传统语文教学偏重和依赖个人的吟诵感悟、体验领会,夏丏尊明确提出,现代语文教学内容应该是"形式",语文教学就要明里探讨那些"共同的法则"和"共通的样式",认为"暗中摸索所费的功力比较多",效率较低,希望语文教学能变"暗中摸索"为"明里探讨",以提高教学效率。

众所周知,一个人语文能力的形成与发展,一靠"习得",二靠"学得"。"习得"是一种无意识的自然学习,获得的语文能力处于初级阶段,要形成较好的表达能力,最终达到口语与书面语双翼齐飞的境界,还得经历有目标有步骤的"语言学得"。学校语文课程与生活中其他场合的语言学习相比,其特殊性就在于既有"习得",更有"学得","学得"对"习得"具有指引作用。一个人上学读书,开始接触语文课本,接受有计划、有系统的正规学习,就开始了"语言学得"的过程,这是一个以知识促进能力形成的时期,也是语文能力飞速增长的非常时期。在这一重要时期,仅仅满足于"暗里摸索"的"习得",放弃"明里探讨"的"学得",有百害而无一利。因此,语文教学既不能丢失"暗中摸索"的母语学习传统，也不可忽视"明里探讨"的独特价值，应该努力追求"明""暗"融通，在"习得"与"学得"的不断共同作用下，让语文教育稳步向前。

统编教材五年级上册第一单元是"初步了解课文借助具体事物抒发感情的方法""写一种事物，表达自己的感情"，这是"写事物，表达感情"的读写结合训练项目。《白鹭》《落花生》《桂花雨》《珍珠鸟》四篇课文承担着这项训练任务，从阅读理解的角度说，要凭借四篇课文体会作者是如何借助具体事物抒发感情的；从写作方法角度，是运用借助事物抒发感情的方法写一样事物，两者都共同聚焦到"写作方法"上，因此，仅靠品读感悟显然不足于明晰写法特点，必须借助比较发现的策略，学以致用。具体可作如下教学：

第一，整体感受，聚焦重点。学生逐一阅读四篇课文，说说课文表达了什么样的感情？你是从哪里感受出来的？找出这些重点语段。学生就能从《白鹭》的外形和习性描写中，感受到作者对白鹭的喜爱和赞美之情；从《落花生》的种花生、收花生、尝花生、议花生的叙述中，感受作者希望儿女做个默默无闻却奉献社会的人的内心愿望；从《桂花雨》的几件小事的描述中，感受作者思念故乡和亲人的情感；从《珍珠鸟》的人与鸟的相处经历，感受"依赖，往往创造出美好的境界"的生活哲理。

第二，"暗中摸索"，领悟意蕴。学生逐句品读语段，深入体会隐藏在语句中的丰富情感。如《白鹭》的"那雪白的蓑毛，那全身的流线型结构，那铁色的长喙，那青色的脚，增之一分则嫌长，减之一分则嫌短，素之一忽则嫌白，黛之一忽则嫌黑"，写出了白鹭色素与外形搭配得分毫不差，天衣无缝，美不可言；"在清水田里，时有一只两只白鹭站着钓鱼，整个的田便成了一幅嵌在玻璃框里的画。田的大小好像是有心人为白鹭设计的镜匣"一句写出了白鹭觅食的画面美和意境美。《落花生》的"所以你们要像花生一样，它虽然不好看，可是很有用"，直抒胸臆，对花生的赞美之情溢于言表。《桂花雨》的"摇哇摇，桂花纷纷落下来，我们满头满身都是桂花。我喊着：'啊！真像下雨，好香的雨呀！'"借助"我"的行为表现，传递出摇桂花雨的欢乐和喜悦。《珍珠鸟》的"我手中的笔不觉停了，生怕吓跑它。过了一会儿，扭头看看，这小家伙竟趴在我的肩头上睡着了，银灰色的眼皮盖住眼睛，小红脚刚好给胸脯上长长的绒毛盖住。我轻轻抬一抬肩，它没醒，睡得好熟！还咂咂嘴，难道在做梦？"写的是作者不忍心惊扰珍珠鸟的好梦的举动，流露出对珍珠鸟的爱护、怜惜、喜爱的感情。理解每句话后，带着自己的理解有感情朗读这句话，以此深化情感体会。

第三，"明里探讨"，发现写法。首先是"个"的发现。学生分别说说这些重点语句是如何表达感情的，如《白鹭》第5~8自然段借助内心感受表达感情，第3自然段运用对比方法表达感情；《落花生》详细分明，重写"议花生"表达心愿，父亲说的三句话分别采取了对比的写作方法；《桂花雨》第2自然段的花的描写、第7自然段母亲说的话的对比手法、摇桂花雨的语言动作描写；《珍珠鸟》的人与鸟相处的感情变化写法，并体会这样写的好处。其次是"类"的比较。再读这些重点语句，进行同类语言形式的比较，发现写法上的异同点：（1）四篇课文都采用了对比的写法，但略有不同：《白鹭》《桂花雨》是白鹭与白鹤、桂树与梅树、桂花开花与没开花的同类或相类事物的对比；《落花生》父亲说的三句话，第一句是落花生与桃子、石榴、苹果的物与物对比，第二句是花生与人的物与人的对比，第三句是"有用的人"与"对别人没有好处的人"的人与人的对比；《桂花雨》母亲说的"这里的桂花再香，也比不上家乡院子里的桂花"是生活实际与内心感受的对比；《珍珠鸟》是人对鸟、鸟对人的前后态度的对比。（2）有些课文都采取了内心感受的表情方法，如《白鹭》的"增之一分则嫌长，减之一分则嫌短，素之一忽则嫌白，黛之一忽则嫌黑"；《桂花雨》的"全年，整个村子都浸在桂花的香气里""这里的桂花再香，也比不上家乡院子里的桂花"；《珍珠鸟》的"我用手摸一摸它细腻的绒毛，它也不怕，反而友好地啄两下我的手指""我轻轻抬一抬肩，它没醒，睡得好熟！还咂咂嘴，难道在做梦？"（3）对事物的直接描写。例如《白鹭》的"那雪白的蓑毛，那全身的流线型结构，那铁色的长喙，那青色的脚""时有一只两只白鹭站着钓鱼，整个的田便成了一幅嵌在玻璃框里的画"；《落花生》的"它的果实埋在地里，不像桃子、石榴、苹果那样，把鲜红嫩绿的果实高高地挂在枝头上，使人一见就生爱慕之心。你们看它矮矮地长在地上，等到成熟了，也不能立刻分辨出来它有没有果实，必须挖起来才知道"；《桂花雨》的"桂花树的样子笨笨的，不像梅树那样有姿态。不开花时，只见到满树的叶子；开花时，仔细地在树丛里寻找，才能看到那些小花。可是桂花的香气，太迷人了""桂花摇落以后，挑去小枝小叶，晒上几天太阳，收在铁盒子里，可以加在茶叶里泡茶，过年时还可以做糕饼"；《珍珠鸟》的"瞧，多么像它的母亲：红嘴红脚，灰蓝色的毛，只是后背还没有生出珍珠似的圆圆的白点。它好肥，整个身子好像一个蓬松的球儿"。明晰了本组单元四篇课文借助事物抒发感情的不同方法，就为"写一种事物，表达自己的感情"提供了写法支架。

第四，创境练写，"暗中摸索"。出示《落花生》课后"小练笔"：花生让我们想到那些默默无闻作贡献的人。看到下面的事物，你会想到哪些人？选择其中一个，试着写一段话。学生自由选择"竹子、梅花、蜜蜂、路灯"中的一个，或自由确定熟悉、喜爱的事物，用上本单元学习的抒发情感的方法来写。

在这个教学活动中，"明里探讨"是为了认识语言特点，发现表达规律，相对理性；"暗中摸索"却意在感受语言形象，内化言语经验。两者的交融共谐，丰富了语文学习的实践方式，也促进了语言图式的建构与发展。

四、"纵""横"交错

张志公先生说过："语文训练不单是课堂里的事，也不单是学校里的事。每个有文化、能读能写的成年人如果仔细查看一下自己的语文能力，他将发现，他认识的字，掌握的词、成语、谚语等等，能够熟练运用的表达形式，相当不小的一部分不是从语文课中、从学校里，而是从别的学科中、从自己的阅读活动中、从社会生活里的接触和实践中学到的。他还将发现，他说话的习惯和能力、读书的习惯和能力、写东西的习惯和能力之中，无论好的方面或者不大好的方面，大都能从语文课堂以外的其他接触和活动中找到对他有过影响、起过作用的来源。"这段话告诉我们，素养立意的语文教学必须树立"大语文"教育观,要打破以往那种相对封闭单一的语文学习系统,建立开放式、多渠道、全方位的大语文教学体系,为学生学语文、用语文开辟广阔的时空领域,走课内与课外结合、校内与校外结合、阅读与写作结合、课文与生活结合、语文学科与其他学科密切结合之路,以提高学生理解、观察、表达、思维能力,最终达到"自能读书""自能作文"的理想境地。

《纸的发明》是小学语文统编教材三年级第三单元一篇课文,叙述了没有纸之前人们用文字记录事件的不便以及纸的发明过程,说明中国的造纸术极大地促进了人类社会的进步和文化的发展,是中国对世界文明的伟大贡献之一。课后安排了一道"选做"题:"我国古代在很多领域都取得了重要的科技成就。如,张衡发明了测验地震的仪器——地动仪;祖冲之把圆周率的计算精确到了小数点后第七位;毕昇发明了活字印刷术。查找相关资料,和同学交流。"此练习意在培养学生收集资料的能力,感受中华传统文化,增强民族自信心和自豪感。中国古代的科技成就非常多,题目也只是列举了三个,其他很多科技成就绝大部分学生并不了解,收集起来就非常困难。而"中国古代四大发明"人皆共知,三年级学生也有所耳闻,本课又是四大发明之一的纸,基于这样的考虑,与其这样零散式地四面出击,不如聚焦"四大发明"这个点,在不改变这一编写意图的前提下,开展以"我所知道的中国古代四大发明"为主题的微小项目学习。活动设计如下。

活动一:阅读《纸的发明》,理解课文内容,借助重点语段,学习课文是如何围绕一个意思把一段话写清楚的,了解纸的发明过程以及作出的历史贡献。

活动二:联系生活和学习经历,说说自己所知道的纸的种类、用途。

活动三:选择活字印刷术、指南针、火药中的一个,到图书馆查阅相关书籍或资料,也可以在家长的帮助、指导下,上网收集相关资料,从中选取自己满意的文字和图片。

活动四:举办分享交流会,学生把各自收集好的文字或图片资料带到班上,按材料的不同类别分为若干小组,小组交流后,进行材料整合或补充,再选出代表进行全班交流。

活动五：综合造纸术、活字印刷术、指南针、火药的资料，做一期图文并茂的"令人骄傲的四大发明"的黑板报。

这个学习活动设计，从课文《纸的发明》的阅读为起点，教师和学生引进关于纸的种类、用途等资料，既帮助理解，又为如何收集、使用资料来了一次预热，积累一点经验，这些活动属于基于课文内容的课内学习；接着利用课后"选做"题进行学习活动的课外延伸：继续学习收集资料，并尝试从不同的资料中选择个人满意的，强调学生个体收集、选用资料的主动性，不管是从书籍中收集，还是到网络上收集，都锻炼了学生捕捉有效信息、提取可用信息的能力；分享交流环节，学生运用资料进行即时、现场的口语交际，训练了口头语言表达能力；做黑板报，需要进行版面设计、文字书写、图案画面等一些与书法、美术相关的知识和基础，培养了学生分工合作、协调沟通、审美意识的能力。如此从课内到课外，从语言学习到资料整理，从语文学科到其他学科，"纵""横"交错，学科跨界，拓宽了语文学习的时空，发展了学生的语文综合素养。

五、读写同构

读与写从古至今都是语文教学的永恒主题，早在数千年前，阅读与写作就被视为支撑我国母语教育大厦的两根大柱，缺一不可。对于读与写的关系，有许多精辟的论述，远的有杜甫的"读书破万卷，下笔如有神"，近的有叶圣陶的"阅读是吸收，写作是倾吐，二者其实是相辅相成的""阅读是'吸收'的事情，从阅读，咱们可以领受人家的经验，接触人家的心情。写作是'发表'的事情，从写作，咱们可以显示自己的经验，吐露自己的心情。"作为我国语文教育的一个传统经验，读写结合用心理图式理论观点来解释，就是从读到写的迁移，实现迁移的基本前提是两者之间存在着一个共同的"联系点"或"共生点"。建立读与写的"联系点"或"共生点"，就是给学生建立读与写的认知结构，当每个"共生点"开始建立以后，再学习相近的新知识时，就会与原有的知识联系起来，经过同化纳入已掌握的知识结构之后，即时同步或在较短时间内进行写作练习，就会反映在写作上来面，实现从读到写的迁移。从这个角度看，读写同构，双剑合璧，相互成就。

在小学语文统编教材中，介绍戏剧艺术的课文只有两篇，分别是六年级上册的《京剧趣谈》和六年级下册的《藏戏》，为学生认识地方戏剧、了解戏剧文化、传承中华传统的极为难得的宝贵资源。为此，我们不妨在阅读《藏戏》时，与《京剧趣谈》进行整合，来一次教学上的读写同构尝试。引导学生从下面几个方面进行比较、整合。

一是文章体裁。《京剧趣谈》是一篇艺术性很强的说明文，对"马鞭"和"亮相"作了解释和说明。《藏戏》是一篇记叙性散文，从不同角度介绍了具有600多年历史、被誉为藏文化"活化石"的藏戏。

二是文本内容。《京剧趣谈》写的是京剧表演中的马鞭和亮相，前为道具，后是动作，以及道具与动作的表演意义和艺术美感；《藏戏》写的内容相对较为丰富，不仅以较大的篇幅具体讲述了藏戏产生的由来，也详尽介绍了不同颜色面具的不同形态、特征和象征性，还描述了藏戏极为特殊的舞台和背景，以及独具特色的表演形式和风格。

三是篇章结构。《藏戏》结构严谨，整篇文章呈现"总—分—总"的篇章布局，先有三个排比句概括藏戏"戴着面具""没有舞台""一部戏可以演三五天"三个主要特点；接下来详细描写年轻僧人唐东杰布开创藏戏的传奇故事，他"许下宏愿，发誓架桥，为民造福"，组成西藏第一个藏戏班子，在雅鲁藏布江留下了58座铁索桥，他成为藏戏的开山鼻祖；再介绍藏戏的重要道具——面具的不同形态和作用；然后又详略地说明藏戏的其他特色，如舞台简朴，艺人和观众皆席地而坐，甚至在吃喝玩耍中看戏；剧情不靠道具、灯光和幕布，只用解说、说唱展开；唱腔、动作丰富多彩、随意发挥、演出时间长等；最后用一句话总结全文，点明藏戏靠师传身授加以传承和发展。全文叙述有序，脉络清晰，有点有面，有详有略，展示了藏戏的艺术特色和独特魅力。而《京戏趣谈》则由《马鞭》和《亮相》两篇小文组成，它们各自独立，又都突出一个"趣"字，共同表现"趣谈"的主题。

四是语言特色。《藏戏》开篇就夺人眼球：三个反问句连用，每句话写藏戏的一个特点，连起来是三个特点，强调了藏戏的与众不同；三个反问句形成了排比手法，如一阵又一阵的波浪，给人以排山倒海的阅读感觉，更突出了藏戏的独一无二；反问句的排比修辞，形式独特，开门见山，语气坚定，先声夺人，让读者产生强烈的阅读期待。描写藏戏面具的语句，分别介绍了国王、王妃、巫女、妖魔、村民等不同身份的面具的颜色及其象征，这些句子结构相同，写法一样，字数相当，只是最后一句"村民的面具则用白布或黄布缝制，眼睛和嘴唇处挖出窟窿，以示朴实敦厚"变长了，整齐中有了变化，避免了单调与呆板。其他段落较多地使用短语，尤其是四字词语，如"许下宏愿，发誓架桥，为民造福""行善积德，出钱出力，共同修桥""有人献出钱财，有人布施铁块，有人送来粮食""席地而唱，不要幕布，不要灯光，不要道具，只要一鼓、一钹为其伴奏""随心所欲、优哉游哉"等，读起来跳跃、轻快，表达了人们欢快、喜悦之情。作为说明性文章，《京剧趣谈》用语准确严谨，通俗幽默，但深入浅出，用上了举例子的说明方法把道具的作用阐释得清楚明白，如"比如《拾玉镯》中小姑娘绱鞋底，鞋底是实的，针线可是虚的，但在演员手里，'无'远远胜过了'有'""再比如宴席上的酒壶酒杯""比如《金玉奴》中有一个细节，小生演员用饭碗喝完豆汁，又用嘴去舔筷子，如果没有这'舔'，那饭碗也就完全不必拿上舞台"等。同时，也不乏生动的语言，如"就在双方打得不可开交之际，那紧张而又整齐的锣鼓声忽然一停，人物的动作也戛然而止——双方脸对着脸，眼睛对着眼睛，兵器对着兵器，一切都像被某种定身术给制服了！"一句，就把京剧的亮相场景描绘得栩栩如生，跃然纸上。

在了解两篇文本的共性与个性特征之后，让学生收集当地剧种的文字或图片资料，模仿这两篇文章的写法，自主确定文体、内容、结构、语言，写一写家乡的剧种。可以写整篇，也可以选择一个方面写一段，还可以配上图片，让人一读就喜欢上这个剧种。如此把读与写紧密结合，无缝链接，从阅读中吸收写作的营养；从写作中显示阅读的力量，在读写同构共振中，提高学语文、用语文的能力。

六、知能创生

知识带有"有或无"的性质，而技能是可以随着经验和练习而得以培养。因此，学习的意义不在知识获取的多与少，而在于知识对技能的促进力与转化率的高与低。罗米索斯基将技能分为认知技能、动作技能、反应技能和交互技能四个类型。有些技能活动多多少少带有重复的性质，在各种不同的情境很少有什么大的变化，比如见面说"你好"，分别说"再见"，五笔打字的笔画规则总是一成不变的，等等；但是，每一种技能中也有一些需要做出具体的计划、运用某种策略作决定、执行任务时表现出相当的灵活性等要求，如回应别人的疑惑、说明自己的设计路线、说服他人接受自己的意见等。罗米索斯基将前一类称为"再生性技能"，后一类称为"创生性技能"。语文学习固然需要"再生性技能"，但更应关注"创生性技能"，唯有如此，才能促进语文知识与技能的增值，彰显语文学习的意义和价值。

统编教材四年级下册第四单元导读页的背景插画是著名画家吴冠中先生的作品，低垂的柳条，平静的湖面，玩耍嬉戏的白鹅，恰与"奔跑，飞舞；驻足，凝望。可爱的动物，我们的好朋友"的人文主题相吻合。"奔跑，飞舞；驻足，凝望"动感十足，既暗含着小动物们的不同特性，又简笔勾勒出小动物们的可爱瞬间形象，这也暗示我们，动物们的可爱表现在它们日常生活的一点一滴、一举一动之中，是写好动物的写作秘妙；"可爱的动物，我们的好朋友"提示了本组单元的情感基调。单元中的三篇文章都是散文，均出自名家之手，其中《猫》和《母鸡》是著名作家老舍作品，《白鹅》是丰子恺先生所作。三篇文章通过生动有趣的语言向我们展示了一只又一只可爱的动物，表达了作者对动物的喜爱之情。

但是，三篇文章表达对动物的感情的方法又不一样，即使是同一作者的两篇文章，依然有所不同，让学生明白三篇文章表达感情的方法的异与同，成了落实"体会作家是如何表达动物的感情的""写自己喜欢的动物，试着写出特点"这一单元语文要素的关键，也是完成单元习作"我的动物朋友"的前提和基础。因此，进行三篇课文的互文阅读是必然选择。程度有三：

第一，提出议题。先是比较性议题，就是对不同文章的内容和写法进行异同比较，发现规律，获得读写知识的议题。整体理解《母鸡》的主要内容之后，结合课后练习"《猫》和《母鸡》都是老舍先生的作品。比一比，说说两篇课文在表达上有哪些相同和不同之处"，引导学生运用表格从文章结构、语言特点、事例描述的方面进行比较。

结构上：《猫》是先用"猫的性格实在有些古怪"开头，接着从"老实、贪玩、尽责""温柔可亲、一声不吭""胆小、勇敢"三个方面具体描写；再用"这种古怪的小动物，真让人觉得可爱"过渡，又介绍了"更好玩"的满月的小猫们。《母鸡》以"我"对母鸡的态度变化为线索来写，从"我一向讨厌母鸡"，到"可是，现在我改变了心思"，最后是"我不敢再讨厌母鸡了"，先贬后褒，表达对母鸡的感情。

语言上：《猫》的口语化，如"说它老实吧，它的确有时候很乖。它会找个暖和的地方，成天睡大觉，无忧无虑，什么事也不过问。可是，它决定要出去玩玩，就会出走一天一夜，任凭谁怎么呼唤，它也不肯回来。说它贪玩吧，的确是啊，要不怎么会一天一夜不回家呢？"像跟邻居聊家常一样，说起自家的猫，平白如水的话语，满含喜欢之意，即便"贪玩""出走"这样的词语也难掩这种情感；《母鸡》直抒胸臆，不管是"我一向讨厌母鸡"，还是"它负责、慈爱、勇敢、辛苦，因为它有了一群鸡雏。它伟大，因为它是鸡母亲。一个母鸡必定就是一位英雄"，直白通晓，不藏不掖。

事例上：聚焦日常的生活瞬间或活动情形，《猫》的"用身子蹭你的腿，把脖子伸出来让你给它抓痒，或是在你写作的时候，跳上桌来，在稿纸上踩印几朵小梅花""它们的头撞在门上，桌腿上，和彼此的头上，撞疼了也不哭"，用语不多，却形象生动，猫的可爱与调皮，如临其境，如见其形；《母鸡》的"发现了一点儿可吃的东西，它咕咕地紧叫，啄一啄那个东西，马上便放下，让它的儿女吃。结果，每一只鸡雏的肚子都圆圆地下垂，像刚装了一两个汤圆儿似的，它自己却消瘦了许多"，疼爱儿女、不顾自身的慈母形象跃然纸上，永留读者心中。

再是迁移性议题，就是从一两篇文章习得方法后，迁移到其他文章的议题。如阅读《白鹅》时，提出迁移性议题：《猫》《母鸡》两篇采用了生活事例、口语化语言、直抒胸臆等方法表达感情，这篇文章是不是也运用了这样的写法呢？学生带着这个问题展开阅读，从文中寻找答案。经过阅读理解和发现讨论，学生就会懂得："每逢它吃饭的时候，狗就躲在篱边窥伺。等它吃过一口饭，踏着方步去吃水、吃泥、吃草的当儿，狗就敏捷地跑上来，努力地吃它的饭""鹅老爷偶然早归，伸颈去咬狗，并且厉声叫骂，狗立刻逃往篱边，蹲着静候"就是活生生的生活场景；先是"鹅的高傲，更表现在它的叫声、步态和吃相中"的总起，再分别从"叫声""步态""吃相"三个方面具体描写，是总分构思。这是共同点。所不同的是，《白鹅》大量运用了"高傲""鹅老爷""架子十足"等反语，明贬实褒；读到"鹅老爷偶然早归，伸颈去咬狗，并且厉声叫骂""狗又敏捷地跑上来，把它的饭吃完，扬长而去。等到鹅再来吃饭的时候，饭罐已经空空如也"这样的语句，不禁捧腹大笑，幽默化的语言增加了情感的温度，展现了生活的情趣。

第二，建构意义。不同的作家，不同的动物，竟然不约而同地运用了一些相同的表达情感的方法，这是为什么呢？从三篇文章中选择一些重点语句，试着去掉或改写其中表达感情的语言，体会一下两者的不同。比如把"用身子蹭你的腿，把脖子伸出来让你给它抓痒，或是在你写作的时候，跳上桌来，在稿纸上踩印几朵小梅花"改为"用身子摩擦着你的腿，或是在你写作的时候，跳上桌来，留下几个小脚印"；把"有的时候，它不这样乱叫，而是细声细气的，有什么心事似的，颤颤巍巍的，顺着墙根，或沿着田坝，那么扯长了声如怨如诉，使人心中立刻结起个小疙瘩来"改为"有的时候，它不这样乱叫，而是细声细气地叫着"，通过比较，从细微处进一步体会作者表达感情的写法及其妙处，习得写作经验。这种"回推式"阅读，重在集中精力聚焦精彩语段或主要写法的品味、推敲、欣赏，在阅读辨析中细化语言局部，明晰写法意义，优化认知结构。

第三，迁移创造。对单元课文写法的多视角审视、全方位探究，就为实现知识的完整建构和方法的顺序迁移创造了条件。此时，完成单元习作"我的动物朋友",学生就能根据教材提供的"寻找小羊""帮忙喂狗""收养小猫"的不同情境,调动生活经验,精心选择日常化的生活情景,灵活选用所学的写作方法,写出自己心中的小动物,从而在模仿借鉴中,显现创生思维,彰显个性品质。

第三节 重构课堂样态

一、还学于生

学生是学习的主体,把课堂还给学生,诸如此类的呼声不知喊了多少年,已经成了老生常谈的老话题,但是,真正做到的要有多少呢?用"雷声大,雨点小""只听楼梯响,不见人下来"来形容,再恰当不过了。有教师这么教二年级下册的《羿射九日》。

环节一:检查预习情况

1. 生字学习。

(1) 读读。出示"窜、箭、射、熔、裂"等生字,指名学生拼读,说说是用什么方法记住这些字的。

(2) 猜猜。"炙、炎、晒、焦、熔"中哪个字与火无关,为什么?学生说"晒"字是"日"字旁,表示太阳晒着的意思,其他四字都与"火"有关,"炙、炎、熔"都有个"火"字,"焦"下的四点底也是表示"火"。

(3) 比比。给这五个字各组个词,并出示答案"炙烤、炎热、晒干、烤焦、熔化",这些词语都表示热的意思,按热度的由小到大的顺序排列,并说明理由,学生边排边说,最终形成这样的排序:炎热、晒干、炙烤、烤焦、熔化。

2. 课文朗读。

(1) 出示含有这些词语的长句子,学生按标好的节奏线,读好这些句子。

句子一:十个太阳/像十个大火球,炙烤着大地。

句子二:禾苗/被晒枯了,土地/被烤焦了,江河里的水/快要蒸干了,连地上的沙石/好像/都要被熔化了。

（2）出示其他长句子，学生也按画好的节奏线读句子。

句子一：可是，有一天，这十个太阳觉得轮流值日太没意思啦，于是，他们一齐跑了出来，出现在天空中。

句子二：他翻过了九十九座高山，蹚过了九十九条大河，到了东海边。他登上了一座大山，搭上神箭，拉开神弓，对准天上的一个太阳，嗖地就是一箭。那个太阳一下子爆裂开，一团团火球到处乱窜。接着，噗噗地掉在地上。

句子三：羿想，没有了太阳，就没有了光明和温暖，庄稼不能生长，人类和动物也没法活下去。

句子四：土地渐渐滋润起来，花草树木渐渐繁茂起来，江河奔腾欢唱，大地上重新现出了勃勃生机。

3. 疑难问题。

（1）出示课前提问大数据。

（2）教师小结：你们看，大家提出了不少问题，但有三个问题提问的人最多：羿为什么射日？他是怎样射日的？结果怎样？

环节二：理解课文内容

1. 捕捉信息。教师范读课文，学生边听边找到回答这三个问题的相关语句。

2. 整体把握。师（指着幕布上的起因）：羿为什么要射九日？（生：因为人类的日子非常艰难）他是怎么做的呢？（生：登上……跨过……来到东海边，一口气射下九个太阳，留下一个太阳）结果怎么样？（生：土地渐渐滋润起来，……大地重新现出了勃勃生机）谁能连起来说一说？（生说）这就是这篇故事的主要内容。

3. 阅读理解。

（1）提出问题。课前预习大数据告诉我们，同学们对太阳能站在扶桑树上感到非常神奇。神奇的理由是什么？（因为太阳没有脚，他怎么站呢？十个太阳那么热，扶桑树会不会被烧着了?)

（2）阅读追问。（教师介绍扶桑树后）这是一棵怎样的树？（神奇的树、神树。生读第1自然段）

（3）学生质疑。默读课文，说说课文还有哪些地方也让你觉得神奇？注意默读，不出声，不动唇，不指读，拿起笔找一找。

学生提出的问题有：我感到神奇的是，太阳不是在天空吗，羿怎么能射下来呢？为什么天亮了，太阳才出来？这九十九座高山到底有多高呢？十个太阳像十个大火球，炙烤着大地，为什么不会被熄灭呢？……

（4）解答疑问。学生每提出一个问题，教师就让学生找出回答这个问题的语句，根据语句内容，加以解答，并进行朗读指导。

环节三：学习讲述故事

1. 试着讲。出示课文插图和"登上、搭上"等，让学生借助插图和这些关键词，用自己的话讲讲这个神奇的画面，加以表情、动作就更棒了。

2. 接力讲。

（1）提出要求：这么神奇的故事，我们要接力讲讲这个故事。讲的时候要做到讲出神奇，讲得清楚，讲得响亮。

（2）个人练习。学生根据黑板上的讲故事提示，自己练说。

（3）交流汇报。先出示扶桑图片，教师说第1自然段开头部分，指名接着往下说为什么羿射九日的部分；教师再提示：十个太阳觉得轮流值日太没意思啦……学生接着说。接下来学生说一部分，教师又提示，直至完成整个故事的讲述。

（4）评选最佳。根据刚才几个同学所讲述的情况，让学生用手中的投票器，评选出自己心中的故事大王。

环节四：作业布置

1. 把这个故事讲给家里人听，看看能得几颗星。

2. 出示《中国古代神话故事》封面，推荐阅读。

分析以上教学，明显感觉到整个学习活动基本被教师牢牢掌控。一是句子朗读。《羿射九日》一文出现了不少的长句子，读通读顺这些长句子，直接关系到整篇课文的朗读，而且这些长句子中还有不少是本课要学习的生字，

247

如"炙、熔、嗖、裂、窜、噗、滋、腾"等，但是，朗读的停顿是以理解为基础的，同样一句话读的人不同，停顿的地方可能会有些区别，强硬地加上节奏线让学生的朗读没有任何的自主空间。完全可以把读的主动权交给学生，即使读错了也是一种学习体验，学习不就是一个不断试错的过程吗？到了学生确实难以读对停顿，再在难读的地方辅之以节奏线，帮助学生读好句子。二是内容理解。整个阅读的过程是从"羿为什么要射九日？他是怎么做的呢？结果怎么样？"三个问题展开的，可这三个问题只用于找出相应语句，并连起来说说课文内容，重点语句的理解却不建立在这个基础之上做深入的展开，结果学生在教师的导引下，东一句西一句地读，零散而杂乱；更重要的是，一问一答，再问再答，学生始终处在寻找答案、验证结论的被动学习状态，难有思维和认识的深化。三是故事讲述。教师提供了课文插图和关键字词，其中的课文插图只表现了射日的部分，难以支撑整个故事的讲述；而且学生讲述的过程中，教师不时地穿插提示，看似指导，实为干扰，原本学生可以按照自己的理解和思路，用自己的话组织语言，教师一插话，反而让学生不知道往下接了；一个学生说一部分，并没有完整地连起来说一遍，讲述故事的目标并未达成。这些教学表现出的问题，其实反映出的是教师对学生学习的不放心，总想牵着学生的手，如此，学为主体，让学生站在课堂的中央，让学习真正发生，都将成为一句空话。

核心素养导向的语文课堂，缺乏学生的主体参与与主动参与，是不可想象的。由此，本课教学先要确立一个学习主题，也就是学习总任务，那就是——学习故事讲述，为了完成这一学习总任务，可安排几个小任务。

任务一：字词认读。生字词学习是低年级阅读的重要组成部分，自然需要重视。但是，二年级下学期的生字学习不同于以往，此时的学生已掌握了识字写字的基本方法，积累了一定的经验，调动其识字经验和方法，提升自主识字能力是必须考虑的。因此，可在学生课文预习的基础上，检查生字预习情况，针对预习中普遍存在的生字认读和识记难点进行重点解决，学生先进行识记方法的分享，教师再对个别难记难读的生字作针对性的指导。

任务二：默读课文。默读是阅读理解的重要方法，二年级是进行默读训练的关键起步，首次安排在二年级上册《雪孩子》一课，要求"默读课文，试着不出声"，接着在《纸船和风筝》中加以巩固和强化；经过二年级下册《树和喜鹊》"默读课文"的过渡后，在本课提出了"默读课文，不要指读"的要求，这是对"试着不出声"的提高，也基本完成了默读课文的能力训练。为此，"不指读"应该作为一个任务加以凸显。可安排两次默读：

第一遍默读，做到不指读，读完每一段，能说出这段话写的人、物或事，读完后知道哪些段落是回答预习中大家关心的"羿为什么要射九日？他是怎么做的呢？结果怎么样？"三个问题，从而了解故事的起因、经过、结果。

第二遍默读，不仅做到不指读，还要边默读边画出自己觉得很神奇的语句，读完后再想想神奇在哪里？

任务三：分步试说。学生自由汇报自己感受到神奇的语句，适机进行重点语句的理解，聚焦故事的内容和语言两个方面，为讲述故事做准备。

例如句子："十个太阳像十个大火球，炙烤着大地。禾苗被晒枯了，土地被烤焦了，江河里的水被蒸干了，连地上的沙石好像都要被熔化了。人类的日子非常艰难。"抓住"大火球""炙烤""晒枯""蒸干""熔化""艰难"等词句，借助字词品读、联想想象、图片展示等方式，感受十个大火球给大地万物、人类生活带来的极大灾难，理解"人类的日子非常艰难"，进一步了解故事的起因。在此基础上，试着用文中的词句和自己的话，说说羿射九日的起因部分。

又如句子："他登上了一座大山，搭上神箭，拉开神弓，对准天上的一个太阳，嗖地就是一箭。那个太阳一下子爆裂开，一团团火球到处乱窜，接着，噗噗地掉在地上。"这两句话的教学重点是"登上""搭上""拉开""对准""爆裂""乱窜""掉在"等动词，前四个具体描写羿射九日的行为表现，后三个表现太阳被射后的样子，用词准确生动，再加上"嗖""噗噗"拟声词的运用，把羿射九日的过程写得栩栩如生、活灵活现，是讲述故事的重要语言支架。教学时，先了解词义，再扩成"登上大山""搭上神箭"等四字词语；接着借助插图，想象后羿射日的威武和雄健，体会羿的伟力、精神和形象，以及神话故事的神奇美丽；用朗读表达自己的体会，表现人物的形象；最后自己讲讲这个部分内容。

再如句子："土地渐渐滋润起来，花草树木渐渐繁茂起来，江河奔腾欢唱，大地上重新现出了勃勃生机。"这是故事的结局。理解这句话，可抓住"勃勃生机"一词，引出"滋润""繁茂""奔腾欢唱"等词，在理解词语的过程中，知道"勃勃生机"是这句话最重要的词语，概括了句子的主要意思，其他内容只是"勃勃生机"的具体表现，习得句子表达特点；联系前面"禾苗被晒枯了，土地被烤焦了，江河里的水被蒸干了，连地上的沙石好像都要被熔化了"一句，在对比阅读中感受人类生活的变化，用"人类的日子非常_____"的句式，给这部分内容加上一句话，并读出这种心情；人类的日子从非常艰难到非常幸福，这样的变化是怎么来的？进一步体会羿射九日的功绩和贡献。学生也试着说说故事的结局。

任务四：故事讲述。这是本课学习最为重要的任务，由于有了上述环节的内容理解、分步试说，完成完整讲述故事就具备了较好的基础。此时讲述，还要充分发挥课后练习中的表格作用。先完整出示表格，学生读表格中的文字，回顾羿射九日的故事内容；提供每个部分的关键词句，学生自主选择起因、经过、结果中的一个，小组内试讲，互听互评互改；小组推举代表进行全班讲述，师生评点、补充、完善，提醒讲述的注意事项；出示故事讲述的等级标准，学生按这个标准各自准备，讲述整个故事；学生自荐或他人推荐，把故事讲给全班同学听，并选举出最佳故事员。

二、活动框架

素养立意的语文实践，不是在原有的教学活动中简单地增加"活动"成分和"实践"比重，做补缺堵漏式的修修补补，而是确立语言实践在语文课程实施和教学活动中的重要地位，甚至是核心地位，以语言实践为支点，以任务创设为驱动，以问题解决为目的，素养培育为旨归，撬动传统教学的实践方式，构建以实践为中心的新型育人方式。

比如一年级上册识字单元的《多少大小》，以前教学往往是这样的：

环节一：游戏导入，激发兴趣

1. 课件出示情境图，教师激趣。

2. 把带有动物或水果图片的生字归类贴在黑板上，如黄牛、小猫、鸭子、小鸟；苹果、大枣、杏子、桃子等，学生拼读生字，说说怎样记住这些生字。

环节二：借助韵文，学习生字

1. 读读"大、小""多、少"，说说自己的发现。

2. 教师范读韵文学生听，学生再自由读，找到第一和三小节中的"大"和"小"。

3. 借助第一组图，比比黄牛和猫、苹果和枣谁大谁小？再用"大""小"练习说一句话。

4. 观察第二组图，说说发现了什么，如：左边的鸭子多，右边的鸟少。左边杏子多，右边桃少。

5. 用"多""少"练习说一句话。

6. 说说像"大小""多少"这样的反义词。

7. 师生做"说反义词"的游戏。

环节三：指导书写，掌握字形

1. 课件出示田字格，复习田字格的位置名称。

2. 出示儿歌，学生齐读。

田字格，四方方，

写好汉字它来帮，

左上格，右上格，

左下格，右下格，

横中线，竖中线，

各个方位记心间。

3. 学生根据儿歌找到田字格每一个小格的位置，教师巡视指导。

4. 指导书写"小、少、牛、果、鸟"。

这个案例表示了识字写字教学的基本程序，其主要特点就是教师带着学生读，生字学完了，课也教完了。在这过程中，学生虽然也是一些听、说、读、写的活动，但都是依照教师的指令完成的，学生少有选择权和主动权，教师让学什么就学什么，至于为什么学，他们并不知道。以建构型、内生型实践为框架的课堂，学生应该带着任务来学习，成为语文实践的积极参与者和语言建构的主动学习者，让课堂焕发出生命的活力。如何改变课堂形态，实现课堂重构呢？

我们先来看看文本。《大小多少》的题目就包含着两对反义词，表示事物的对比关系，其中的"多""少"还是本课生字。这首儿歌有四节，每小节两行，第一行从"大小"或"多少"的角度进行简单对比，第二行是借助生活中的具体事物认识对"大小""多少"的对比关系，并各配上一幅直观形象、对比强烈的插图进行视觉强化，突出事物的"大小""多少"关系，并提示学生不同大小、不同数量的事物要用恰当的量词表示。其中的动物"黄牛""小猫""鸭子"，水果"苹果""杏子""桃子"中有许多本课要认读的生字，"猫""鸭"还含有新认识的偏旁"犭""鸟"。整首儿歌简短好记，意义平白，琅琅上口，富有节奏，易于一年级孩子朗读与记背。

课文中写到的黄牛、小猫、鸭子、小鸟、苹果、大枣、杏子、桃子，不是动物，就是水果，自然让人想到了它们生活或生长的地方，那就是田地或村庄，我们不就可以设计一个参观、游览之类的生活情境，于是，"走进农庄"或"走进田野"的学习主题就水到渠成、应运而生。

识字单元的主要任务就是识字和写字。既然参观游览，不就得认识一下农庄或田野里的事物吗？这样，"认认新朋友"就是一项很好的认读生字的任务，于是，叫出朋友名字就成了第一个学习任务。出示写有这些动物和水果的农庄图，让学生说出自己认识的动物或水果名字，说一个就出现相应的带拼音生字词的标牌，学生拼读、识记。在认读"猫""鸭"两字时，顺带认识新偏旁"犭""鸟"，并说出相同偏旁的"狗、猪、猴""鸡、鸽、鹅"等。这一叫出名字的过程其实就是学习生字的过程，再加上画面、事物与生字的三者结合，大大提高了认读生字的效率，这是教师出示学生读的静态学习方式所不可相提并论、同日而语的。仅此还不够，去掉拼音还会正确认读，是识字的基本要求，为此可以继续设计活动：突然吹来一阵风，把标牌上的拼音贴纸给吹走了，没有了拼音帽子的新朋友，你还能叫出他们的名字吗？

利用韵文，在比大小、比多少中认识事物是本课学习的一个任务。怎样设计成任务呢？比大小、比多少，不也是一个特殊的比赛吗？听说小朋友们今天要来，农庄里的动物和水果都很兴奋，他们要来一场比赛，看看谁大谁小，谁多谁少，请大家来做个小裁判。对于一年级小朋友来说，能给别人当裁判，这是一件多么荣耀、自豪的事，"小小裁判员"的任务大大激发了学习热情。为了当好这个裁判，学生一读儿歌，了解谁跟谁比赛，带出生字"只"；二读儿歌，知道他们分别比什么，带出生字"边"；三读儿歌，并借助插图，评出大与小、多与少，并简单说说理由，带出数量词，读一读这些数量词，发现量词不同的事物就有不同的量词，不同的量词能够比出大与小、多与少；四读儿歌，试着背诵课文，背得好的小朋友上台给大的、多的动物和水果颁奖。

现在只剩下写字了，不能像往常那样出示生字，学生说怎么写好这个字，还是要变成任务。可以再用一下"标牌"，创设学习情境：小猫看见农庄里来了这么多小朋友，一激动，不小心把标牌上的一些字给抠坏了，在我们即将离开农庄前，你能帮忙把这些标牌重新写一个吗？注意要写得工整、端正，让后边来参观的小朋友也能认得出来。学生带着"写写小标牌"的任务，选择自己想写的标牌，从字在田字格里的位置、笔画顺序、容易写错的笔画、起笔收笔等几个方面说说如何才能写好这个字，其他同学提出建议，或纠正补充。写后，把写在小标牌上的字展示出来，师生共同评判，评后再写。其间，结合"鸟"的书写，写好新笔画"竖折折钩"。

三、板块结构

一般的阅读教学呈现"线性"思路，基本是教师开讲，接着一段一段地分析理解，然后分析课文特点，有时还安排迁移练习，最后课外拓展。整合式的学习任务群其实是由一个个活动板块构成，板块的最大特点是既独立又开放。独立表现在一块一个任务，几块就是几个任务；开放表现在每个任务之间互相呼应，互为关联，缺少一块就影响学习目标的完成。如此"块状"设计，实现了学习内容的整合化，课堂教学的结构化，步骤清晰，操作简洁，着眼于学生的活动，着力于素养的培育。

比如四年级上册的《西门豹治邺》一课，可以学习任务群的方式进行板块结构设计。这篇课文根据汉代褚少孙补《史记·滑稽列传》相关内容改写，可归类于文学作品，属于"文学阅读与创意表达"学习任务群，这自然成为本课教学的最重要板块，由几项活动组成。

一是整体把握。设计情境性任务：都说"新官上任三把火"，西门豹也不例外，他到邺这个地方，烧了哪三把火？默读课文，先填空，再连起来说一说。这样既完成了课后练习，又对课文内容有了个整体感知。

二是语言品读。课后练习是这样的："找出第10—14自然段中描写西门豹言行的句子，说说西门豹惩治巫婆和官绅的办法好在哪里。"这个问题不带有任务情境，可以改为："读过这篇课文的同学认为，课文对西门豹的语言、动作的描写很有讲究，对西门豹惩治恶人的办法拍案叫绝，你也这样认为吗？请用第10—14自然段中的内容来说明。"这是一个论证式的语言学习活动，需要学生抓住西门豹的语言和动作，结合具体语境理解关键语句的丰富内涵和深层意义，如"麻烦"与"架起""投进"的言行矛盾，"请你们去催催吧"与"又要叫"的故弄玄虚，"站了很久""过了一会儿，他才说"与"提心吊胆，连大气都不敢出""磕头求饶，把头都磕破了，直淌血"的内在关联，读出一个足智多谋、计划周全、将计就计、胸有成竹的西门豹形象。

三是简要复述。"了解故事情节，简要复述课文"是单元语文要素，课后第一道就是"根据课文内容填空，并简要复述课文"的练习，要求先把西门豹做的三件事提炼成简短的小标题，再以此为支架复述课文。要想简要复述课文，必须熟悉课文内容，抓住主要故事情节，像第一件事"调查民情"和第三件事"兴修水利"都不是主要内容，可以适当省略，第二件事"惩治恶人"是主要内容就要讲得详细一些，讲述时还要把人物对话进行转述，变成自己的话。因此，简要复述的任务应该与语言品读的任务相结合，让内容理解、语言品读成为简要复述的坚实基础。同时，为了强化复述的主观意愿，可采用角度代入的人称变换方式，让复述成为现场的口语交际，比如假如当时你就在现场，你远方的朋友向你了解西门豹惩治坏人这件事，你会怎么说？又如你就是西门豹，你会怎么向魏国国王报告这件事？这样有对象的表达，使得复述不再只是一般性的语言表达，而成为更具现场感和现实性的真实交流。

四是创意表达。学习这篇课文自然不能缺少对西门豹这一人物的认识和评价，这一要求隐藏在课后练习"说说西门豹惩治巫婆和官绅的办法好在哪里"之中。为此，可设计说与写的学习环节。一是说，这件事情过去后，当地百姓为了感谢西门豹为民除害的功绩，请求魏王给西门豹授奖，你能替他们说说嘉奖的理由吗？二是写，魏王听了百姓的陈述，决定表彰西门豹，以示鼓励。请你为魏王写一份颁奖词。

除了"文学阅读与创意表达"板块后，课文还有其他学习任务。比如生字词。课文会认的生字 11 个，字形上多为左右或上下结构，分别是 6 个和 4 个；读音上，多为前鼻音的字，如"豹、绅、旱、吊、凿、溉"，单韵母的字，如"娶、媳、巫、徒、磕"，其中"巫"为整体认读音节。会写的 15 个生字中，除"旱、娶"上下结构，"逼"是半包围结构外，其他 12 个都是左右结构。本课生字的这一特点，采用归类识字写字的方法最为适宜。可设计成"语言文字积累与梳理"板块。

课后还有一道"选做"题："剧本主要是依靠人物对话来推动情节、刻画人物。在老师的指导下，试着根据'阅读链接'中的剧本开头改编课文，并演一演这个故事。"提供的"阅读链接"就是《西门豹治邺》中"惩治恶人"的剧本开头。编剧本、写剧本、演剧本，融"实用性阅读与交流"和"探究性学习"两个学习任务群于一体，可以安排在课文学习完成后，独立进行。

这样，"语言文字积累与梳理""文学阅读与创意表达""实用性阅读与交流"和"探究性学习"几大板块相互关联，共同构成《西门豹治邺》的课堂结构，保证学习任务的顺利完成。

四、逆向设计

在所有设计行当中，设计工作都要受到标准的指导和约束。比如盖座房子，先要依据面积与功能进行建筑方案设计，再依此"按图索骥"，才能盖起自己想要的房子来；房子装修前，也会先找人做一张装修效果图，才开始装修。就算小朋友买积木玩具，商家总不忘附上一张积木成型图，上面画着各种各样的积木结构样品，小朋友喜欢哪一个就按它的样子"依样画葫芦"。这种先有样板，后才开工的设计，就是结果导向、以终为始的逆向设计。本书第四章第四节"教学运用"中介绍了依据学业质量进行逆向设计的例子，这里再介绍一个以单元习作为依据的单元任务群设计。

例子：三年级上册第六单元。单元导读页内容：

"祖国，我爱你。我爱你每一寸土地，我爱你壮美的山河。""借助关键语句理解一段话的意思。习作的时候，试着围绕一个意思写。"

本单元课文内容包括：四篇精读课文《古诗三首》《富饶的西沙群岛》《海滨小城》《美丽的小兴安岭》。习作《这儿真美》。语文园地内容：（1）交流平台。有的时候，一段话的开头就表达了这段话的主要意思，后面的内容都是围绕开头这句话来写的。这样的句子也有可能在一段话的末尾或中间。找到这样的句子，可以帮助我们更好地理解一段话的意思。我们习作的时候也可以学着这样写。（2）识字加油站。认识"虫"字旁和"鱼"字旁的 6 个生字，了解这些字的特点。（3）词句段运用。一是用 ABB 式的词语写句子，二是以围绕一句话，说一段话。（4）日积月累。李白的《早发白帝城》。

对照 2022 年版课标的"学习任务群"内容，很显然，这一单元应属于"文学阅读与创意表达"任务群。单元学习成果是"围绕一个意思写一段话"，本单元学习任务群由此展开，以试写"这儿真美"起始，以分享"这儿真美"结束。具体设计如下。

任务一：写"这儿真美"。

活动 1：试写作品。（1）试写。出示单元习作题目，学生自读教材中的作文要求，教师不加指导，学生从教材提供的地方或自由选择一个地方，用30分钟时间写一篇"这儿真美"的文章。（2）发现。草稿写完，利用剩余时间，看一看三篇精读课文的题目，说说自己的发现，明白三篇文章的题目就直接告诉我们哪里美，用一个词概括出这儿的美。（3）修改。学着课文这样，把"这儿真美"的题目改一改。一改，学生就能悟到改后的题目比原来的好。

活动2：修改作品。（1）给自己写的一段话加上一个中心句，可以加在段落的开头，也可以加在段落的结尾。（2）再读一读自己写的，看看是不是像课文总分段那样，从不同方面、不同角度展开写，如果不是，改一改。注意每个部分之间的连接，可用"有的……有的……"连接词，也可以不用连接词。（3）重点关注展开写的部分，想想自己是不是把那个地方的特点写出来了，如果还不够，可以用上一些词语来修饰。出示"这儿真美"中的"盛开　飞舞　狂欢　闪闪发光"等三组词语，学生选用其中的词语或选择其他词语，把景色写得更美。

活动3：分享作品。（1）把自己写的作品读给同学听，看看同学能不能说得出这个地方美的特点。（2）把两三个同学的作品进行合并，像《美丽的小兴安岭》那样按一定的顺序排列起来，如果可以，加上开头和结尾。

任务二：古诗的山水美。

活动1：读《望天门山》《望洞庭》。（1）读通读顺，比较题目和朝代的相同点，了解"天门山""洞庭湖"。（2）理解两首诗的意思，想象诗中描绘的景色，重点说说"两岸青山相对出，孤帆一片日边来"和"湖光秋月两相和，潭面无风镜未磨"的意思，感受自然之美。（3）背诵诗句，默读《望天门山》。

活动2：读《饮湖上初晴后雨》《早发白帝城》。（1）读通读顺诗句，用抓关键字词的方法，理解两首诗题目的意思。（2）从题目入手，找出与题目有关的诗句，如"水光潋滟晴方好"写晴，"山色空蒙雨亦奇"写雨，"朝辞白帝彩云间"写了"早"与"白帝城"等，借助注释尝试说说诗句的意思，想象诗句的画面美与色彩美。（3）理解两首诗的后两句，感受比喻与夸张写法所表现出来的赞美和喜悦之情。（4）背诵诗句。

任务三：岛、城之美。

活动1：《海滨小城》教学。（1）归类学习生字。如写名称的"海滨、海鸥、胳臂、凤凰、亚热带、榕树、凳子"，注意多音字"臂"；写动作的"理睬、满载、每逢、除去"。（2）朗读课文，说说课文写了海滨小城的哪些景象，这些景象是什么样的。（3）聚焦总分语段。指导阅读"小城里每一个庭院都栽了很多树"一段，学习"借助关键语句理解一段话的意思"的阅读方法；运用这一方法自读"小城的公园更美""小城的街道也美"，感受小城的美丽与小城人的快乐生活。（4）比较这三段话，发现共同写法：先用一句话概括，再围绕这句话，一个方面一个方面地展开写。

活动2：《富饶的西沙群岛》教学。（1）运用学过的识字方法学习生字，读通读顺课文。（2）读课文，说说课文从哪几个地方可以看出西沙群岛风景优美、物产丰富？整体感知课文。（3）迁移总分语段的阅读方法，学习"海水""海岛"两个段落，想象画面，感受西沙群岛的美丽与富饶。（4）重点阅读"海底"部分。读第3自然段，画出景物名称，以及表现其特点的词语，如"各种各样""懒洋洋""挺威武"等，学习另一种"借助关键语句理解一段话的意思"的方法。读第4自然段，发现这一自然段有两个概括一段话意思的句子，一是段首的"鱼成群结队地在珊瑚丛中穿来穿去，好看极了"，一是段尾的"各种各样的鱼多得数不清。正像人们说的那样，西沙群岛的海里一半是水，一半是鱼"，这是另一形式的总分构段；再聚焦这段的"分"的语句，在惊叹于鱼的种类繁多、形态各异的同时，学习用"有的……有的……"的表达方法。

任务四：山岭之美。

活动1：学生自读生字，注意多音字"兴""舍"；读好长句子，读通读顺课文。

活动2：理解课文内容，知道全文是按春、夏、秋、冬的季节变化顺序展示小兴安岭的美丽，认识整篇文章的总分结构特点，以及一段话写一种美的"分述"写作手法。

活动3：重点学习春、夏两个自然段，体会关键语句的意思及其表达效果，了解春、夏季节的美丽；自学秋、冬两个自然段，感受小兴安岭的物产丰富。

活动4：为"词句段运用"的第一道题中的词语写一句话，学习把意思写清楚的方法。

五、评价嵌入

"教学评一体化"是2022年版课标的新变化、新提法。所谓"教学评一体化"就是教师的教、学生的学与评价相一致、相融合，教、学、评三者共同指向学习目标。课标专设"评价建议"，用较大篇幅提出具体要求。评价分为过程性评价和学业水平考试两类，是推动学习任务群实施、落实语文核心素养的双轮两翼，缺一不可。

课堂评价是过程性评价的重要组成部分，直接关系到语文知识与技能的课堂落实情况，评价嵌入就成了即时了解、反馈阶段性学习成果的一大利器，可用于课堂教学的不同阶段、不同环节、不同内容。

比如一年级下册《小青蛙》，通过"睛、情、晴、清、请"五个形声字的学习，认识形声字的构字特点，习得形声字的学习方法。生字识记内容，一教师设计了"认识青蛙靓仔"活动，设置情境：春天来了，天气暖和，万物复苏，青蛙妈妈也在春风吹拂下慢慢醒来。睡了一个漫长的冬天，青蛙妈妈迫不及待地带着五个小宝宝来到河边，五个小宝宝都有自己的名字，我们跟他们一一打个招呼吧。学生一一认读"清、睛、晴、情、请"，认识了五个生字。接着是第二项任务：其实，这些小宝宝是一母所生的五胞胎，他们长得可像了，有时候连青蛙妈妈都不大能分得清，你能区分出来吗？这样，学生就能发现这五个生字都有个"青"字，但偏旁不同；又发现五个字的读音都与"青"有关，是青蛙的亲生孩子，读好后鼻音；他们形旁不同，表示的意思也不一样，猜一猜，他们分别与什么有关，从而在分析字形的同时，认识到声旁同形旁异的形声字特点，可用加一加的方法来识记。后来，五个宝宝又认识了新的朋友，想知道他们是谁吗？出示"河水清清""大眼睛""保护"

"害虫""事情""好让""生病"等词语，学生认读"眼""保""护""害""让""病"等生字，再把这些词语放入句子读，从单个字到新词语再到儿歌朗读，生字认读不再枯燥乏味。

　　为了检测生字认读效果，可安排游戏化检测。形式一：图文连线。左边是"清水""眼睛""事情""请客""晴天"，右边是相关的画面，学生用笔连一连。形式二：动作表演。一生说词，一生表演。如说"眼睛"，学生手指眼睛部位；说"请客"，就做请客的手势和动作。形式三：找朋友比赛。把本课生字拆分成部件，写在卡片后，如"青、日、氵、目、忄、亻、口、丰、木、扌、户、讠、上、丙"等，学生动手把这些部件拼成本课学习的生字，同桌合作，拼好后读一读，看谁拼得多。形式四：送宝宝回家。《小青蛙》儿歌中的"情、睛、晴、请、清"等字，有的设置空缺，有的设置成错误的，让学生把空的补上正确的，把走错家的送回到自己家，使每个字宝宝都找到温暖的家。

　　《少年中国说（节选）》是统编教材五年级上册第四单元的一篇课文，节选自梁启超先生的同名文章。文章运用象征的写法，介绍了少年同中国的关系，表达了对少年中国和中国少年的赞美之情。文章语言简练，含义丰富，韵律优美，气势磅礴。尤其是第2自然段，是一个感情充沛的语段。四字韵语，节奏紧凑，两两相对，对仗工整；排比句式，对偶句法，比喻象征，犹如大海奔腾不息的波涛，一浪接着一浪，一阵高过一阵，读起来干净利落，铿锵有力，排山倒海，气势恢宏。同时，韵脚整齐，一韵到底；"ang"的开口呼，听起来响亮、大气、有声势，恰好与作者奔涌的情感、激越的思想浑然一体，豪放大气，抒发作者对少年中国的热烈赞颂和无限向往之情，给人以强烈的审美冲击力。按照课文要求，朗读这段话，要"做到连贯而有气势"。教学这篇课文，可从朗读的角度评价阅读程度。课上，可从朗读的语气、语调、表情、情绪等方面评判学生的个体朗读情况；课后，可准备组织一次朗诵比赛，要求如下：1. 以小组为单位；2. 朗诵内容可择第2自然段，也可全文；3. 朗诵形式自定；4. 可借助辅助手段，如配乐、背景等。这样，可以从小组朗读的分与合的处理、音乐配曲的选择、背景画面的内涵等方面，评价学生领悟文本内容和文章情感的程度，使得学习结果可视、可测、可描述、可量化，真正做到教、学、评一致，让评价成为学生语文素养发展的有力助推。

主要参考文献

1. 中华人民共和国教育部. 义务教育语文课程标准（2022年版）[M]. 北京：北京师范大学出版社，2022.

2. 中华人民共和国教育部. 义务教育语文课程标准（2011年版）[M]. 北京：北京师范大学出版社，2012.

3. 格兰特·威金斯，杰伊·麦克泰格. 追求理解的教学设计（第二版）[M]. 闫寒冰，宋雪莲，赖平，译. 上海：华东师范大学出版社，2021.

4. 吴忠豪. 国外小学语文教学研究[M]. 上海：上海教育出版社，2009.

5. 施良方，崔允漷. 教学理论：课堂教学的原理、策略与研究[M]. 上海：华东师范大学出版社，1999.

6. 顾黄初，顾振彪. 语文课程与语文教材[M]，北京：社会科学文献出版社，2001.

7. 叶圣陶. 叶圣陶语文教育论集（上册）[M]. 北京：教育科学出版社，1982.

8. 文艺，崔允漷. 语文学习任务究竟是什么？[J]. 课程·教材·教法，2022（2）.

9. 陆志平. 学习任务群的价值[J]. 语文学习，2022（5）.

10. 王宁，韩梅梅. 走进新时代的语文课程改革——访普通高中语文课程标准修订组负责人王宁[J]. 基础教育课程，2018（1）.

11. 吴刚平. 素养时代课程内容的概念重建[J]. 全球教育展望，2022（4）.

12. 崔允漷. 如何开展指向学科核心素养的大单元设计［J］. 北京教育（普教版），2019（2）.

13. 盛群力. "为学习设计教学"——加涅教学设计观述评［J］. 外国教育资料，1993（1）.

14. 刘世斌. 从布鲁姆教育目标分类学视角看有效教学的实施［J］. 中小学教学研究，2013（5）.

15. 温儒敏. 遵循课标精神，尊重教学实际，用好统编教材［J］. 语文学习，2022（5）.

16. 陈先云. 课程观引领下统编小学语文教科书能力体系的构建［J］. 课程·教材·教法，2019（3）.

后记

意料之外，意外之喜

写作此书，绝对是临时起意。

去年分低、中、高学段出版了三本《小学语文统编教材新教材解读》，今年就没有再写书的打算了，只想好好休整休整。哪曾想，从上学期末到暑假一段时间，不时有新课标解读的约稿、讲课、研训之任务，不细细阅读课标显然不行。讲课、写稿，一方面让我对课标的理解逐渐深入，另一方面更为了解一线教师的现实困惑和实际需求，使我不断调整解读重点，聚焦教师关注。就这样，读读，想想，讲讲，说说，忽一日，突然觉得，反正都在读、都在讲了，为何不把所读所讲、所思所想写下来呢，这不是迟早都要做的事吗？此时，已是七月中旬了。就是从那天起，有了想法就写一点，没有想法干脆不写；想法多就多写一点，少就少写一点，不强求，很随意。日子一天一天地过去，不偏不倚，到八月份的最后一天，一部计划外的 20 多万字书稿竟然神奇般地赫然呈现，连我自己都觉得不可思议。这样无心插柳柳成荫的书写体验在我的写作经历中，少见却美妙。

把研究的重点放在语用教学之后，再没有精力进行语文教学其他领域的尝试，更是不敢对整本书阅读领域作探索，尽管这些年整本书阅读炙手可热，研究的人越来越多；尽管我在线上或线下听过多节整本书阅读示范课、公开课，难免也会有个人的观课感受，因为我老觉得整本书阅读不太好把控，用力过猛，指导过多，就违反了书籍阅读天然的自由与开放之特性；放任自流，学生随意，又失去了整本书阅读进课堂的设计初衷。一天，省教院一教授打来电话，说要请我给某地教师培训班作整本书阅读的专题讲座，上午讲理念、说设计，下午析案例、评课堂，我推辞不过，只好硬着头皮承接下来。如何攻克这块"难啃的骨头"？思虑许久，决定从整本书阅读的源头着手：整本书阅读源自哪里？古代的整本书阅读与现代的整本书阅读有什么不同？当下整本书阅读存在哪些"过度""过火"问题？整本书阅读中的推荐课、推进课、分享课各有怎样的价值定位，又有怎样各自不同的目标任务？等等。如此一番梳理，让我对整本书阅读的认识慢慢清晰起来，我心目中整本书阅读的理想框架逐步形成，最后定格成型。两个半天的讲课内容，我竟然先后用了一个星期的时间思考、阅读，做成PPT，历经时间之久，绝无仅有的。好在讲课获得学员的良好反馈，拓展了我的认知：偶尔尝试一下新领域，原来也是不错的。

最大的意外发生于8月12日。结束了一天的讲课，我从永安坐动车回福州，广播显示福州站即将到达，个别心急的旅客开始整理行李，做好下车准备，动作快的已站在了车门出口。就在这时，车厢里的灯光一下子熄灭了，接着动车不动了，只有应急灯还亮着。临时停车吧？我的脑海里第一时间闪过这个念头。转而一想，不对呀，临时停车怎么会整车无电？心里这么想，嘴上却没说。时间一分一秒地过去，灯依然不亮，车也依然停着，列车员匆忙穿行的脚步，手里拿着的不知名的工具，边走边喊的"借过！借过！"确认了我的想法，车坏了。从未听过动车会坏，现在竟然赶上这"百年不遇"的事。有人小声嘀咕，却不影响整体的稳定，大家都在耐心等待。过了没多久，应急灯也灭了，车厢里一片惊呼，这下有人不安起来，烦躁地在车厢里走来走去。"看，月亮！"有人小声提醒，果然，窗外一片明亮，一轮圆月高挂天穹，洁白的月光洒下在江面上，偶尔有一两只小船沿江而上，尾灯闪烁，一切都显得那么宁静而安详。方才注意力都集中在车坏了这事上，没怎么注意窗外。既如此，就安心赏月吧。不少人跟我一样，扭头看着月亮，看着月亮下的江水，江水上的月色光影，没有抱怨，没有喧哗，好像一切都没有发生过一样。只是，时间一长，车内温度渐渐升高，明显感觉到身上热起来了，汗水也开始流出来，有人脱下上衣，有人用手扇风，有人说再这样下去会窒息的，更多的人还是望着窗外的月色，缄默不语。上回这样亲近月儿，如此安静地赏月看风景，是在怎么时候？实在记不起来了，一定是很久很久以前的事了吧。整天困在钢筋水泥的丛林中，上班下班，工作学习，来去匆匆，忙忙碌碌，忽略了多少人间美景，忽略了多少人世烟火。怎么也不会想到，这天晚上的意外，竟让我在无意之中领略了月色的柔美，江水的秀美。这或许是上天有意的赐予？两个小时之后，动车重启，灯光亮起，缓缓驶向福州站，车门开处，灯光明亮，人间气息跃动如初，旅客蜂拥而下，各奔东西，汇入波澜不惊的生活之流。

  开学前几日，我又一次见识了意外。一个外地大学生，隐瞒西藏自驾游的经历，前来我生活的这座小县城，给一所学校当军训教官。谁都不会想到，一个人，害了一座城。就是因为他，这所学校成了新冠疫情的中风险地区，校园封闭，人员禁足，更有十几个中学生身受其害，成了新冠病毒无症状感染者，实行集中医学隔离，这在我县可是从来没有过的呀。不仅如此，全员核酸检测做了一轮又一轮，中小学、幼儿园紧急按停开学键，人们的生活、工作、学习大受影响。我事先定好的现场培训，也只能无奈地改为线上交流了。好在防疫期间，全城男女老少遇事不慌，历险不乱，积极配合政府，主动参加检测，听从安排，不发牢骚，冷静而淡然，从容而美丽。

  人的一生该会遇到多少意外呀，不以物喜，不为己悲，坦然面对，泰然处之，如此便好。

刘仁增
2022 年 9 月 1 日于凤城鲤鱼山下